法律解读书系

犯罪构成体系与构成要件要素

张明楷 著

图书在版编目(CIP)数据

犯罪构成体系与构成要件要素/张明楷著.—北京:北京大学出版社,2010.6
(法律解读书系)
ISBN 978－7－301－17289－6

Ⅰ.①犯… Ⅱ.①张… Ⅲ.①犯罪构成－研究－中国 Ⅳ.①D924.114

中国版本图书馆 CIP 数据核字(2010)第 101400 号

书　　　　名:	犯罪构成体系与构成要件要素
著作责任者:	张明楷　著
责 任 编 辑:	白丽丽
标 准 书 号:	ISBN 978－7－301－17289－6/D·2615
出 版 发 行:	北京大学出版社
地　　　　址:	北京市海淀区成府路 205 号　100871
网　　　　址:	http://www.pup.cn
电　　　　话:	邮购部 62752015　发行部 62750672　编辑部 62752027
	出版部 62754962
电 子 邮 箱:	law@pup.pku.edu.cn
印　刷　者:	三河市博文印刷有限公司
经　销　者:	新华书店
	650 毫米×980 毫米　16 开本　17.75 印张　257 千字
	2010 年 6 月第 1 版　2020 年 6 月第 8 次印刷
定　　　　价:	46.00 元

未经许可,不得以任何方式复制或抄袭本书之部分或全部内容。
版权所有,侵权必究
举报电话:010－62752024　电子邮箱:fd@pup.pku.edu.cn

前　言

新中国成立后,刑法学直接引进了苏联的犯罪构成体系。这在当时不可避免,现在也无可厚非。林林总总的原因,使得一元的犯罪论体系(四要件体系)独存的局面,在很长时间内得以维持。但可以肯定和应当承认的是,在当今的中国,一元犯罪论体系独存的时代已经结束,这不以任何人的意志为转移。不管是刑法学者还是司法人员,恐怕只能以平和心态迎接和面对多元犯罪论体系并存时代的到来。

学术是在相互批判中繁荣与发展的。不管是维护传统的四要件体系,还是采纳国外的某种犯罪论体系,抑或创立全新的犯罪论体系,都会批判对方犯罪论体系的缺陷。但是,单纯批判对方观点是不够的,自觉或者不自觉地编造对方并不存在的缺陷更不可取;各种学说在批判对方观点的同时,必须反省自己的观点,并借鉴乃至吸收对方的合理之处。

构建犯罪论体系时,既需要体系的思考,也需要问题的思考。一种犯罪论体系是否妥当,不仅取决于其论理性(逻辑性),而且取决于其实用性。当前,关于犯罪论体系的争论,大多停留在纯粹说理阶段。学者们应当以自己所坚持或主张的犯罪论体系解决各种具体问题,既不能避而不谈,也不能以"有待研究"去敷衍;既不能牵强地回答,更不能将其他体系的解决方法当作自己所坚持或主张的体系的解决方法。当具体问题之所以不能解决是由于犯罪论体系所致时,就有必要采取能够解决具体问题的犯罪论体系。

目前关于犯罪论体系的讨论,显得比较形式化,大多是围绕犯罪构成是法律规定还是理论概念、犯罪构成应当由几要件组成、构成要件应当如何排列而展开,并没有讨论应当以什么作为支柱构建犯罪论体系。人们习惯于认为,从二要件体系到五要件体系,都是不同的犯罪论体系。仅仅围绕几要件展开讨论的结局是,形式上相同的犯罪论体系,其实质内容可能大不相同;反之,形式上不同的体系,其实质内容也可能完全相同。这种使外表掩盖实质的局面可能不利于学说发展。所以,对犯罪论体系的争论,应当从强调形式的几要件,转变为对实质内容的讨论。其实,是否以违法(不法)与责任(有责)为支柱构建犯罪论体系,才是区分不同的犯罪体系的实质标准;如何理解违法与责任,又是外表相同体系下的重大问题。

在明确了犯罪论体系必须以违法与责任为支柱的前提下,应当处理好刑法目的与构成要件、违法与责任、犯罪构成要件与犯罪阻却事由、三阶层与两阶层等关系。

不管是使用犯罪构成的概念,还是使用构成要件的概念,构成要件要素都是十分重要的问题。在刑法理论上,从不同角度对构成要件要素进行分类,并对各种类型的构成要件要素展开系统、深入的研究,既有利于发展构成要件理论,也有利于司法人员认定犯罪,还有利于刑事立法的不断进步。

对构成要件要素的深入讨论,有赖于对构成要件要素机能的认识。不同的要素发挥着不同的机能,司法人员必须明确什么要素表明行为的违法性,什么要素表明行为的有责性,既不能形式地看待要素,也不能有整体思维。刑法理论通常仅研究积极的构成要件要素,这并不异常。但是,明确了对消极规定的构成要件要素的解释原理,更有利于解释积极的构成要件要素。不成文的构成要件要素是解释者补充的构成要件要素。一方面,如果不适当补充要素,就会导致构成要件所表明的违法性、有责性没有达到可罚程度,因而不当扩大处罚范围,严重侵犯国民自由;另一方面,如果随意添加要素,就不能保护法益,难以实现刑法目的。我国时下应当避免不注重补充客观要素,却随意添加主观要素的现象。记述的构成要件要素比较容易理解和判断,规范的构成要件要素需要司法人员的规范的评价。能否妥当地理解和判断规范的构成要件要素,是衡量司法人员法律适用能力的重要标准之一。司法人员不要抱怨规范的构成要件要素,相反,应当提高对规范的构成要件要素的理解与判断能力。"客观的超过要素"概念虽然在国内受到了不少批评,但我还没有对之发生动摇。相反,即使采取三阶层或者两阶层犯罪论体系,"客观的超过要素"也是一个具有重要意义的概念。所以,我越来越喜欢自己制造的这个概念。将"情节严重""情节恶劣"作为一些犯罪的构成要件要素,是我国刑法分则的重要特点。我将这类要系称为"整体的评价要素"。在当下的中国刑法中,整体的评价要素具有不可避免性,但是,其内容仅限于客观违法情节严重;与此同时,根据责任主义的要求,行为人对该情节严重的前提事实必须具有相应的故意与过失。表面的构成要件要素,在国内外还没有展开深入研究。事实上,对一些问题的纠缠不清,常常缘于将表面的构成要件要素当作真实的构成要件来理解和认定。易言之,正确理解和确定表面的构成要件要素,可以解决许多问题。

十多年来,不少读者希望、许多朋友劝说我出版论文集,为读者提供方便,为笔者增加成果,但我一直没有满足他们的希望,没有应允他们的劝说。基本原因是,每次回过头去阅读自己以前发表的论文时,都觉得它们是不经之谈,不实之论,没有不亦乐乎的心情,只有不堪入目的感受。之所以如此,可以借用我在《刑法学》第二版(法律出版社2003年版)前言中的几句话来回答:"我乃平庸之辈、愚钝之人",既不稳健,也不敏捷,无能力成就可以"一劳永逸"的论文。我只是想以原有的二三篇论文为基础撰写本书,而非单纯编辑原已发表的论文。所以,本书并没有收录以前发表的有关犯罪构成的全部论文(如在《中南政法学院学报》1987年第4期发表的《论犯罪构成要件》,在《法商研究》1998年第2期发表的《行为结构与犯罪构成体系》,在《环球法律评论》2003年秋季号发表的《犯罪构成理论的课题》,在《政法论坛》2003年第6期发表的《犯罪论体系的思考》等论文,都没有纳入本书)。本书上编于近半年撰写,原本没有打算提前发表(因为我总认为,如果自己的一本书完全或大部分由先前发表的论文组成,就没有吸引力了),但在众所周知的背景下,因《中外法学》、

《现代法学》、《法学家》主编与编辑的诚意约稿,本书上编的前两章和第三章的一小部分被提前发表(发表后我又作了不少修改)。本书下编的第四章与第七章是分别发表在《法学研究》(2007年第6期)与《中国法学》(2009年第2期)杂志上的论文,或许是因为发表的时间不长,这次只有文字上的少量修改;第五章的内容原已发表(《法学研究》1999年第3期),但此次针对学者的批评增加了一些回应。剩下的部分大体上是"新作",但基本上无"新意"。

"君子和而不同,小人同而不和"(《论语》)。在此,对学术观点受到我批评的学者表示由衷的敬意;对批判我学术观点的同仁表示真挚的谢意!

张明楷

2010年3月31日于清华明理楼

目 录

上编　犯罪构成体系

第一章　基本方法 …………………………………………（3）
　　一、从一元体系到多元体系 …………………………（4）
　　二、从单纯扯判到相互借鉴 …………………………（11）
　　三、从纯粹说理到解决问题 …………………………（18）
　　四、从形式表述到实质内容 …………………………（23）

第二章　理论支柱 …………………………………………（33）
　　一、现行体系的成因 …………………………………（33）
　　二、现行体系的缺陷 …………………………………（38）
　　三、以违法与责任为支柱的合理性 …………………（49）
　　四、以违法与责任为支柱的障碍 ……………………（73）

第三章　逻辑关系 …………………………………………（80）
　　一、刑法目的与构成要件的关系 ……………………（80）
　　二、违法与责任的关系 ………………………………（87）
　　三、成立条件与阻却事由的关系 ……………………（95）
　　四、两阶层与三阶层的关系 …………………………（108）

下编　构成要件要素

第一章　构成要件要素概述 ………………………………（117）
　　一、构成要件要素的分类 ……………………………（117）
　　二、构成要件要素的机能 ……………………………（121）

第二章　消极规定的构成要件要素 ………………………（128）
　　一、消极规定的构成要件要素的概念 ………………（128）

二、消极规定的构成要件要素的范围 …………………… (133)
　　三、消极规定的构成要件要素的解释 …………………… (135)
第三章　不成文的构成要件要素 ……………………………… (137)
　　一、不成文的构成要件要素的概念 ……………………… (137)
　　二、不成文的构成要件要素的确定 ……………………… (146)
　　三、理论与司法的现状分析 ……………………………… (150)
第四章　规范的构成要件要素 ………………………………… (185)
　　一、规范的构成要件要素的一般概念 …………………… (185)
　　二、规范的构成要件要素的基本分类 …………………… (195)
　　三、规范的构成要件要素的立法取舍 …………………… (198)
　　四、规范的构成要件要素的司法判断 …………………… (206)
　　五、规范的构成要件要素的主观认识 …………………… (211)
第五章　客观的超过要素 ……………………………………… (218)
　　一、现实问题 ……………………………………………… (218)
　　二、思考过程 ……………………………………………… (221)
　　三、若干说明 ……………………………………………… (232)
第六章　整体的评价要素 ……………………………………… (238)
　　一、整体的评价要素的概念 ……………………………… (238)
　　二、整体的评价要素的不可避免性 ……………………… (243)
　　三、整体的评价要素的认识 ……………………………… (248)
第七章　表面的构成要件要素 ………………………………… (255)
　　一、表面的构成要件要素的概念 ………………………… (255)
　　二、表面的构成要件要素与犯罪之间的关系 …………… (259)
　　三、表面的构成要件要素与事实认识错误 ……………… (266)
　　四、表面的构成要件要素与共犯过剩现象 ……………… (271)
　　五、表面的构成要件要素与事实不明案件 ……………… (273)
　　六、表面的构成要件要素与罪刑法定原则 ……………… (276)

上编

犯罪构成体系

第一章 基本方法

严格地说,犯罪构成体系与犯罪论体系不是等同概念。虽然国外也有学者在构成要件符合性阶段讨论未遂犯与共犯①,但多数学者都是在"有责性"之后讨论未遂犯与共犯。而且,几乎不可能在构成要件符合性阶段讨论罪数问题。所以,属于犯罪论体系的内容,不一定纳入犯罪构成体系之内。但是,通常所称的犯罪构成体系,可谓犯罪论体系。一方面,犯罪论体系的核心内容是犯罪成立(犯罪构成)理论体系;另一方面,在犯罪成立条件之后讨论未遂犯、共犯与罪数,是一种合理的安排。本书所称的犯罪构成体系,主要是指犯罪成立理论体系,因而在等同意义上使用犯罪构成体系与犯罪论体系这两个概念。②

"总的来看,我们的犯罪构成理论,虽然对前苏联的犯罪构成理论有所修正,但基本上还没有突破前苏联的理论模式,因而应当怎样建立符合我国国情的犯罪构成理论体系,值得我们深入思考和研究。"③现在,有的学者坚持维护源于苏联的犯罪构成体系;有的学者建议采用德国、日本的三阶层犯罪论体系;有的学者试图构建既非来源于苏俄、也不同于德日、更有别于英美、还相异于法国,因而独具中国特色的犯罪论体系。不可否

---

① 参见〔日〕大塚仁:《刑法概说(总论)》,有斐阁2008年第4版,第250页以下。也有学者在构成要件符合性阶段讨论未遂犯,但在责任之后讨论共犯(参见〔日〕前田雅英:《刑法总论讲义》,东京大学出版会2006年第4版,第134页以下、第399页以下。)

② 在讨论本课题时,不可避免与国外刑法理论进行比较,而国外刑法理论通常使用的概念是"犯罪论体系",而不是"犯罪构成体系"。

③ 高铭暄、马克昌主编:《刑法学》(上编),中国法制出版社1999年版,第85页。

认,各种观点的论证与反驳,有利于犯罪论体系的发展与完善。但是,倘若不明确一些方法论的问题,论证与反驳就难以发挥应有的作用,不能获得应有的成效。所以,本章就构建犯罪论体系需要明确的几个方法论问题展开说明。

一、从一元体系到多元体系

与德国、日本等国存在多元的犯罪论体系不同,我国在相当长时间内只有一元的犯罪论体系,亦即,将犯罪客体、犯罪客观方面、犯罪主体、犯罪主观方面作为犯罪构成的要件,在四要件之外讨论正当防卫、紧急避险等犯罪阻却事由(以下简称四要件体系)。

如所周知,新中国成立后法学理论全盘接受苏联法学理论,刑法学直接引进了苏联的犯罪论体系。这在当时不可避免,现在也无可厚非。十一届三中全会以后,健全社会主义法制,建立刑法理论体系,成为时代的迫切要求。但是,在短时间内,不可能创立新的犯罪论体系,只能是继续采用新中国成立后曾经采用过的苏联的犯罪论体系。而且,在20世纪80年代初以及此后相当长一段时间内,刑法学教科书通常由多人集体编写。集体编写教材,虽然可能凝集多人的智慧,但为了避免教科书的自相矛盾,也会湮没多人的个体智慧;教科书编写者的独到见解、创新观点基本上不可能被集体编写的教科书所采纳。于是,集体编写方式成为传统理论体系得以维护的一个重要原因。当然,由于犯罪论体系本身是刑法学的一个重要问题,也导致人们不敢轻易变动传统的理论体系。因此,一元的犯罪论体系独存的局面,在很长时间内得以维持。

在国外,并非仅有一种犯罪论体系,相反,几乎总是多元的犯罪论体系并存。

首先,从外形上看,在德国、日本等大陆法系国家,虽然多数人采取三阶层体系(构成要件符合性、违法性、有责性),但也有不少学者采取四阶层体系(如行为、构成要件符合性、违法性、有责性)或者两阶层体系(如不法与责任)。例如,在德国,两阶层体系在战后及现在均有很多支持者

（Engisch、Arthur Kaufmann、Lange、Schaffstein、Otte、Schünemann 等等）①；利因克（Claus Rinck）在其 Der Zweistufige Deliktsaufbar（2000）一书中，为两阶层犯罪论体系（不法与责任）提供了详细的根据。② 此外，即使表面上采取的可谓三阶层体系，其框架也不完全相同，如通行的是构成要件符合性、违法性与有责性，但也有学者采取行为、不法、责任的体系。③ 同样，在以前的苏联和当今的俄罗斯，也不是只有四要件体系。现在，俄罗斯不仅存在不同的三要件说，而且，"由两要件组成犯罪构成的观点，又存在着具体由哪两个要件组成的不同"；俄罗斯学者也认为："在刑法理论上没有唯一的构成，而是存在着构成的很多版本"④。

其次，在德国、日本，即使同样采取三阶层或四阶层体系，其基本内容也因人而异。（1）古典犯罪论体系以经验主义为基础；采取因果行为论，认为构成要件仅限于客观的、记述的要素，在因果关系上采取纯粹因果律即条件说；主张客观违法性论与形式违法性，只承认法定的违法阻却事由；采取心理责任论，故意、过失是责任形式，违法性的认识是故意的内容。（2）新古典犯罪论体系以新康德主义为基础；采取社会行为论，认为构成要件不仅包括客观的、记述的要素，而且包括规范的要素与主观的超过要素，在因果关系上采取纯粹因果律即条件说；主张客观的违法性论，但承认主观的违法要素，采取实质违法性论，承认超法规的违法阻却事由；采取规范责任论，但依然认为故意、过失是责任形式。（3）目的论犯罪论体系采取目的行为论，认为构成要件既包括客观的、记述的要素，也包括规范的、主观的要素，故意成为违法类型的构成要件要素，在因果关系上采取纯粹因果律即条件说；采取实质违法性论，承认超法规的违法阻却事由；采取规范责任论，主张违法性的认识是责任的内容（责任说），过失犯的客观的注意义务属于构成要件，缺乏注意的非难可能性是责任内

---

① Vgl., Claus Roxin, Strafrecht Allgemeiner Teil, Band I, 4. Aufl., München: C. H. Beck, 2006, S. 287.
② 参见〔日〕井田良：《刑法总论的理论构造》，成文堂 2005 年版，第 131 页。
③ 参见张明楷：《外国刑法纲要》，清华大学出版社 2007 年第 2 版，第 67—69 页。
④ 董玉庭、龙长海：《俄罗斯刑法理论上关于犯罪构成结构的争议性问题》，载《北方法学》2008 年第 4 期，第 156 页、第 153 页。

容。(4)新古典与目的论相结合的犯罪论体系采取社会行为论,认为故意既是构成要件要素,也是责任要素;其他方面与目的论犯罪体系基本相同。(5)目的理性犯罪论体系的基础是新康德主义与新黑格尔主义;采取人格行为论,认为故意是违法类型的构成要件要素;采取客观归责理论,对因果关系也进行价值判断;采取实质违法性论,承认超法规的违法阻却事由;采用非难可能性与预防必要性相结合的责任论。① 不难看出,"新康德主义的思想和刑法的自然主义比较起来,对于刑法学的体系和方法简直就是一场革命,但是令人惊讶的,刑法体系四个阶层的区分方法和阶层顺序的结论,却在原有的范围内继续存在。行为、构成要件合致性、违法性和有责性、极度限缩的客观处罚条件以及阻却刑罚事由的类型,仍被当作刑法体系的基本要素,并且依旧维持所列的顺序,同时在彼此之间的界限,只有极少的变动"②。概言之,同样在外表上采取三阶层或四阶层体系的学者,其基本内容并不完全相同。③

最后,在德国、日本等大陆法系国家,即使是同一学者,在不同时期或者在不同著作中,也可能采取不同的犯罪论体系。例如,罗克辛(Claus Roxin)教授的刑法教科书的第一版与第二版,采取的是两阶层体系,第三版与第四版则采取的是三阶层体系。④ 前田雅英教授的《刑法总论讲义》第一至三版的犯罪论体系为:客观的构成要件、正当化事由、责任;第四版的犯罪论体系为:客观的构成要件、主观的构成要件要素、违法性阻却事由、责任阻却事由。⑤ 平野龙一教授的《刑法总论》第二编"犯罪总论"的体系为:犯罪成立的一般要件(即犯罪类型,包括行为、结果、因果关系、不

---

① 参见 Claus Roxin, Strafrecht Allgemeiner Teil, Band I, 4. Aufl., München:C. H. Beck,2006, S. 199f;〔日〕山中敬一:《刑法总论》,成文堂2008年第2版,第130页以下;林东茂:《一个知识论上的刑法学思考》,五南图书出版股份有限公司2007年增订3版,第23页以下;李立众:《犯罪成立理论研究》,法律出版社2006年版,第61页以下。
② 〔德〕许迺曼:《刑法体系思想导论》,载许玉秀、陈志辉编:《不移不惑献身法与正义——许迺曼教授刑事法论文选辑》,台北春风煦日论坛2006年版,第274页。
③ 这从另一个角度说明,三阶层体系本身是一种开放性的、包容性很强的犯罪论体系。
④ Vgl., Claus Roxin, Strafrecht Allgemeiner Teil, Band I, 4. Aufl., München:C. H. Beck, 1. Aufl.,1959,2. Aufl.,1970, 3. Aufl.,1997, 4. Aufl.,2006.
⑤ 〔日〕前田雅英:《刑法总论讲义》,东京大学出版会1988年第1版,1994年第2版,1998年第3版,2006年第4版。

作为、故意、过失)、阻却犯罪成立的事由(包括违法阻却事由与责任阻却事由)、扩张犯罪成立的事由(包括未遂犯、共犯)、罪数。① 但平野龙一的《刑法概说》第二编"犯罪总论"的体系则是:构成要件该当行为、违法阻却事由、责任要件、责任阻却事由。② 同时采用两种不同体系著书立说,在国外也并非异常现象。

在现代国家,多元的犯罪论体系并存,是一种很正常的现象。"因为每一个研究者的个人生活命运、他的社会地位以及他的政治地位都自然而然地会一起融入自己的经验里。……事实上,毋庸否认,不仅在困难问题的提出,而且在解释各种具体的文献,尤其是把被探讨的各种事实纳入相互联系和因而是对它们作总体把握之时,研究者的个人人格及其受制约性,总是发挥某种作用。"换言之,"在人文科学的领域里,一个研究者提出种种问题与假设,肯定并不独立于他的整个人格,因而也并不独立于他的生活状况、他在社会里的地位。因为认识嵌入到心灵生活的整体中去"③。学者经历的不同、阅读范围的差异、对某种犯罪论体系的贡献大小与有无,都会影响他对犯罪论体系的看法。所以,只要学者们可以自由地发表自己的看法,一个国家就不可能只有一种标准的、不可动摇的犯罪论体系。

即使在某段时间内,一国之内的多数学者赞成或倾向于某种犯罪论体系,也不意味着必须永远维持这种犯罪论体系。在人文社会科学领域,"可能总是存在着不同于一种叙述的另一种叙述,总是存在着应予考虑的另一个因素"④。因此,总是有人在维护传统的犯罪论体系,有人要批判传统的犯罪论体系。这是极为正常的现象。况且,只要个人独撰教科书的现象越来越普遍,多元犯罪论体系并存的局面就不可避免。

即便某种犯罪论体系的形成具有历史的必然性或者合理性,但社会的变化与学术的发展也可能使之发生动摇。例如,在美国,虽然"犯行、犯

---

① 〔日〕平野龙一:《刑法总论Ⅰ》,有斐阁1972年版;《刑法总论Ⅱ》,有斐阁1975年版。
② 〔日〕平野龙一:《刑法概说》,东京大学出版会1977年版。
③ 〔德〕H.科殷:《法哲学》,林荣远译,华夏出版社2003年版,第84—85页、第86页。
④ 〔英〕韦恩·莫里森:《法理学》,李桂林等译,武汉大学出版社2003年版,第2页。

意、抗辩事由"的体系由来已久,但现在也出现了赞成三阶层体系的观点。如弗莱彻教授认为,犯罪的结构包括三个方面的内容:一是构成要件。"这是一套客观和主观要素,它们构成基于指控的、可入罪的案件。构成要件的轮廓是由禁止性规范设定的。"二是违法和正当化事由。"典型情况下,对构成要件违反都是违法的,但在特殊情况下,通过诉诸一条'允许违反'的相冲突的规范,行为可能被正当化。"三是罪责、归责和可宥。"正当事由的主张否定了违法,而可宥理由的主张则否定归责或罪责。"① 德国学者甚至认为,美国原有的"毫无体系的刑法学已经来日无多了"②。

试图改变一元犯罪论体系独存的局面的观点与做法,并不存在过错。

学者们生性不喜欢对同一问题采取与他人相同的观点,同时将改变社会现状作为自己的使命。所以,一方面乐于批判他人的学说,另一方面乐于批判社会现状。正如福柯所言:"知识分子的工作不是要改变他人的政治意愿,而是要通过自己专业领域的分析,一直不停地对设定为不言自明的公理提出疑问,动摇人们的心理习惯、他们的行为方式和思维方式,拆解熟悉的和被认可的事物,重新审查规则和制度,在此基础上重新问题化(以此来实施他的知识分子的使命),并参与政治意愿的形成(完成他作为一个公民的角色)。"③事实上,"一项归纳或演绎是否公平/合理,是要由专家圈子在一段时间中决定的。在随后一轮中另一群人可能拒绝这个决定,否定检验的有效性。科学就是这么发展的"④。在犯罪论体系问题上,也是如此。如果学者们满足于现有的犯罪论体系,视其为绝对真理,永远维护而非怀疑,就不可能有刑法学的进步与科学发展。"因为当我们想以膜拜取代追求真理的态度时,我们不可能相信自己会有所进展。"⑤学者们对犯罪论体系现状的批判,正是由学者的内在性格与历史

---

① 〔美〕乔治·弗莱彻:《反思刑法》,邓子滨译,华夏出版社 2008 年版,第 421—423 页。
② 〔德〕许逎曼:《区分不法与罪责的功能》,载许玉秀、陈志辉编:《不移不惑献身法与正义——许逎曼教授刑事法论文选辑》,台北春风煦日论坛 2006 年版,第 422 页。
③ 〔法〕福柯:《权力的眼睛》,严锋译,上海人民出版社 1997 年版,第 147 页。
④ 〔挪威〕斯坦因·U. 拉尔森主编:《社会科学理论与方法》,任晓等译,上海人民出版社 2002 年版,第 304 页。
⑤ 〔德〕许逎曼:《区分不法与罪责的功能》,载许玉秀、陈志辉编:《不移不惑献身法与正义——许逎曼教授刑事法论文选辑》,台北春风煦日论坛 2006 年版,第 431 页。

使命决定的。

人文社会科学的研究没有终点。"像绝对的必然性,绝对精确,最终真理等观念都是应当从科学中排除出去的幽灵。"因为"相信只有一种真理而且自己掌握着这个真理,这是世界上一切罪恶的最深刻的根源"[①]。任何犯罪论体系都不可能是最终的权威构建。"回首过去,自然主义与新康德主义刑法体系各维持了卅年的优势,而目的论刑法体系居于擅场之地位则持续了廿年。从功能性刑法体系创建之时起亦有廿年来余。"[②]一种犯罪论体系的正确性是暂时的,而不是永久的。甚至如同平野龙一教授所言:"并不存在唯一'正确'的体系。"[③]

"学术自由是学术活动得以顺利开展,学术研究得以保持繁荣,学术创新成果得以大量涌现,从而推动社会不断进步的重要前提。"[④]学术自由意味着每个刑法学者都有提出自己的犯罪论体系的自由;每位刑法学者都可以推翻自己以前曾经采用过的犯罪论体系,而改用新的犯罪论体系;但是,每位刑法学者都不可以强求他人接受自己认为合理的犯罪论体系。质言之,原来采取四要件体系的学者,可以自由地批评与放弃四要件体系,而改用三阶层或者两阶层体系,但是,不能采用其他方法强迫坚信四要件体系具有合理性的学者放弃四要件体系。反之,采用四要件体系的学者,可以批判德国、日本的三阶层或者两阶层体系,但也似乎没有必要阻止他人采用三阶层或者两阶层体系。概言之,学术自由的结局,必然导致一元犯罪体系独存的局面不复存在。

多元的犯罪论体系并存,是令人欣慰的现象。

迄今为止在大学所进行的刑法学教学,基本上是只有通说没有少数说的教学;学生上课时只拥有一本刑法学教科书,而教科书基本上只写通说。所以,教师与学生都认为通说就是真理,其他观点全为谬误。这种齐

---

① 〔德〕M.玻恩:《我的一生和我的观点》,李宝恒译,商务印书馆1979年版,第97页。
② 〔德〕许逎曼:《区分不法与罪责的功能》,载许玉秀、陈志辉编:《不移不惑献身法与正义——许逎曼教授刑事法论文选辑》,台北春风煦日论坛2006年版,第457页。
③ 〔日〕平野龙一:《刑法总论Ⅰ》,有斐阁1972年版,第88页。
④ 洪大用:《学术自由与社会责任》,载《人民日报》2004年6月25日,第14版。

一性的方法"破坏了年轻人最可宝贵的禀赋——极其强的想象力"①。为了让学生全面了解各种犯罪论体系与基本观点,必须将代表不同立场的教科书指定为必读书;为了让学生具有批判精神,持不同观点的学者之间应当展开系统的、针锋相对的学术对话。多元的犯罪论体系并存,有利于培养法科学生的法律思维能力。

刑法学研究以及犯罪论体系的形成,没有终点。"任何科学的理论都是试探性的、暂时的、猜测的:它们都是试探性的假说,而且永远都是这样的试探性的假说……我们无法确定任何一个理论是不是真理,因而我们必须作好准备,有些最为我们偏爱的理论到头来却原来并不真实……我们的理论不管目前多么成功,却未必完全真实,它只不过是真理的一种近似,为了找到更好的近似,我们除了对理论进行理性批判以外,别无其他选择。"②德国、日本的犯罪论体系的发展事实表明,学者们的一边倒,或者说学术观点的一边倒,反而不利于犯罪论体系的深入讨论。"在学界拥有市民权的学说,即使被贴上'少数说'的标签,也有其形成的根据与妥当性。如果各种学说的主张者直接相互进行争论,就不可能像教科书的清晰整理那样终结。学说的实像,只有争论后才能显现出来。"③我们没有必要动辄要求在犯罪论体系上形成共识,动辄期待学者形成一致意见;多元的犯罪论体系并存,反而有利于学术的发展与繁荣。

人们习惯于认为,我国的司法工作人员已经接受了四要件体系,如果采取三阶层或者两阶层体系,会造成司法的混乱。在笔者看来,所谓司法工作人员已经接受了四要件体系,只是意味着他们在参加考试、撰写论文时,采取了四要件体系,并不意味着他们完全按照四要件体系认定犯罪。根据笔者的观察,现在已经有不少司法工作人员在按照三阶层体系思考和处理疑难案件。更为重要的是,多元的犯罪论体系并存反而有利于司

---

① 〔美〕保罗·法伊尔阿本德:《反对方法》,周昌忠译,上海译文出版社1992年版,第22页。

② 波普尔语,转引自纪树立:《科学态度与证伪主义——波普尔的一篇〈前言〉以及对它的评价》,载《读书》1986年第1期,第12—13页。

③ 〔日〕大谷实 vs 前田雅英:《エキサイティング刑法总论》,有斐阁1999年版,前言第1页。

法工作人员认定犯罪。在就同一问题出现了各种观点的场合,司法工作人员为了使自己办理的案件获得公平正义的结论,会权衡各种观点的利弊,从而对不同观点做出取舍。各位刑法学者的观点,如同超市里的商品,司法工作人员需要什么就取什么(而且是免费的)。"在某些场合,以不同的体系看问题,还能够明确事物的不同侧面。"① 所以,多元的犯罪论体系并存,反而有利于刑事司法。

可以肯定和应当承认的是,在中国,一元犯罪论体系独存的时代已经结束,这是不以任何人的意志为转移的。不管是刑法学者还是司法人员,恐怕只能以平和心态迎接和面对多元犯罪论体系并存时代的到来。诚然,并存于我们面前的是异质性的多元犯罪论体系(各种体系的支柱或实体并不相同),尽管这不是很理想的状态,但还是优于一元犯罪论体系独存的局面。从异质性的多元犯罪论体系并存局面,到如同德国、日本那样的同质性(均以违法与责任为支柱)的多元犯罪论体系并存状态,还需要一个过程。

二、从单纯批判到相互借鉴

学术是在相互批判中繁荣与发展的。不管是维护传统的四要件体系,还是采纳国外的某种犯罪论体系,抑或创立全新的犯罪论体系,都会批判对方犯罪论体系的缺陷。但是,单纯批判对方是不够的,自觉或者不自觉地编造对方并不存在的缺陷更不可取;各种学说在批判对方观点的同时,也必须反省自己的观点,并借鉴乃至吸收对方的合理观点。

单纯批判与指责另一种犯罪论体系的缺陷,并不能表明自己所坚持的犯罪论体系就是合理的。当一方说"你真坏"时,另一方不反思自己是否真坏,只是说"你也不是好东西"的做法,既不适合为人处事,也不适合学术研究。受到批评的一方,必须能够回应对方提出的批评意见,说明自己的理论体系并不存在对方所提出的缺陷,或者改进、修正自己坚持的犯

---

① 〔日〕平野龙一:《刑法总论 I》,有斐阁 1972 年版,第 88 页。

罪论体系。任何一位学者都应当意识到,自己的体系与观点可能是不合理的;任何一方对于对方提出的批评意见,都应当怀有敬意和表示尊重。正如波普尔所言:"如果有人发现了你的一种错误看法,你应当对此表示感谢;对于批评你的错误想法的人,你也应当表示感谢,因为这会导致改正错误,从而使我们更接近于真理。"①

即使某种犯罪论体系存在某种缺陷,也不意味着这种体系就必须被推翻;即使某种犯罪论体系具有某种优点,也不意味着必须采取这种犯罪论体系。因为各种体系都会有缺陷,即使现在没有缺陷,将来也会有缺陷。另一方面,在一国之内,并不是等到一种体系很糟糕了,才需要改变它;如果存在另一种相对而言更为合适的体系,就没有理由拒绝它。

在坚持某种犯罪论体系的同时,应当对其他犯罪论体系具有全面透彻的了解,不能随意指责对方的"缺陷",不能将自己的批判建立在误解的基础上,更不能将对方学说的优点当作缺陷进行批判。例如,不少学者在批判四要件体系时指出,四要件体系没有给被告人抗辩提供充分的空间。②但这种批判难以令人信服。在四要件体系中,被告人不仅可以就四个要件逐一进行抗辩,提出自己的行为不符合任何一个或全部构成要件,或者不具备各要件中的任何一个要素,而且还可以在犯罪构成之外就是否存在正当防卫、紧急避险等事由进行抗辩。再如,有学者指出:"大陆法系现有犯罪成立的理论也存在着诸多的问题。除了和我国刑法理论共有'行为理论'存在缺陷之外,究竟如何克服'构成要件符合性、违法性和有责性'三个层次之间的结构性矛盾便成为了根本性问题。如一方面在强调构成要件的定型作用,另一方面却将行为的故意与过失的责任要素排除在这之外;一方面强调罪责自负的自己原则,另一方面却要坚持'部分行为全部责任';一方面强调罪过责任,另一方面却热烈追捧'部分犯罪共同说';一方面强调行为的独立性,另一方面却始终主张共犯没有独

---

① 转引自纪树立:《科学态度与证伪主义——波普尔的一篇〈前言〉以及对它的评价》,载《读书》1986年第1期,第12页。
② 参见周光权:《犯罪构成理论:关系混淆及其克服》,载《政法论坛》2003年第6期,第48页;李静:《犯罪构成体系与刑事诉讼证明责任》,载《政法论坛》2009年第4期,第104页以下。

立的行为也要承担刑事责任,等等。"①然而,这些批评基本上建立在误解的基础之上。其一,倘若说这里的定型作用是指构成要件的个别化机能,那么,结果无价值论中强调这种定型作用的学者,会对构成要件采取违法有责类型说,使故意、过失成为责任类型的构成要件要素(但不是违法要素);行为无价值论中强调这种定型作用的学者,即使认为构成要件是违法类型,也会将故意、过失作为违法类型的构成要件要素(亦即故意、过失是违法要素);反之,结果无价值论中认为构成要件不具有个别化机能,同时认为构成要件是违法类型的学者,不会将故意、过失作为构成要件要素,而是将故意、过失作为责任要素。将三阶层体系下的不同观点拼凑起来后,再批判它自相矛盾,是不合适的。其二,就共同正犯而言,实行"部分实行全部责任"原则,并不意味着违反了罪责自负原则。② 例如,甲、乙二人共谋杀丙,并同时朝丙开枪,只有一枪打中丙,既可能查明是甲或者乙打中了丙,也可能只查明是二人中的某一人打中了丙但查不清谁打中了丙。在这两种情形,根据"部分实行全部责任"的原则,甲与乙都承担故意杀人既遂的刑事责任。这是因为,甲乙二人作为共同正犯,相互利用、借助对方的行为致丙死亡,各人的行为均与结果之间具有物理的或者心理的因果性,且均有故意,理当均承担杀人既遂的责任。不能认为这个原则违反了罪责自负原则。③ 况且,倘若认为这样处理违反了罪责自负原则,就得完全否认共同犯罪。这是不现实的。其三,共同犯罪是一种违法形态,部分犯罪共同说也好,行为共同说也好,本身都不会违反责任主义或者罪过原则。其四,共犯(教唆犯、帮助犯)行为不可能独立地导致结果的发生,只能通过正犯行为导致结果发生;共犯没有实施正犯行为,但对通过正犯行为导致的结果必须承担责任。这其中没有任何缺陷。再如,冯亚东教授针对德国犯罪论体系中的违法性指出:"同一法定事由(如紧急避险)就既可能是违法阻却事由也可能是责任阻却事由,将本来

---

① 陈世伟:《我国犯罪构成理论研究的方法论初探》,载梁根林主编:《犯罪论体系》,北京大学出版社2007年版,第140页。
② "部分实行全部责任"中的"责任"与罪责自负中的"责"并不是等同含义。
③ 倘若认为"部分实行全部责任"是违反罪责自负原则的,那么,在四要件体系下也存在相同问题,该如何解释?

较为简单的问题却由于体系的层面分离搞得异常复杂,以致不但会使司法者一头雾水,就是理论家时常也晕头转向,难梳理路。"①然而,将紧急避险分为阻却违法的紧急避险与阻却责任的紧急避险,刚好是三阶层体系的优点。这种区分不仅可以解决许多具体问题(如在阻却责任的紧急避险的情况下,避险行为所造成的损害可以等于所避免的损害;对于阻却违法的紧急避险不得进行防卫,但对阻却责任的紧急避险则可以进行防卫,如此等等),可以说明不同的紧急避险不成立犯罪的实质根据与具体条件,并且在其体系上天衣无缝。况且,德国的司法者在此问题上并没有一头雾水,其理论家更没有晕头转向。

在讨论各种犯罪论体系的合理性时,要区分体系内的问题与体系外的问题;明确哪些表面上是体系外的问题,实际上却直接或者间接受到体系本身的制约;不能将与体系无关的具体问题也归结为体系问题。例如,陈兴良教授指出:"教唆或帮助自杀等自杀关联行为,不能等同于故意杀人行为。按照递进式的犯罪构成体系,教唆或帮助自杀行为不具有构成要件该当性,因而也就不可能具有违法性与罪责性,就不会评价为犯罪。而根据耦合式的犯罪构成体系,只要将教唆或帮助自杀行为错误地理解为杀人行为,接下来杀人故意也有,因果关系也有,杀人结果也有,主体要件也符合。因此,一存俱存必然导致一错俱错。由此可见,在司法实践中,耦合式犯罪构成体系比递进式犯罪构成体系出错的几率要大一些。"②尽管陈兴良教授只是使用了"出错几率要大一些"的表述,但此问题是否与犯罪构成体系相关,还存在疑问。其实,对教唆、帮助自杀应当如何处理,与犯罪论体系没有直接关系。德国与日本采用相同的犯罪论体系,但德国刑法不处罚教唆、帮助自杀,日本刑法将教唆、帮助自杀规定为故意杀人罪之外的独立犯罪。在中国,四要件理论也认为,刑法分则所规定的行为是实行行为。刑法理论与司法实践认为教唆自杀与帮助自杀构成故意杀人罪,要么是刑法理论自身的矛盾,要么是没有说明教唆自杀

---

① 冯亚东:《中德(日)犯罪成立体系比较分析》,载《法学家》2009年第2期,第94页。
② 陈兴良主编:《犯罪论体系研究》,清华大学出版社2005年版,第42页。

与帮助自杀也是杀人的实行行为,但这并不是四要件体系本身的问题。再如,周光权教授指出:"四要件说对犯罪构成要件是否具备的判断,是一种'有'或者'无'的简单化思维。以此为出发点,对刑法问题的考察,在很多场合都必然是形式化的。形式化地解释刑法,和四要件说将复杂问题简单化,将构成要件形式化有直接的亲缘关系。……通说认为,拐骗儿童罪中的拐骗,是指'采取威胁、欺骗或者利诱等不法手段弄走儿童'。这样的解释,属于形式化地解释构成要件,没有考虑法益保护问题,明显缩小了处罚范围。……对于故意毁坏财物,通说认为,《刑法》第276条的规定保护的是公共财产的所有权。损毁财物的方法包括砸戏、撕毁、压毁等。通说重视对实物、实体的损坏,坚持的是'实体破坏说'。但是,不改变财产所有权关系,没有侵害公私财产的所有权,就一定不构成故意毁坏财物罪?不对财物的实体进行砸毁、撕毁、压毁,就不构成毁坏吗?将故意毁坏财物罪解释为针对所有权的暴力毁坏行为,明显属于形式化、机械地看待问题,会缩小处罚范围。"①本书完全赞成其中的具体结论,但难以认为形式地解释构成要件与四要件体系有直接关系。事实上,有的学者之所以反对四要件体系,恰恰是因为四要件体系过于实质化,而没有注重形式概念;另一方面,即使主张三阶层体系的学者,也会主张对构成要件进行形式的解释。②

采取相同的犯罪论体系的学者之间,是否就体系下的具体内容存在分歧或争论,并不直接表明这种犯罪论体系有无缺陷。任何一门学科,其体系下都必然存在具体争论,犯罪论体系亦如此。例如,"苏维埃刑法理论中,犯罪构成论在A.H.特拉伊宁的著作中得到最基础的研究。这种学说至今在学术界还是有争议的。一些作者把犯罪构成理解为'立法模式'、'科学的抽象',即像德国理比一样,将刑法规范中的处理同犯罪构成等同起来。另一些作者认为犯罪构成是犯罪的结构,是犯罪的系统化

---

① 周光权:《犯罪构成四要件说的缺陷:实务考察》,载《现代法学》2009年第6期,第79—80页。
② 参见陈兴良:《走向学派之争的刑法学》,载《法学研究》2010年第1期,第146页。在国外,也有学者(如日本学者曾根威彦)在采取三阶层体系的同时,主张行为构成要件论,认为在解释构成要件时不得考虑行为是否具有可罚性。

了的社会危害性"①。但迄今为止,俄罗斯刑法理论的通说依然维持着四要件体系。就我国现行的犯罪论体系而言,对犯罪客体是不是构成要件,犯罪客体的内容究竟是什么,四要件排列顺序如何,期待可能性应列入哪一要件等都存在争议,但这不是否认四要件体系的理由与根据。同样,在德国、日本的三阶层体系中,故意、过失是违法要素,还是责任要素(或者是将故意、过失作为违法要素纳入构成要件,还是将故意、过失作为责任要素纳入构成要件),抑或既是违法要素也是责任要素,也存在分歧。但这种分歧其实是对违法性的实质的争议,而不是否认三阶层体系的理由与根据。

建立独特(或者中国特色)的犯罪论体系的欲望,难以成为各种观点的理由。首先,维持现有的犯罪论体系,并不意味着维持有中国特色的犯罪论体系。因为我国现行的犯罪论体系,并不是我国土生土长的,而是来源于前苏联,苏联学者不是为了中国而建立四要件体系的,换言之,苏联学者不可能建立具有中国特色、符合中国国情的犯罪论体系。这种体系是否符合中国司法实践的需要,也有待研究与实证。其次,三阶层体系也不可能具有中国特色,这是不言自明的道理。那么,能否建立所谓独具特色、有别于其他任何国家的犯罪论体系呢?对此恐怕只能作否定回答。因为所有可能采用的体系,国外都已出现。我们似乎只能选择,而不是创新。况且,从既有的犯罪论体系中选择适合中国的犯罪论体系也并非不可能。因为犯罪具有共性,认定犯罪的路径也有共性。适合他国的犯罪论体系,也可能完全适合中国。所以,以四要件体系来源于苏联,对之予以否定,并不合适。同样,以三阶层体系源于德国而予以拒绝,也不妥当。最后,每位学者都不应当自觉或者不自觉地将自己对某种犯罪论体系的偏爱与反对,作为该体系是否符合中国国情的判断标准。

不能因为采取三阶层或者其他体系比较困难,就对之予以拒绝。如所周知,新中国成立后我们采取的就是四要件体系,这种体系已广为人知。但是,如果这种体系的确存在难以克服的缺陷,就应当允许反对者采

---

① 〔俄〕库兹涅佐娃、佳日科娃主编:《俄罗斯刑法教程(总论)上卷·犯罪论》,黄道秀译,中国法制出版社2002年版,第173页。

取其他犯罪论体系。如前所述,我国已经进入多元的犯罪论体系并存的时代,了解乃至接受三阶层或者其他体系,其实并不困难。此外,如果采取四要件体系的学者都认为四要件体系存在弊端,就不宜以改变现状太难为由,拒绝采用或者反对他人采用其他犯罪论体系。试想,新中国成立后的计划经济也是学苏联的,而且是不得不学的,但后来改变过来了。从计划经济到市场经济都改变过来了,犯罪论体系的改变当然也是可行的。新中国成立初,并不是只有刑法学引入了苏联的理论,但是,其他学科似乎都没有以改变体系过于困难为由而维持苏联的理论体系,唯独刑法学还采用苏联的四要件体系。这也是值得刑法学者思考的一种现象。此外,刑法关乎每个人的生命、身体、自由、财产与名誉,应当特别精细,不能有"差不多就行了"的观念。在适用刑法的过程中,普通案件总是多数,特殊或者疑难案件只是少数。然而,任何一个学者,都不能因为自己坚持的犯罪论体系能够解决所有普通案件而感到自豪;只要意识到自己主张的犯罪论体系仅能对99%的案件做出妥当处理,就需要完善乃至放弃自己主张的体系。换言之,任何一个学者,都应当努力使自己主张的犯罪论体系对100%的案件做出妥当处理。唯有如此,才能充分发挥刑法的法益保护机能与人权保障机能。

　　细心读者会说,虽然本节标题是"从单纯批判到相互借鉴",但本节并没有说明四要件体系对三阶层体系有什么借鉴作用,说相互借鉴是假,要求采取三阶层体系是真。如后所说,笔者并不赞成采取四要件体系,但笔者的体系实际上借鉴了四要件体系的"犯罪构成"概念。因为国外刑法理论对三阶层体系存在构成要件是违法类型还是违法有责类型之争,违法类型说维持了构成要件的故意规制机能,但导致构成要件丧失犯罪的个别化机能;而违法有责类型说维持了构成要件的犯罪个别化机能,却损害了构成要件的故意规制机能(只能说构成要件的客观要素具有故意规制机能)。使用违法(客观)构成要件与责任(主观)构成要件的概念,并将"犯罪构成"作为其上位概念,则可以解决上述问题。即违法构成要件具有违法推定机能与故意规制机能,责任构成要件具有责任推定机能,而犯罪构成则具有个别化机能。

日本学者平野龙一教授曾指出:"犯罪论'体系'是整理法官的思考,作为统制法官判断的手段而存在的。因此,即使体系上有些不协调,各个要素的界限不明确,但如果明确了思考的条理,有时可能就是理想的。"① 尽管每位学者都可以提出自己的犯罪论体系,但刑法学研究与其他人文社会科学的研究一样,并非一种独白的个别行为,而是需要对话与沟通;而对话与沟通的前提是需要明确思考的条理,需要有共同的基本方向与基本概念。在笔者看来,当前关于犯罪论体系的讨论特别需要注意以下两点:一是要将解决具体问题放到重要位置,既要使犯罪论体系解决具体问题,也要通过具体问题的解决发现犯罪论体系的问题;二是要明确犯罪的支柱(本体),围绕犯罪的支柱构建犯罪论体系。

三、从纯粹说理到解决问题

构建犯罪论体系时,既需要体系的思考,也需要问题的思考。一个体系是否妥当,不仅取决于其论理性(逻辑性),而且取决于其实用性。现在,关于犯罪论体系的争论,大多停留在纯粹说理阶段。换言之,许多人只是从抽象的角度来论证和反驳某种犯罪论体系,"过于宏大叙事而缺乏对于具体问题的足够关注"②。然而,许多纯粹的说理是没有意义的,甚至是不妥当的。

人们习惯于从政治体制、法治、人权保障(价值取向)、罪刑法定、基本立场等方面抽象地说明某种犯罪论体系的合理性。事实上,从这些方面难以说明哪种犯罪论体系更合理。例一:犯罪论体系与政治体制没有关系。通行于苏联社会主义体制下的四要件体系,也通行于资本主义体制下的俄罗斯。所以,不能认为采取四要件体系就是讲政治或者符合中国的政治体制,采取三阶层体系就是不讲政治或者不符合中国的政治体制。例二:三阶层体系与法治没有直接联系,不采用三阶层体系也能实行

---

① 〔日〕平野龙一:《刑法总论I》,有斐阁1972年版,第88页。
② 付立庆:《重构我国犯罪构成理论所面临的基本课题》,载梁根林主编:《犯罪论体系》,北京大学出版社2007年版,第241页。

法治。德国在三阶层体系确立前就是法治国家;英美并没有采取三阶层体系,也是真正的法治国家。例三:有学者指出,四要件体系"影响刑法人权保障功能的发挥"。"由于我国犯罪构成体系具有'耦合式'的逻辑结构,在应用该理论分析某一具体犯罪时,往往通过对'四要件'的逐一遴选之后,就可以在认识阶段上一次性地得出罪与非罪、此罪与彼罪的结论,而没有进一步的违法性、有责性的排除分析,从而使罪责与罪量始终处于开放状态。其结果,失去在定罪过程中应有的谨慎,不仅不能明确违法的相对性,而且未免有扩大定罪范围之嫌,不利于贯彻罪刑法定原则,从形式上保障被告人的权利。"①然而,这是没有任何实证支撑的说法;况且,任何一种犯罪论体系本身都难以阻止侵犯人权的现象(德国纳粹时代的三阶层体系,就不可能阻止纳粹对人权的严重侵犯)。例四:虽然三阶层体系的出发点就是为了贯彻罪刑法定主义,但仅此还难以证明犯罪论体系与罪刑法定主义具有直接联系。英美采用其传统的犯罪论体系,但没有人认为它们没有实行罪刑法定原则。我国旧刑法时代没有采取罪刑法定主义,新刑法采取了罪刑法定主义,但前后的犯罪论体系没有变化。苏联在规定类推与废止类推的时代,都采取了四要件体系。例五:犯罪论体系与犯罪的基本立场(客观主义还是主观主义)也没有关联。难以认为我国传统的四要件体系本身带有浓厚的主观主义色彩②,也不能认为德国、日本的阶层体系是客观主义的体现。日本著名的主观主义者牧野英一与典型的客观主义者泷川幸辰,都采用过行为、构成要件符合性、违法性、有责性的体系;同样,被归入客观主义者的小野清一郎与被归入主观主义者的木村龟二,都采取了三阶层体系。③

单纯从抽象层面论证某种犯罪论体系的合理性,必然总是公说公有理,婆说婆有理。例如,哪一种体系符合人们的认识规律,哪一种体系具有逻辑性,哪一种体系具有现实合理性,哪一种体系有利于实现刑法的安

---

① 于改之、郭献朝:《两大法系犯罪论体系的比较与借鉴》,载《法学论坛》2006 年第 1 期,第 123 页。

② 但是,犯罪主体、犯罪主观方面、犯罪客观方面、犯罪客体的四要件体系,则明显具有主观主义色彩。

③ 参见〔日〕大塚仁:《刑法概说(总论)》,有斐阁 2008 年第 4 版,第 111 页。

定性,如此等等,坚持不同体系的学者无论如何都能讲出道理,也无论如何都不能说服对方的。甚至连认识规律是什么,逻辑性是什么,如何判断现实合理性等,本身就是说不清、道不明的问题。

"对体系的考察,必须与对具体问题、实践中问题的研究结合起来,做到在体系中思考问题,通过问题的解决完善体系。"① 学者们应当以自己所坚持的体系去解决各种具体问题,既不能避而不谈,也不能以"有待研究"去敷衍;既不能牵强地回答,更不能将其他体系的解决方法当作自己所坚持的体系的解决方法(如不能将三阶层体系解决问题的方法,当作四要件体系解决问题的方法,反之亦然)。当具体问题之所以不能解决是由于犯罪论体系所致时,就有必要改变这种犯罪论体系,或者采取能够解决具体问题的犯罪论体系。

例一 13周岁的人的故意杀人行为,是否具有违法性,是否被刑法所禁止?被害人或第三者能否对之进行正当防卫?坚持四要件体系的学者指出:"如果承认儿童或精神病人的侵害行为属于'违法'或'犯罪',在理论上便可推导对之可以实行正当防卫——正当防卫的条件可以完全符合,于是会出现不利于保护这类无责任能力人权益的负面后果。对此,应当区别不同情况分别对待:如果明知侵害系无责任能力人,则只能实行紧急避险——能躲则躲,只有万不得已才可以加害侵害人;如果不知,则当然可以实行防卫。"② 根据这种观点,无责任能力人的侵害,在被害人能躲避时不是"不法侵害",在防卫人知道时不是"不法侵害";但在被害人不能躲避时是"不法侵害",在防卫人不知时也是"不法侵害"。倘若如此,"不法侵害"便没有判断标准了。③ 一个人的行为是否为不法侵害,由被害人能否躲避来决定,由被害人或第三者是否认识到行为人无责任能力

---

① 高铭暄:《论四要件犯罪构成理论的合理性暨对中国刑法学体系的坚持》,载《中国法学》2009年第2期,第10页。

② 冯亚东、邓君韬:《德国犯罪论体系对中国之启示》,载《国家检察官学院学报》2009年第1期,第36页。

③ 倘若上述学者观点不是从精神病人的杀人行为是否属于不法侵害的角度而言,而是单纯从能否防卫的角度(对正当防卫的伦理限制)而言,就意味着上述观点肯定了精神病人的杀人行为是不法侵害。但肯定精神病人的行为属于"不法侵害",是与四要件体系相冲突的。

来决定的做法，难以令人赞同。此外，在被害人知道却又不能躲避时，如何判断无责任能力人的侵害是不是不法侵害呢？然而，按照三阶层体系，13周岁的人故意杀人，也是违法的，当然可以进行正当防卫。

例二 对于盗窃财物的无责任能力者，能否适用《刑法》第64条关于"犯罪分子违法所得的一切财物，应当予以追缴或者责令退赔"的规定？传统的四要件体系只有一种意义上的犯罪与犯罪分子，于是，在无责任能力者盗窃财物的场合，不能适用《刑法》第64条的上述规定。这显然不合适。根据三阶层体系，无责任能力者盗窃的财物，也是违法所得，此时的无责任能力者也是一种意义上的犯罪分子，因而能够合理适用《刑法》第64条的规定。随着保安处分的发展，对于实施了符合构成要件的违法行为的人，即使其缺乏有责性，也能施以保安处分；但对于没有实施违法行为的人，绝对不能施以保安处分。所以，按照三阶层体系区分违法性阻却事由与有责性阻却事由，可以满足保安处分的需要。

例三 16周岁的甲应邀为13周岁的乙的入室盗窃行为望风的，应当如何处理？按照四要件体系，甲与乙因为不符合共同犯罪的主体条件，所以不成立共同犯罪。然而，倘若不当共同犯罪处理，则不能认定甲的行为构成盗窃罪。人们习惯于说甲是间接正犯。可是，不管是采取犯罪事实支配理论，还是采取工具论，甲应邀为乙望风的行为，都不可能成立间接正犯。按照三阶层体系，并采取通行的限制从属性说，共同犯罪是一种违法形态，而不是一种责任形态，故各参与人的责任不会影响共同犯罪的成立。据此，甲与乙成立盗窃罪的共同犯罪，乙是正犯，甲是从犯（也有人认为望风是正犯行为），由于乙没有达到责任年龄，故不承担责任，但甲必须承担从犯的责任。① 再如，16周岁的甲与13周岁的乙共同轮奸妇女。

---

① 日本学者松宫孝明教授只以一个具体事例为根据，便否认了苏联的四要件体系。他指出："首先应当研讨的是前苏联刑法学所发展的'整体构成要件的理论'。该体系的问题在于，将刑事责任能力作为犯罪构成的主体要素。在这一体系中，因为不可能存在对无责任能力者的共犯，所以，在其他共犯人不知道实行正犯没有责任能力而参与实行时，不能成立共犯。同时，由于其他共犯人并非明知实行正犯无责任能力而将其作为'工具'利用，也不构成间接正犯。因此，为了弥补上述'处罚的间隙'，在某种意义上，就必须将责任能力从作为共犯从属（=参与）对象的'犯罪'要素中排除出去。正因为如此，将责任能力作为犯罪的主体要素的体系是不妥当的。"（〔日〕松宫孝明：《犯罪体系论再考》，载《立命馆法学》2007年第6号，第319页。）

四要件体系同样面临着难以回答对甲能否适用轮奸的法定刑的问题,但三阶层体系则能毫无障碍地得出肯定结论。

例四 15周岁的甲谎报年龄而被"正式"录用为司法工作人员,在办案过程中,甲与不具有司法工作人员身份的联防队员乙共同使用暴力逼取证人证言。根据传统的四要件体系,甲与乙不成立共同犯罪,对乙也不能单独追究暴力取证罪的责任。但根据三阶层体系,并采取通行的限制从属性说,甲虽然没有达到责任年龄,却具有违法身份,故甲与乙就暴力取证罪构成共同犯罪,甲为暴力取证罪的正犯,乙为暴力取证罪的共犯。当然,甲因为存在责任阻却事由,对其不能以犯罪论处。倘若否认甲与乙构成共同犯罪,则不能追究乙的责任。这显然不合适。就达到责任年龄的人而言,如若承认存在行为人具有故意但没有责任能力的现象,也应得出相同结论。

例五 刑法分则中有"犯盗窃、诈骗、抢夺罪"、"过失犯前款罪"、"明知是犯罪的人"、"明知是有罪的人"、"明知是犯罪所得"等表述。如何理解分则中的这些"罪"与"犯罪"概念呢?即使坚持四要件体系的学者也不能不承认:"这些'犯罪'在逻辑上只能是指客观方面的行为——即德国体系下具备构成要件该当性和违法性的'客观的犯罪'(如13岁的人进行盗窃)。在德国体系下这根本不会成为问题(儿童当然也可以成立'犯罪'),而在中国体系下却在语词关系上难以自圆其说——法律规定同理论体系及话语系统之间存在冲突,为被告人留下必然令控方尴尬的'狡辩'空间。这是一个中国体系在技术上难以解决的问题(只能做而不好言说)。"① 显然,所谓"只能做",是只能按照三阶层体系做;因为这种能做且应当做的事与四要件体系相冲突,故"不好言说"。

类似的问题还有很多,坚持四要件体系的学者应当通过解决诸如此类的具体问题,修正、完善自己的体系。同样,坚持四要件体系的学者,也

---

① 冯亚东、邓君韬:《德国犯罪论体系对中国之启示》,载《国家检察官学院学报》2009年第1期,第33页。对分则条文的"罪"、"犯罪"的含义需要具体讨论,有的可能仅指客观违法行为,有的可能指故意或过失的违法行为(不包括责任能力、责任年龄等要素)。当然,有的可能指完全构成犯罪的行为。

完全可能针对三阶层体系提出一些具体问题。倘若坚持三阶层体系的学者不能回答,也必须修正、完善自己所坚持的体系。

四、从形式表述到实质内容

当前,对犯罪论体系的讨论,基本上只是围绕着形式上的几要件展开的,并没有进入实质讨论。换言之,人们习惯于认为,从二要件体系到五要件体系,都是不同的犯罪论体系。仅仅围绕几要件展开讨论的结局是,形式上相同的犯罪论体系,其实质内容可能大不相同;反之,形式不同的犯罪论体系,其实质内容也可能完全相同。这种使外表掩盖实质的局面可能不利于学说发展。所以,对犯罪论体系的争论,应当从强调形式的几要件,转变为对实质内容的讨论。

在笔者看来,是否以违法(不法)与责任(有责)为支柱构建犯罪论体系,才是区分不同的犯罪论体系的实质标准;如何理解违法与责任,又是外表相同体系下的重大问题。

"发现不法与罪责是作为构筑刑法体系与众不同的材料,依照 Hans Welzel 的看法,这是最近这二到三代学者在释义学上最为重要的进展;Wilfried Küper 认为这个发现是刑法释义学的重大成就而无法再走回头路;此外,依西班牙法的观点来说,Santiago Mir Puig 表示这个发现也建立起 Los dos pillars basicos,也就是犯罪概念的二大支柱。"[①]概言之,在刑法学研究过程中,必须明确区分违法与责任,而不得将二者混为一谈。

德国、日本等国采取的三阶层体系中[②],"在违法性的标题下研究的却是排除违法性,乍一看,这是个令人迷惑的语言使用习惯。然而,我们

---

① 〔德〕许逎曼:《区分不法与罪责的功能》,载许玉秀、陈志辉编:《不移不惑献身法与正义——许逎曼教授刑事法论文选辑》,台北春风和煦学术基金2006年版,第416页。
② 在德国的三阶层体系中,第二阶层的要件被称为"违法"或"违法性"(Rechtswidrigkeit);又由于构成要件是违法类型,于是,将符合构成要件且违法的情形,称为"不法"(Unrecht)。违法性概念强调的是行为的性质(价值判断),是对于对象的评价;由于符合构成要件的行为是评价对象,所以,不法概念包括了违法性的评价对象与对于对象的评价(Claus Roxin, Strafrecht Allgemeiner Teil, Band I, 4. Aufl., München: C. H. Beck, 2006, S.600f.)。

必须意识到,构成要件该当性涉及的是违法性,是所有使得某一行为表现为违反了受刑法保护规范的行为的特征,只要允许性规定不介入,该行为就是违法的。因此,对于不法有决定性意义的事实,将会在犯罪构造里的构成要件与'违法性'这两个评价阶层进行分配。从某种程度上说,违法性本身只是构成要件该当性与缺乏阻却违法事由的结果"①。换言之,在三阶层体系中,"虽然区分了第一阶段的构成要件符合性的判断与第二阶段的违法性阻却事由存否的判断,但两个阶段都是违法性的判断。所以,可以从大的方面将实质的刑法的评价区分违法性判断与有责性判断。换言之,犯罪论体系的支柱,是不法与责任两个范畴"②。

将违法与有责作为犯罪论体系的两大支柱,并不意味着违法与有责的先后关系可以颠倒。"犯罪并不是像水在化学上由氢气与氧气组成一样意义的由几个要素组成。"③违法所讨论的是,行为是否被刑法所禁止,从实质上说,行为是否造成了法益侵害及其危险;责任所讨论的问题是,能否将某种违法事实归责于行为人,能将何种范围的违法事实归责于行为人。例如,甲杀害他人的行为及其结果,表明其行为是违法的,但倘若甲没有达到责任年龄,则不能将杀人的行为及其结果归责于他,因而不能追究其责任。再如,乙将他人的自行车盗走,但不知道龙头把手内藏有两根金条。乙的客观违法行为虽然导致被害人的自行车与金条的损失,但由于乙没有认识到金条的存在,不能令其对金条承担责任。概言之,责任要素是为了解决主观归责问题,即在客观地决定了违法行为及其结果后,判断能否将行为及结果归咎于行为人。所以,必须先判断违法,后判断责任。

德国、日本的三阶层体系与两阶层(不法与责任)体系,主要是形式上的差异与个别结论上的差异,而非本质上的区别(亦即,在以违法与责任为支柱构建体系这一点上,没有区别)。两阶层体系将违法性阻却事由

---

① 〔德〕冈特·施特拉腾韦特、洛塔尔·库伦:《刑法总论I——犯罪论》,杨萌译,法律出版社 2006 年版,第 81 页。
② 〔日〕井田良:《刑法総論の理論構造》,成文堂 2005 年版,第 1 页。大陆与台湾地区的部分学者,将德语的 Schuld(即本书所称责任)翻译为"罪责"。
③ 〔日〕平野龙一:《刑法总论 I》,有斐阁 1972 年版,第 87 页。

的存在作为消极的构成要件要素,所以,存在违法性阻却事由时,否认构成要件符合性。"通说认为,构成要件符合性的判断,是是否符合刑罚法规所预定的行为类型的判断,是暂时将(行为实现、确保了什么利益的)具体情况的考虑置之度外的所谓限定了视野的判断。这种判断,与违法性(阻却事由)的判断那样的,以考虑了所有的具体情况的利益衡量为内容的,从整体法秩序的见地所作的具体的、非类型的判断,具有性质上的不同。在通说的理解之下,'打死蚊子'与'正当防卫的杀人'之间所存在的价值性的差异,在犯罪论体系上也表现出来。亦即,前者不是侵害法益的行为,原本就不符合构成要件,后者虽然是符合构成要件的法益侵害行为,但阻却违法性。根据消极的构成要件要素的理论,两者同样都是不符合构成要件的适法行为,在体系上就不被区别。但是,消极的构成要件要素的理论也并非不承认法益侵害行为与非法益侵害行为之间的区别。不过,从不管哪种行为都是没有违法性的行为(适法行为)的观点来看,它们属于同一大类,与通说之间没有那么大的差别。"①不难看出,德国、日本的三阶层体系与两阶层体系,实质上都是围绕犯罪的两大支柱(违法与责任)展开的。换言之,"如果说违法性阻却事由本质上与构成要件属于相同体系的范畴,犯罪论就不是由三阶层构成,而应由两阶层('不法'与'责任')构成"②。

  基于同样的理由,以违法与责任为支柱构建的四阶层体系(行为、构成要件符合性、违法性与有责性的体系),以及以违法与责任为支柱构建的另一种三阶层体系(行为、不法、责任的体系),实质上与通行的三阶层体系是相同的。

  在笔者看来,我国传统的四要件体系,并不是以违法与有责两个支柱建立起来的,而是以客观与主观两个概念构建起来的。刑法理论将客体与客观方面进一步提升为"客观",将主体与主观方面进一步提升为"主观",并将主客观相统一视为我国犯罪构成理论的特色。在传统的四要件

---

① 〔日〕井田良:《讲义刑法学·总论》,有斐阁2008年版,第92页。
② 〔日〕井田良:《刑法总论の理论构造》,成文堂2005年版,第130页。

体系中,违法是指行为完全符合犯罪构成,不存在客观的违法概念;也不存在非难可能性意义上的责任概念,符合犯罪构成也表明行为人具有责任。所以,违法与责任没有得到区分。从一些具体表述也可以看出这一点。如坚持四要件体系的学者指出:"中国语境下对行为性质的判断已经包含着对行为主体基本状况的判断。我们全无必要去指责一个精神病人或儿童实施了'违法行为'——犹如情绪再激动理智上也无必要去指责一只抓伤了人的猴子。"① 然而,儿童是否杀了人,是否侵害了他人的生命,与能否从法律上指责(谴责)他,完全是两回事;我们不能因为无法指责猴子,就否认猴子抓伤了人;也不能因为无法指责猴子,而否认他人被抓伤。显然,上述学者的论述(尤其是"指责"一词的使用),并没有区分违法与有责。

由于传统的犯罪构成是主客观要件的统一,如同水在化学上由氢气与氧气组成一样,所以,是先认定客观还是先认定主观,就无所谓了。于是,出现了从主体、主观方面到客观方面、客体的四要件体系。由于犯罪构成仅停留在客观与主观的层面,期待可能性的体系地位就成为问题。因为对期待可能性的有无是根据客观事实(行为的附随情况)做出的规范判断,而不是基于行为人的心理状态得出的结论,但行为的附随情况又影响行为人的心理,所以,将其作为客观要件的要素并不合适,将其作为主观要件的要素也不理想。

在笔者看来,就传统的四要件体系而言,是否将犯罪客体作为要件,并不是一个核心问题。如何看待犯罪主体这一要素,反而更为重要。如果说主体是要件,它是属于主观的要素还是客观的要素,它说明行为的违法性还是有责性?我国犯罪构成中的犯罪主体,包括了主体本身(自然人)、责任年龄、责任能力与特殊身份。如前所述,我国的刑法理论通说将客体与客观要件归入客观方面,主体与主观要件归入主观方面。实际上,这里存在许多问题。其一,责任能力与责任年龄是客观事实,并不是主观

---

① 冯亚东、邓君韬:《德国犯罪论体系对中国之启示》,载《国家检察官学院学报》2009年第1期,第36页。

的东西。其二,故意的成立需要认识到哪些因素?由于故意的成立必须对属于犯罪构成客观要件的事实具有认识,但不要求对属于主观要件的事实具有认识(例如,不可能要求行为人认识到自己"已经明知自己的行为会发生危害社会的结果")。但是,主体的身份实际上是故意的成立所必须认识的要素。例如,行为人没有认识到自己是严重性病患者时,不可能成立传播性病罪;有合理根据认为自己取得了医生执业资格的人,不可能成立非法行医罪。既然如此,就不能因为主体要件中有一个"主"字,就将其归入主观方面。由此可以发现将主体本身必须具备的所有条件归入一个主体要件所面临的困境:如果认为主体是主观要件,则意味着主体的要素不是故意必须认识的内容,但事实上并非如此;如果通说改变观点,认为主体属于客观方面,则意味着主体的全部要素都是故意必须认识的内容,可事实上也非如此(故意的成立并不需要主体认识到自己的年龄与能力)。其三,更为重要的是犯罪主体中的特殊身份的地位问题。不具有国家工作人员特殊身份的人,其单独非法收受他人财物的行为,不可能侵害国家工作人员职务行为的不可收买性或者职务行为的廉洁性。反之,15周岁的人被正式录用为警察后,非法收受与其职务有关的财物的行为,也的的确确侵害了国家工作人员职务行为的不可收买性(或职务行为的廉洁性),只是因为没有达到责任年龄而不能追究刑事责任。所以,四要件体系的犯罪主体中既包括了违法要素,也包括了责任要素。这充分说明,传统的四要件体系,并不是以违法与责任为支柱,也不是区分了违法与责任而建立起来的。

当然,坚持传统的四要件体系的学者也可能认为,犯罪论体系不应当以违法与责任为支柱建立起来,违法与责任也不应当区分。倘若真是如此,则更能说明传统的四要件体系与德国、日本的三阶层体系存在实质差异。

不难看出,我国的四要件体系与德国、日本的三阶层体系,并不是一种表面上的区别,而是存在本质差异。冯亚东教授指出:"在德日三阶层体系下,是将一个整体平面的刑法规范裁分为三块:构成要件该当性与中国体系的客观方面要件大致相似——均系对客观外在之事实特征的符合性分析;违法性实质上是讨论刑法规范中必然隐含的法益侵损问题——与中国体系的客体要件意义极为相似而只是排序不同;有责性涉及的是主体的一般性资格及具体心态问题——中国体系之主体和主观方面两要件可以完整将其包容。由此可见,德日体系的所谓阶层递进,只是一些学者们的一种想象式理解。如果将德日体系理解为是一种递进路径,那中国体系又有何理由不能如此相称呢——从客体递进到客观方面,再递进到主体,最后达到主观方面——呈一种较德日体系更为清晰、更为合理的递进理路。"① 根据这种观点,四要件说是将整体平面的刑法规范裁分为四块,三阶层体系是将刑法规范裁分为三块。其实,问题并不在此。首先,三阶层体系中的构成要件符合性与违法性解决的是行为是否违法的问题;有责性回答的是行为是否具有非难可能性的问题。犯罪的本质是违法且有责的行为。但是,四要件体系并未区分违法与有责,而是以客观与主观相统一认定犯罪,不仅不能揭示犯罪的本质,而且容易导致主客观互相补充以及整体的思考方式。其次,三阶层体系则在构成要件符合性之后讨论违法阻却事由,在有责性中(后)讨论责任阻却事由;四要件体系没有在犯罪构成中讨论违法阻却事由与责任阻却事由。再次,三阶层体系使得行为人仅在责任范围内承担刑事责任,易言之,有责性能够顺利解决行为人在何种范围内对违法事实承担责任的问题,而四要件体系有时难以做到这一点。

在此,非常有必要讨论黎宏教授的观点。黎宏教授虽然留日多年,却认为我国的犯罪构成体系不必重构,似乎给四要件体系以强有力的支持。然而,在笔者看来,黎宏教授虽然形式上坚持四要件体系,实际上采取的却是三阶层或者两阶层体系。

黎宏教授指出:"在现有的犯罪构成体系上,贯彻客观优先的阶层递进理念";"树立不同意义的犯罪概念"。换言之,首先应当客观地判断行为是否符合犯罪客体与犯罪客观要件(是否具有社会危害性),然后判断犯罪主体与犯罪主观要件;符合犯罪客体与犯罪客观方面的行为,因为本

---

① 冯亚东:《中德(日)犯罪成立体系比较分析》,载《法学家》2009年第2期,第89页。

质上对刑法所保护的法益造成了实际损害或者现实威胁,成为一种意义上的犯罪;完全具备四个要件的行为,成为另一种意义上的犯罪;正当防卫等正当化事由,只是在客观方面与某些犯罪相似;"从理论上讲,在说行为符合具体犯罪的犯罪构成的时候,实际上也意味着该行为不可能是正当防卫、紧急避险等排除犯罪的事由,换言之,在得出这种结论之前,已经进行了该行为不是正当防卫、紧急避险等正当行为的判断,否则就不可能做出这样的结论来"。同时认为,"客体,就是刑法所保护的社会关系或者说是合法利益……完全没有必要以'为犯罪所侵害'来对其加以修饰"①。

显然,黎宏教授的观点已经不是传统的四要件体系了。首先,黎宏教授认为符合客观构成要件的行为侵害了法益时,就具有社会危害性,是一种意义上的犯罪,这其实是讲的行为的客观违法性,并且融合了古典体系与新古典体系的观点。其次,认为正当防卫、紧急避险是不符合犯罪构成的行为,其实是将正当防卫、紧急避险当成了消极的构成要件要素,或者在犯罪构成中判断了正当化事由。最后,黎宏教授是将犯罪主体与犯罪主观方面当作有责性问题讨论的。正如黎宏教授所言:"在成立犯罪的主客观两个方面的内容中,应当说,客观方面的内容和主观方面的内容的意义是完全不同的。客观方面的内容(包括客体)是说明行为对刑法所保护的社会关系或者说是法益所造成的侵害或者危险,它是衡量行为是否成立犯罪的前提,没有对法益造成侵害或者威胁的行为,绝对不能进入犯罪构成判断的视野;而主观方面(包括主体)是有关行为人对自己行为及其所造成的结果的心理态度,它是对行为人能否在法律或者道义上进行主观谴责的基础。虽然行为人的行为成立犯罪必须具备主客观方面的内容,但并不意味着不是出自故意或者过失即不具备主观要素的行为,就没有社会危害性。从本质上讲,刑事上的未成年人或者发病期间的精神病人所实施的危害行为,也是严重侵害或者威胁法益的行为,只是由于他们

---

① 黎宏:《我国犯罪构成体系不必重构》,载《法学研究》2006 年第 1 期,第 32 页以下。

不具备承担刑事责任的能力,所以,不作为犯罪进行刑罚处罚而已。"①显然,黎宏教授是以违法与责任为核心解释四要件体系的。这与传统的四要件体系存在本质区别。

即便如此,黎宏教授的观点也存在难以解决的问题。

首先,将犯罪客体解释为刑法所保护的社会关系或者合法利益,已经使客体丧失了构成要件的意义。正如黎宏教授所言:"这些社会关系或者利益,在刑法分则规定的各个相应条款中存在,是制定这些条款的前提,即使没有受到犯罪行为的侵害,它也是客观存在并受到刑法保护的。"②不管是否存在犯罪行为都客观存在的东西,对于认定行为是否成立犯罪就难以成为要件了。况且,这种客体是分则条文所要保护的法益,是分则条文的目的。将分则条文的目的本身作为要件,恐怕既不合适,也无必要。

其次,既然认为在得出行为符合犯罪构成客观要件的结论之前,已经进行了该行为不是正当防卫、紧急避险等正当行为的判断,就应当在犯罪构成的客观要件中(或在客观要件之后)讨论正当防卫与紧急避险等正当化事由,而不是在主观要件之后、更不能在罪数论之后讨论正当化事由。

再次,将现行的四要件体系中的犯罪主体要素,全部作为责任要素,存在难以解决的问题。例如,在四要件体系中,特殊身份是主体要素。按照黎宏教授的观点,特殊身份似乎成为责任要素。可事实上并非如此。例如,没有国家工作人员身份的人,其收受财物的行为,不可能侵害国家工作人员职务行为的不可收买性,因而不可能具备受贿罪的社会危害性。所以,特殊身份应当是违法要素(说明社会危害性的要素),而不是责任要素。③ 况且,将特殊身份作为责任要素,也难以妥当解决共犯的从属性程度问题。例如,倘若采取限制从属性说(只要正犯实施了符合构成要件

---

① 黎宏:《我国犯罪构成体系不必重构》,载《法学研究》2006年第1期,第49页。
② 同上书,第37—38页。
③ 当然,能否将身份细分为违法要素与责任要素,是需要另外讨论的问题。但至少可以肯定的是,绝大多数特殊身份都是违法身份。

的客观违法行为,便成立共犯),又将特殊身份作为责任要素,那么,教唆非国家工作人员收受他人财物的行为,也成立受贿罪的教唆犯。这显然不合适。反之,采取极端从属性说(只有当正犯的行为具有违法性与有责性时,才成立共犯),虽然可以否认教唆非国家工作人员收受他人财物的行为成立受贿罪的教唆犯,却又导致责任年龄、责任能力成为从属内容。这明显不妥当。此外,如果不将主体本身作为违法(社会危害性)要素,动物自发伤人也符合犯罪客体与犯罪客观方面,因而具有违法性。

不难看出,倘若要克服和解决上述几个问题,恐怕只能采取三阶层或者两阶层体系了。详言之,如果将客体作为刑法分则条文的目的,如果将正当防卫、紧急避险与犯罪客观要件结合起来判断,如果将主体本身与特殊身份作为行为是否侵害了法益的判断要素,那么,四要件体系中的"主体"就只剩下责任年龄与责任能力,而不能再冠以"主体"名称;于是,四要件体系就必然成为三阶层或者两阶层体系了。

这里有必要讨论传统的四要件体系(按犯罪客体、犯罪客观方面、犯罪主体、犯罪主观方面排列的体系)与晚近的四要件体系(按犯罪主体、犯罪主观方面、犯罪客观方面、犯罪客体顺序排列的体系)之间的关系。倘若这两种四要件体系都承认,自己的体系并不是以违法与责任为支柱构建的,那么,在这一点上,二者便是本质相同的犯罪论体系,其排列顺序仅为内部争论。但是,如若四要件体系坚持认为自己也是将违法与责任作为支柱建立起来的(如认为客体与客观方面是违法要件,主体与主观方面是责任要件),那么,从主体、主观方面到客观方面、客体的四要件体系,便是从责任到违法展开的,因而与传统的四要件体系之间就是本质不同的体系,二者之间的争论就不是内部的争论,相反,后者是对前者的彻底颠覆。① 此外,人们也难以否认两种四要件体系之间存在如下区别:(1)如果说传统的四要件体系是从客观到主观地认定犯罪,那么,从主体到客体的体系则是从主观到客观地认定犯罪,二者完全相反。(2)倘若

---

① 如前所述,由于主张四要件体系的学者一般不会认为其体系以违法与责任为支柱,故难以意识到两种四要件体系之间的如此区别。

认为传统的四要件体系是按照司法人员认定犯罪的逻辑顺序安排犯罪论体系,那么,从主体到客体的体系则是按照犯罪的发生过程安排犯罪论体系,二者也完全不同。由此可以得出以下两个结论:其一,传统的四要件体系与德国、日本的三阶层体系之间,至少具有两个共同点:一是从客观到主观地认定犯罪,二是按照司法人员认定犯罪的逻辑顺序认定犯罪;而从主体、主观方面到客观方面、客体的体系与传统的四要件体系之间,除了形式上的表述相同以及都没有以违法与责任为支柱构建体系这一点相同之外,没有实质的共同点。其二,如果说传统的四要件体系经过改造能够形成以违法与有责为支柱的犯罪论体系;那么,从主体、主观方面到客观方面、客体的四要件体系,是不可能被"改造"为以违法与有责为支柱的犯罪论体系的。由此看来,传统的四要件体系的坚持者,首先应当坚决反对的是从主体到客体的四要件体系,而不是三阶层体系。

最后需要说明的是,当前主张采取三阶层体系的学者,虽然意识到了要从违法到责任认定犯罪,但大多没有说明其采取的是古典体系还是新古典体系,抑或目的论体系与目的理性体系。其实,如前所述,即使是形式上的三阶层体系,基本内容上也会有很大差异。这种基本内容上的差异,源于对违法性与有责性的不同认识。倘若采取三阶层体系的学者,时而将故意、过失作为违法要素纳入构成要件,时而将故意、过失作为责任要素,则表明他徘徊于行为无价值论与结果无价值论之间,动摇于规范违反说与法益侵害说之间。

第二章　理论支柱

当前关于犯罪论体系的讨论,显然比较形式化,大多是围绕犯罪构成是法律规定还是理论概念、犯罪构成应当由几要件组成、构成要件应当如何排列而展开,并没有讨论应当以什么作为支柱构建犯罪论体系。本章旨在说明,应当以违法与责任为支柱构建犯罪论体系。

一、现行体系的成因

大体可以认为,我国传统的犯罪论体系,是以客观与主观为支柱建立起来的,亦即,犯罪构成是犯罪客体、犯罪客观方面、犯罪主体、犯罪主观方面的有机统一(四要件体系);刑法理论将客体与客观方面进一步提升为"客观",将主体与主观方面进一步提升为"主观";主观与客观的统一(主客观相统一),成为我国犯罪论体系的基本特点乃至核心。

在我国,以客观与主观两个概念为支柱建立犯罪论体系,主要基于以下原因:

(一)受苏联刑法理论的影响,以客观与主观为支柱的犯罪论体系得以形成

苏联刑法理论,对德国刑法理论存在一些误解,再加上意识形态的原因,对德国刑法理论的不当批判,使其强调客观要素与主观要素的结合与统一。例如,费尔巴哈虽然仅将行为或客观事实特征列入构成要件,但他并没有忽略罪过(责任)的意义,只是没有将罪过列入构成要件之内。施就别尔认为,罪过、责任能力与构成要件无关。特拉伊宁便认为,费尔巴哈与施就别尔"人为地割裂犯罪构成的统一的概念"①。于是,特拉伊宁强调犯罪构成应当包括罪过、责任能力等内容。再如,特拉伊宁认为旧派所主张的行为刑法,"是同资产阶级'民主'的整个体系所特有的趋向有机地联系着的";而新派所主张的行为人刑法,"实际上就意味着使刑罚适合受审人的阶级面貌,并使坐监狱成为对无产者的刑罚"。于是进一步指出:"资产阶级刑法学者在犯罪'行为'和'行为人'两者究竟哪个重要的问题上长期间纠缠不清的争吵,造成并且助长了一种错觉,似乎除了这两个根据——'行为'和'行为人'以外,再没有其他具有刑法意义的标准能够影响对犯罪的评定从而影响刑罚的种类和方法了。"与之相反,"在社会主义的刑法体系中,对人身的这种深刻的考虑,并不意味而且也不可能意味'主体'与'行为'的脱离;并不意味而且也不可能意味对犯罪的客观方面评价过低。社会主义的刑法不是建立在客观因素与主观因素的脱离或对立的基础上,而是以辩证地结合对主体和他的行为的评价为基础的"②。从特拉伊宁的论述可以看出,他所强调的客观与主观的统一,旨在与资产阶级刑法理论相区别。不过,特拉伊宁所称的客观与主观的统一,究竟是在处罚基础(根据)、处罚对象上的客观与主观的统一,还是在犯罪成立条件上的客观要素与主观要素的统一,似乎并不十分明确。

"从1949年到1953年,是新中国刑法学的创建时期,这一阶段是以否定旧中国的刑法学、照搬苏维埃的刑法学为主要特征的。"③所以,我国20世纪50年代的刑法教科书就指出:"每一犯罪行为,都是人所实施的危害社会的行为的客观要件和主观要件的统一。主观(人的故意或过失)表现在客观上,即表现在由于人的行为所引起的(或可能引起的)危害社会的损害上,才能认为是犯罪行为。还没有表现在客观行为上的故

---

① 〔苏〕A.H.特拉伊宁:《犯罪构成的一般学说》,薛秉忠等译,中国人民大学出版社1958年版,第15页。
② 同上书,第18页、第27页、第46页。
③ 高铭暄主编:《新中国刑法科学简史》,中国人民公安大学出版社1993年版,第8页。

意或过失,或者不是由于故意或过失所造成的客观上的损害,就都不能认为是犯罪行为。……犯罪构成永远是犯罪行为所必要的客观要素和主观要件的统一。"①在改革开放以后,我国不可能在短期内构建新的犯罪论体系,只能沿用此前已经采纳的苏联的犯罪论体系,这是四要件体系得以维护的一个重要原因。在此意义上说,采用四要件体系具有历史的必然性。

（二）鉴于"文革"的历史教训,为了杜绝确实大量存在的客观归罪与主观归罪现象,将主观与客观的统一作为构建犯罪论体系的指导思想

如所周知,在"文革"期间,存在大量主观归罪与客观归罪的现象。之所以会出现主观归罪的现象,是因为一旦行为人的心情恶劣,便不充分调查行为在客观上造成了什么危害,就进行处罚;之所以会出现客观归罪的现象,是因为一旦被害结果重大,就不问行为人的主观心理状态如何,便施加处罚。在没有实行罪刑法定主义的时代,出现主观归罪与客观归罪现象并不奇怪;即使在法律明文规定了罪刑法定原则的时代,一旦发生人心冲动的案件,人们在感情上便产生处罚的强烈要求,即使法律没有规定处罚该行为,也要给予处罚,依然会出现主观归罪与客观归罪的现象。②为了杜绝主观归罪与客观归罪的现象,就要求主观与客观的统一。

例如,较早将主客观相统一作为刑法原则的教科书指出:"人的思想支配人的行为,人的行为反映人的思想,这是辩证唯物主义的一个基本原理。根据这一基本原理,我国刑法在确定犯罪和追究刑事责任问题上,坚持主客观一致的原则,既反对'主观归罪',也反对'客观归罪'。所谓'主观归罪',是指不顾客观上是否实施了危害社会的行为,只是片面地根据行为人主观思想、心理和犯意来认定犯罪。所谓'客观归罪',是指不顾主观上是否有犯罪的故意和过失,只是片面地根据行为人客观上造成的损害后果来认定犯罪。很显然,'主观归罪'和'客观归罪',由于把人的

---

① 中央政法干部学校刑法教研室编著:《中华人民共和国刑法总则讲义》,法律出版社1957年版,第74—75页。
② 参见〔日〕平野龙一:《刑法总论Ⅰ》,有斐阁1972年版,第90页。

思想和行为割裂开来,必将导致错误地追究刑事责任,混淆罪与非罪的界限,破坏社会主义法制原则。主客观相统一原则的含义是,构成犯罪和追究刑事责任的前提,必须是行为人在客观上实施了危害社会的行为,同时主观上对危害行为及其危害结果具有故意与过失,这两个方面缺一不可,否则,就不能构成犯罪,不能追究刑事责任。"① 显然,将主观与客观的统一作为构建犯罪论体系的指导思想,旨在禁止主观归罪与客观归罪的现象。在此意义上说,将主观与客观的统一作为定罪量刑的要求,具有重要实践意义。

(三)将犯罪的本质理解为社会危害性,并且强调社会危害性由客观要素与主观要素构成,使以客观与主观为支柱的四要件体系得以维持

受苏联刑法理论的影响,我国刑法理论从 20 世纪 50 年代至今,都认为犯罪的本质是社会危害性。在笔者看来,倘若将社会危害性理解为法益侵害,也未尝不可。但是,我国的刑法理论认为,社会危害性的内部结构是客观因素与主观因素的结合或统一。例如,50 年代的刑法教科书就指出:"行为对于社会的危害性乃是犯罪的最本质的特征。"社会危害性的程度"主要是取决于下述三种具有相互密切联系的情况":"行为本身的性质"、"损害结果的有无与大小"、"行为人主观方面的情况"。换言之,"作为区分罪与非罪的标准的社会危害性的程度,是这三种情况互相结合起来辩证的、统一地考虑的结果,也就是说,社会危害性的程度,乃是取决于行为的全部客观情况和主观情况"② 。改革开放以后,我国刑法理论的通说,依然坚持社会危害由客观要素与主观要素构成的观点。例如,有的教科书指出:"行为具有一定的社会危害性,是犯罪最基本的特征。""那么,社会危害性的轻重大小是由什么决定的呢?主要决定于以下几个方面:一是决定于行为侵犯的客体,即行为侵犯了什么样的社会关系。……二是决定于行为的手段、后果以及时间、地点。……三是决定于行为

---

① 喻伟主编:《中国刑法学新教程》,武汉大学出版社 1988 年版,第 28 页。
② 中央政法干部学校刑法教研室编著:《中华人民共和国刑法总则讲义》,法律出版社 1957 年版,第 56 页、第 61 页、第 63 页、第 64 页。

人的情况及其主观要素。"①概言之,社会危害性的轻重是由四个要件决定的,也可以说是由客观危害与主观恶性综合决定的。

由于犯罪的本质是社会危害性,犯罪构成是犯罪概念的具体表现或者说是社会危害性的法律表现形式,而社会危害性的程度是由主客观要素综合、统一决定的,所以,犯罪构成必须是主观与客观的统一体,主观与客观成为犯罪论体系的支柱。

(四)对德国、日本的犯罪论体系存在误解,导致以客观与主观为支柱的犯罪论体系得以坚持

改革开放后,国内开始了解德国、日本的刑法理论。遗憾的是,存在一些误解。德国、日本通行的犯罪论体系是构成要件符合性、违法性与有责性。如同苏联学者将德国的构成要件与苏联的犯罪构成混为一谈一样,我国的不少学者也将德国、日本的构成要件与我国的犯罪构成等同看待,认为德国、日本的古典犯罪论体系,割裂了成立犯罪的客观要素与主观要素。于是,要求将主观要素也纳入构成要件。如苏联学者指出:"每一个犯罪行为都是一定的危害社会的行为的客观特征和主观特征的统一。犯罪行为的客观要件永远是和主观要件统一的,辩证地理解客观和主观的统一,是正确地理解社会主义刑法中犯罪构成的基础。"②我国学者也指出:"在构成要件理论的沿革上,近代构成要件理论的先驱贝林格所提出的构成要件论,主张构成要件只包括客观的要件,而将主观的要件即故意或过失等完全排除在构成要件之外。这种观点是片面的、不正确的,因而受到一些学者的批评或修正。我国刑法中的犯罪构成包含决定行为构成犯罪的一切要件,既包含成立犯罪所必须具备的客观要件,也包含成立犯罪所不可缺少的主观要件,它是一系列客观要件与主观要件的有机统一的整体。……这直接体现了我国刑法的主客观相统一的基本

---

① 高铭暄、马克昌主编:《刑法学》,北京大学出版社、高等教育出版社2007年第3版,第51—52页。

② 〔苏〕契希克瓦节主编:《苏维埃刑法总则》,中央人民政府法制委员会编译室、中国人民大学刑法教研室译,法律出版社1955年版,第206页。

原则;同时表明我国刑法不论对'客观归罪'或'主观归罪'都是反对的。"①

其实,古典犯罪论体系,是将责任能力、故意与过失作为责任要素对待的,不将它们纳入构成要件,并不等于它们是在客观归罪。我国的犯罪构成是成立犯罪的全部条件,而德国、日本的构成要件只是成立犯罪的一个条件。显然,我国刑法理论强调主观与客观的统一,是因为我国将犯罪构成作为认定犯罪的唯一依据,同时将德国、日本的构成要件与我国的犯罪构成作相同理解,或者要求德国、日本的构成要件也必须具备与我国犯罪构成一样的机能。不难看出,上述观点是为了维持四要件体系,而强调犯罪构成是主观要素与客观要素的统一。

二、现行体系的缺陷

将犯罪构成作为成立犯罪的全部条件时,要求犯罪构成包括主观要素与客观要素,并不存在错误。如果犯罪构成是成立犯罪的全部条件,而仅将客观要素或者只将主观要素纳入犯罪构成,就必然造成客观归罪或者主观归罪的现象。问题是,仅仅将犯罪的支柱停留在客观与主观两个概念上,是不够的。下面所提出的缺陷,有的是体系本身问题,有的或许不是体系本身的问题,而是没有正确运用体系所产生的问题。

(一)主观与客观这对范畴,在不同场合具有不同意义,但传统的四要件体系未能明确客观与主观的真实意义

从本体论来看,客观是指不依赖于人的意志而存在的物质现象,主观则是对客观的反映;客观相对于主观具有独立性、根源性,主观相对于客观则具有依赖性、派生性。从认识论来看,认识的形式是主观的,认识的内容是客观的,即主观所反映的事物的内在本质都是客观存在的。从实践的结构来看,客观是指人的外在活动及其结果,主观是指支配人的外在

---

① 高铭暄、马克昌主编:《刑法学》(上编),中国法制出版社1999年版,第87页。

活动的主观意识。

与苏联学者一样,我国刑法理论在讨论主观与客观的内容及其关系时,基本上是以列宁的论述为根据的。列宁指出:"我们要按着什么特征来断定现实人们的现实'思想和感觉'呢?很明显,这样的特征只能有一个:即是这些人们的行动——可是因为问题只是说到社会的'思想和感觉',所以,还应当加上人们的社会的行动,即社会事实。"①由于判断思想要以行为为根据,于是只有同时具备主客观要素,才能认定犯罪。既然如此,我国刑法理论便应当在实践结构意义上区分客观与主观,可事实上并非如此。

例如,有的论著指出:"马克思主义认为,主观指人的意识;客观指不依赖于人的意识的物质世界,或指人的认识对象。……'思想等等是主观的东西。做或行动是主观见之于客观的东西,都是人类特殊的能动性。'……根据上述原理与标准,构成犯罪的主观条件应当包括哪些内容呢?犯罪的故意、过失是犯罪的心理态度,是属于思想范畴的东西,是构成犯罪的主观要件,这是没有疑义的。……法律上关于刑事责任年龄的规定,就是要解决认识能力问题。……这种能力无疑地是属于主观范围的东西。……因此,它们理应列入主观条件。……危害社会的行为是构成犯罪的共同的客观条件。……危害社会的结果,无论是物质性或者是非物质性的,都是客观上的表现。……犯罪客体是和行为直接联系的,行为的社会危害性表现在对客体的侵害上。犯罪行为究竟侵犯了什么,是客观的外在的表现。客体与主观条件的联系是以行为为媒介的,因此它是构成犯罪的客观条件。"②如前所述,通说也都将客体与客观方面归入客观,将主体与主观方面归入主观。

以上论述,存在两个方面的问题:其一,在不同意义上使用"客观"、"主观"的概念。说行为是客观要件,故意、过失是主观要件,是从实践结构上而言的;说犯罪客体是客观要件,是从存在论意义上而言的;说责任

---

① 转引自〔苏〕契希克瓦节主编:《苏维埃刑法总则》,中央人民政府法制委员编译室、中国人民大学刑法教研室译,法律出版社1955年版,第207页。
② 樊凤林主编:《犯罪构成论》,法律出版社1987年版,第11—15页。

年龄与责任能力是主观要件,则不知是从何种意义上讲的,因为责任年龄与责任能力并不是内在心灵。有的教科书更直接地指出:"所谓客观的要件,指形成犯罪构成内容的表现于外界的、离开行为者的意识而独立的、能够认识其在外部存在的要件。例如犯罪客体、犯罪对象、犯罪行为、犯罪结果、犯罪的方法、时间和地点等等,都是客观的要件。所谓主观的要件,指形成犯罪构成内容的、说明实施犯罪的行为人的和存在于行为人内部的心理的要件。例如犯罪主体资格所要求的刑事责任年龄特征、刑事责任能力、特定的身份、犯罪故意、犯罪过失、犯罪目的等等,都是主观的要件。"①可是,即使同时从本体论与实践结构上区分客观与主观,将行为人的年龄、能力、身份归入主观要件,也不太合适(除非将主观要件与责任要件相等同)。其二,关于客观与主观的分类,缺乏合理根据。例如,刑法关于责任年龄的规定,在很大程度上是基于刑事政策的理由,而不只是解决行为人的认识能力问题;即使责任年龄是为了解决认识能力,也不能据此认为责任年龄本身是一种主观的东西。同样,责任能力为什么"无疑地"是主观范围的东西,也是值得讨论的。还有,为什么犯罪客体与行为直接联系,就成为客观要件?故意、过失与行为也有直接联系,为什么不能成为客观要件?

正因为如此,即使后来采取四要件体系的教科书也指出:"犯罪主体本身既不是主观要件,也不是客观要件,但是,作为犯罪主体的具体要件——主体身份属于客观要素,犯罪主体的刑事责任年龄、刑事责任能力,则既不宜归入客观范围,也不宜归入主观范围。犯罪客体既不是客观要件,也不是主观要件,而是政治、道德价值评价的客观化,是政治、道德影响刑法的规范渠道,是犯罪构成中的法价值评价。"②

由此看来,传统的四要件体系,将四个要件分为客观与主观两大块,多少显得有些随意;将客体与主体分别归入客观要件与主观要件,也没有充分的根据。

---

① 高铭暄、马克昌主编:《刑法学》(上编),中国法制出版社1999年版,第98页。
② 曲新久等著:《刑法学》,中国政法大学出版社2008年版,第24—25页。

（二）客观要素、主观要素的意义与作用究竟是什么，这是传统的四要件体系没有回答的问题

我国刑法理论的通说认为，犯罪具有社会危害性、刑事违法性与应受刑罚处罚性三个基本特征。既然如此，就应当进一步说明行为具备哪些因素就表明行为具有社会危害性，具备什么要素就表明行为具有违法性，符合什么条件就表明行为具有应受刑罚处罚性。但我国的刑法理论并非如此，而是认为，只要行为符合犯罪构成，就同时说明行为具备犯罪的三个特征。这既是逻辑缺陷所在，也是不能明确客观要素、主观要素的意义与作用的重要原因之一。

现行刑法理论关于犯罪概念三特征的论述是评价性的，亦即，所谓三特征都不是对事实的描述，而是一种评价。但是，犯罪构成关于要件的论述则是记述性的，亦即，犯罪构成中基本上没有评价性的内容，或者说缺乏评价性概念。因而存在二者如何对应的问题。如前所述，通说认为，仅有客观危害没有主观罪过则没有社会危害性，犯罪构成的四个要件都是说明社会危害性的；违法性也是主客观相统一的，仅有客观危害事实并不构成违法，犯罪构成的四个要件都是说明违法性的；是否应受刑罚处罚，更不是由犯罪构成的某个要件决定的，同样，具备犯罪构成的四个要件，也就是应受刑罚处罚的。于是，客观要素与主观要素本身都不是能说明行为的社会危害性、刑事违法性与应受刑罚处罚性；客观要素与主观要素的统一则既能说明行为的社会危害性，也能说明行为的刑事违法性与应受刑罚处罚性。因此，客观要素与主观要素各自的作用与意义究竟是什么，是不明确的。换言之，在四要件体系中，客观要素与主观要素的作用是相同的，客观与主观的意义与作用并不明确（当然可能只是笔者不明确）。

如果不能明确区分客观与主观的意义与作用，就不可能明确犯罪的实体，进而不能对犯罪做出恰当的评价。日本学者大塚仁教授在论述犯罪论体系时，列举的第（1）种体系是"区分犯罪事实客观要素与主观要素的体系。这是在德国从以前就常见的、并对我国（指日本——引者注）刑法学也有不小影响的体系。……将'犯罪构成'区分为'犯罪客体'、'犯罪客观方面'、'犯罪主体'、'犯罪主观方面'的中国刑法学……也可以说属于这个体系"。大塚仁教授批判性地指出:"第(1)种立场是不妥当的。把犯罪的构成要素区分为客观的要素与主观的要素当然是可能的,但是,仅仅这样平面地区分犯罪要素,并不能正确地把握犯罪的实体。……第(1)种体系,有忽视客观的要素与主观的要素各自内在的差异之嫌。而且,这样仅仅平板地对待犯罪的要素,既难以判定犯罪的成立与否,也难以具体地检讨所成立的犯罪的轻重。"①

"在开始尝试建立一个刑法体系时,会有这样的问题,是否体系的基础应该使用描述性的或规范性的语言,也就是说,形成体系的要素是评价抑或经验上可予以描述的事实。自然主义和目的主义是将存在(亦即先于刑法评价而存在的)结构,作为体系的基准点,相对地,根据新康德主义和目的理想的思想,必须以价值或目的(亦即以被认为是有价值的并且因而是值得追求的目标)作为出发点。"②本书赞成以价值或者目的作为出发点构成犯罪论体系。倘若说"客观"是一个外界事物,"主观"是内在心灵,那么,二者本身还只是停留在描述层面上。然而,"外界事物与内在心灵的描述性区分只能在有关评价的范围中进行,亦即要从超越这种区分的法律重要性来看才有实益可言。所以一开始对客观与主观要素明确区分,并不具有启发性与检验方法上的意义,也不会产生很有体系的秩序;相反的,将客观事实归于不法构成要件而把主观事实归于罪责才具有意义"③。

或许有学者认为,四要件体系中的客体与客观要件就是违法要件,主体与主观要件就是责任要件。但事实上并非如此。其一,四要件中的主观(即主体与主观方面),实际上是既包括了表明违法性的要素,也包含

---

① 〔日〕大塚仁:《刑法概说(总论)》,有斐阁 2008 年第 4 版,第 110 页、第 113—114 页。
② 〔德〕许逎曼:《刑法体系思想导论》,载许玉秀、陈志辉编:《不移不惑献身法与正义——许逎曼教授刑事法论文选辑》,台北春风煦日论坛 2006 年版,第 293 页。
③ 〔德〕许逎曼:《区分不法与罪责的功能》,载许玉秀、陈志辉编:《不移不惑献身法与正义——许逎曼教授刑事法论文选辑》,台北春风煦日论坛 2006 年版,第 424 页。许逎曼同时指出:将客观归入违法、将主观归入责任"是仓促而错误的",因为存在客观的责任要素与主观的违法要素(同上)。

了表明有责性的要素。亦即,主体的特殊身份,实际上是表明违法性的要素(就单独犯罪而言,不具有国家工作人员身份的人,收受他人财物的行为,不可能侵犯职务行为的不可收买性或职务行为的廉洁性),而非表明有责性的要素;责任能力则是表明有责性的要素。另一方面,期待可能性的有无是根据行为的客观附随情形做出的规范判断,却是表明有责性的要素。其二,传统刑法理论几乎没有争议地将"行为"归入客观要件或客观方面,同时又采取了有意行为论,即只有在意识支配下的举动,才是行为。① 显然,这里的意识并不等同于故意与过失,否则,将行为归入客观要件就不合适了。换言之,在采取有意行为说时,应当将其中的"意"理解为行为意志。倘若进一步追问这种主观的行为意志,是表明行为的违法性,还是表明行为的有责性,答案或许就是前者。例如,甲从乙手中接过一支手枪,以为手枪中没有子弹。只要甲没有扣动扳机的行为意志,就不会扣动扳机,因而不会产生致人伤亡的危险。反过来,倘若甲有扣动扳机的行为意志,就会扣动扳机,因而有致人伤亡的危险,甚至产生伤亡结果。即使甲不可能预见手枪中有子弹(行为人没有过失,或者说没有主观恶性),也不能否认侵害法益的危险。再如,行为人 A 持手枪对着被害人 X 的心脏。在这种场合,X 是否有被杀害的危险性,取决于 A 是否扣动扳机;而 A 是否扣动扳机,取决于其是否有扣动扳机的意志。有学者认为,扣动扳机的意志就是故意;有学者认为,扣动扳机的意志就是犯罪行为计划;有学者则认为,扣动扳机的意志既不是故意,也不是犯罪行为计划,而是行为意志。② 联系上例甲以为手枪中没有子弹一例来考虑,就会发现,不宜将故意与犯罪行为计划作为判断行为有无法益侵害危险的资料,充其量只能将行为意志作为判断有无侵害法益的危险的材料。虽然不可能对行为意志进行单独的判断③,只能联系行为人的客观举动得出结论,但

---

① 高铭暄、马克昌主编:《刑法学》,北京大学出版社、高等教育出版社2007年第3版,第72—73页。
② 参见〔日〕铃木左斗志:《实行の着手》,载西田典之、山口厚编:《刑法の争点》,有斐阁2003年第3版,第89页;金光旭:《日本刑法中的实行行为概念》,载于改之、周长军主编:《刑法与道德的视界交融》,中国人民公安大学出版社2009年版,第138—139页。
③ 倘若行为人手中没有手枪,就不可独立判断其想开枪的意志。

行为意志本身不是客观要素,而是主观内容。所以,一方面,四要件中的客观(行为)其实包含了主观内容(行为意志);另一方面,行为意志这种主观内容不是判断行为人是否具有主观恶性的资料,而是判断行为是否违法的资料。其三,违法与有责是一个评价概念,而"客观"与"主观"不可能是一个评价概念。正因为客观与主观只是一种记述性概念,德国学者许迺曼认为"这种体系化却低得可怜而根本无法动弹"①。

(三)仅仅要求客观与主观的统一或者一致,还难以理顺客观与主观的关系,不能保障从客观到主观认定犯罪

四要件体系认为客观与主观统一就构成犯罪,如同水在化学上由氢气与氧气组成一样,犯罪由客观要素与主观要素集合而成。因此,是先认定客观还是先认定主观,就显得并不重要。于是,如有的教科书提出:"犯罪构成共同要件应当按照如下顺序排列:犯罪主体、犯罪主观方面、犯罪客观方面、犯罪客体。因为犯罪构成要件在实际犯罪中发生作用而决定犯罪成立的逻辑顺序是这样的:符合犯罪主体条件的人,在其犯罪心理态度的支配下,实施一定的犯罪行为,危害一定的客体即社会主义的某种社会关系。在这四个要件中,犯罪主体排列在首位,因为犯罪是人的一种行为,离开了人就谈不上犯罪行为,也谈不上行为所侵犯的客体,更谈不上人的主观罪过。因此,犯罪主体是其他犯罪构成要件成立的逻辑前提。在具备了犯罪主体要件之后,还必须具备犯罪主观方面。犯罪主观方面是犯罪主体的一定罪过内容。犯罪行为是犯罪主体的罪过心理的外化,因而在犯罪主观方面下面是犯罪客观方面。犯罪行为必然侵犯一定的客体,因而犯罪客体是犯罪构成的最后一件要件。"并且认为,"犯罪构成其他三方面要件都是以犯罪主体要件为基础的,……犯罪主体要件是犯罪构成诸要件中的第一要件,它是犯罪构成其他要件乃至犯罪构成整体存在的前提条件,也是主客观相统一的定罪原则的基础"②。但是,犯罪构

---

① 〔德〕许迺曼:《区分不法与罪责的功能》,载许玉秀、陈志辉编:《不移不惑献身法与正义——许迺曼教授刑事法论文选辑》,台北春风煦日论坛2006年版,第424页。
② 赵秉志、吴振兴主编:《刑法学通论》,高等教育出版社1994年版,第84页以下、第91页。

成是司法机关认定犯罪的手段,而不是犯罪行为的再现。因此,不能按照犯罪行为的发生顺序安排犯罪构成体系,而应根据认识活动的逻辑顺序来建构,即从客观到主观认定犯罪。①

四要件体系理论的常见说法是:"故意、过失支配行为人实施特定的犯罪行为"、"危害行为是在故意、过失心理支配下实施的"。这种观念导致由故意、过失的内容决定行为性质,进而导致从主观到客观认定犯罪。最能说明这一点的是,刑法理论在不能犯与未遂犯的区分问题上,采取了抽象的危险说乃至主观的危险说。人们常常认为,甲主观上具有杀人故意,又在该故意支配下实施了客观行为,故主客观是相统一的。例如,有的教科书指出:"行为人出于犯罪的目的,但其使用的手段或者精心选择的作案工具却无法实施犯罪的意图。在这类认识错误的案件中,因为行为人既有犯罪的故意,又有犯罪的行为,自然应当以故意犯罪定罪。但由于手段(工具)认识错误,不可能(事实上也没有)产生危害社会的结果,所以,也应以未遂认定。"②可能,既然现实的行为不可能产生危害社会的结果,我们就不能认定它是犯罪的实行行为;易言之,我们不能认为凡是在杀人心理支配下实施的行为都是刑法规定的杀人行为;杀人行为有其客观规定性,将白糖给他人食用的行为,不具有致人死亡的危险性,故不是杀人行为;否则不能说明,为什么行为人想杀人而客观上求神拜佛的行为不成立故意杀人罪。

司法实践对一些具体案件的分析也习惯于从主观到客观,导致案件难以得到妥当处理。例如,2008年8月一天的晚10时许,徐某预谋抢包,尾随被害人白某到一小胡同。白某发现有人尾随,觉得势头不对,便将随身携带的挎包扔到路边。徐某将包捡起,取出内装的1500余元现金和价值728元的手机,后又追上被害人进行殴打、威胁,最后逃离现场。一种观点指出:"徐某的行为构成抢劫罪,可从两个方面来分析。首先,徐某在主观上有抢被害人挎包的故意。……其次,徐某的行为符合抢劫罪的行

---

① 参见张明楷:《刑法的基本立场》,中国法制出版社2002年版,第80页以下。
② 陈明华主编:《刑法学》,中国政法大学出版社1999年版,第146—147页。

为特征。抢劫罪是指以暴力、胁迫手段或者其他方法抢劫公私财物的行为。徐某的行为虽不是一种典型的抢劫行为,但其在晚上10点这一特定的时间和僻静的小胡同这一特定的地点,以尾随被害人这一特殊的行为方式,给被害人的心理造成了极大的压力,迫使被害人将包扔弃;当徐某将包捡起而据为己有时,被害人在心理压力之下仍不敢反抗,这符合抢劫罪中以胁迫方法抢劫的行为特征。"①还有一种观点指出:"如认定徐某确有抢劫故意,徐某在作案中未及表现作案手段,不应成为认定抢劫罪的障碍。……手段因为人的实施才会发生。徐某的尾随使被害人感受到威胁,是因为环境特殊而不是徐某的尾随自然起到作用。此案情况不是徐某以尾随表达了胁迫,而是特殊环境下被害人的特定反应使徐某胁迫手段的实施失去必要。"②上述观点都是先肯定了徐某具有抢劫故意,再想方设法说明徐某实施了抢劫行为。既然承认"特殊环境下被害人的特定反应使徐某胁迫手段的实施失去必要",就不能认定徐某已经实施了胁迫行为。另一方面,尾随他人的行为,无论如何也不是抢劫行为。徐某事后殴打了被害人,不可能成为其强取财物的原因。反过来,只要从客观到主观认定犯罪,就不可能认定徐某抢劫既遂,也不能认定徐某抢劫未遂,充其量只能认定徐某抢劫预备。

不难看出,类似观点之所以流行,是因为人们将在故意支配下的任何举动,都当成了成立犯罪所要求的"客观";是因为从主观到客观地认定犯罪。其实,故意、过失是为了解决主观归责的问题,即在客观地决定了行为性质及其结果后,判断能否将行为及结果归咎于行为人,这便是故意、过失等责任要素所要解决的问题。例如,一个近距离向被害人胸部开枪的行为,无论如何都会被认定为杀人行为;一个用手掌拍大腿的行为,无论如何不可能成为杀人行为。任何致人死亡的行为,客观上都是杀人行为。所谓的故意伤害致死,实际上是指,客观行为致人死亡,但行为人

---

① 《关于〈本案应如何定性〉一文讨论的读者与专家意见》(王勇),载《人民法院报》2009年8月5日,第6版。

② 《关于〈本案应如何定性〉一文讨论的读者与专家意见》(任卫华),载《人民法院报》2009年8月5日,第6版。

只有伤害的故意,没有杀人的故意而已。当案件的客观行为致人死亡时,要判断行为人对死亡结果是否具有认识与容认态度;当行为人对死亡结果没有认识与容认态度时,再考察行为人是否对死亡结果具有认识与容认态度,如果得出否定结论,再判断行为人对死亡是否具有过失。

(四)由于社会危害性是犯罪的本质,而社会危害性是由各种要素综合决定的,于是导致对社会危害性进行综合的、整体的判断

不可否认,从外形上说,四要件体系的确有某种程度的分析的思考,但是,由于所有的分析的思考都是为了说明行为是否具有社会危害性(社会危害性成为凌驾于四要件之上的概念),所以,不可避免以行为是否具有社会危害性的整体思考替代对于四要件的仔细分析。这主要表现为,在某些情形下,不分别判断各个要件的符合性,不考虑各种因素的实质意义与作用,只要行为的"社会危害性"在"总体上"达到了应受刑罚处罚的程度,就以犯罪论处。例如,在实践中,公诉机关常常以"行为具有社会危害性"、"行为的社会危害性严重"为由,要求法官定罪量刑。有的地方出现了这样的现象,对于单纯购买伪造的居民身份证的行为,不以犯罪论处;但是,如果购买伪造的居民身份证后,实施了违反治安管理法的行为的,则以伪造居民身份证罪论处。毋需分析就会明白,这是综合的、整体的思考的结果,其缺陷至为明显。反之,许多律师没有任何根据地以"行为没有社会危害性"、"行为的社会危害性小"为由,展开辩护。这种综合的、整体的思考与判断,与罪刑法定原则不相适应。①

综合的、整体的思考还表现为,主观与客观互为补充,尤其是以主观补充客观。因为四要件理论认为,犯罪的本质是社会危害性,而社会危害性由客观危害与主观恶性构成,于是,只要客观危害与主观恶性的综合使社会危害性达到了严重程度,就构成犯罪。最典型的是,在客观要素不能确定或者并不符合构成要件的情况下,考虑行为人有无故意、过失;如有,则反过来认为客观要素已经具备。例如,在不能确定客观行为是否属于

---

① 参见张明楷:《罪刑法定与刑法解释》,北京大学出版社2009年版,第103页以下。

杀人行为时,司法机关会通过考虑行为人有无杀人故意来判断其行为是否为杀人行为。这种以主观补充客观的认定,必然导致没有致人死亡危险的行为,也成为杀人行为,形成主观归罪。这恰恰同避免客观归罪与主观归罪的四要件体系的宗旨相背离。

综合的、整体的思考也表现在对作为构成要件要素的"情节严重"的认定上。我国的刑法理论与司法实践对于刑法分则所规定的作用构成要件要素的情节严重的认定,几乎没有任何限制,只要任何一个方面的情节(包括动机等主观情节)严重都构成犯罪。① 但这种观点容易违反责任主义,也不符合刑法的谦抑性原则。一方面,只要客观方面的情节严重,司法机关就不一定考虑行为人对该客观情节是否存在故意与过失,因而不符合责任主义;另一方面,即使客观方面对法益的侵害并不严重,不足以科处刑罚,但因为行为人的主观恶劣就会对之科处刑罚,因而违反刑法的谦抑性原则。

(五)以客观与主观为支柱的犯罪论体系,基本上局限于只要同时存在主客观方面的事实,就将全部主客观事实作为处罚根据,因而难以限制处罚程度

例如,甲侵入普通民宅,误将世界名画当作普通绘画而盗窃,四要件体系常常认为,行为人客观上实施了盗窃行为,主观上有盗窃的故意,所以,主客观相统一了,对行为人应按数额特别巨大处罚。但是,这种做法并不妥当。正确的做法是,先判断行为人客观上盗窃的是何种价值的财物,再考察行为人对此是否具有认识。客观上虽然盗窃了数额特别巨大的财物,但行为人仅认识到是数额较大的财物时,其对数额特别巨大就没有责任,因而只能按数额较大的法定刑处罚。

反过来,甲误将普通绘画当作世界名画而盗走,四要件体系往往认为,行为人主观上有盗窃数额特别巨大财物的故意,客观上虽然仅盗窃了数额较大的财物,但实现了主客观相统一,所以应按盗窃数额特别巨大

---

① 笔者也曾持此观点(参见张明楷:《刑法学》,法律出版社2003年第2版,第140页)。

(未遂)予以处罚。但是,正确的做法应是,在违法层面,认定行为人客观上窃取了数额较大的财物,在责任层面,考虑行为人是否对此承担责任。结局必然是,只能对行为人适用盗窃数额较大的法定刑。

(六) 完全要求客观与主观的统一是不符合现实的,因而不能说明具体现象

事实上,许多构成犯罪的行为,在主客观方面并不是完全统一的,当然也不能要求做到主客观相统一。(1)目的犯。目的是主观内容,而不是客观内容,但是,目的只要存在于行为人的内心即可,是主观的超过要素,不要求有与之相对应的客观事实。所以,在目的犯中,主观与客观并不完全统一。换言之,在目的犯中不可能也不应当要求主观与客观相统一。(2)未遂犯与预备犯。未遂犯也没有实现主观与客观的统一。因为在未遂犯中,行为人所希望或者放任的结果并没有发生。换言之,客观上并没有发生与行为人的故意的意志因素相对应的客观事实。所以,用主观与客观的统一解释未遂犯,是存在疑问的。基于同样的理由,在预备犯的情形下,主观与客观也没有统一。(3)客观的处罚条件或客观的超过要素。不管采取什么犯罪论体系,事实上存在着不需要认识的客观要素(客观处罚条件或者笔者所称的客观的超过要素)。① 在这类犯罪中,主观与客观也是不统一的,也不可能要求主观与客观相统一。

除此之外,下述以违法与责任为支柱构建的犯罪论体系所具有的优点,也是以客观与主观为支柱构建的犯罪论体系所不具备的。

三、以违法与责任为支柱的合理性

客观与主观的概念只是停留在描述上,导致按照四要件体系所进行的刑事司法单纯追求客观与主观的统一,而没有追求刑法的价值与目的。犯罪论体系必须能够体现评价,必须以价值或目的作为出发点。

---

① 参见〔日〕山口厚:《刑法总论》,有斐阁 2007 年第 2 版,第 188 页;张明楷:《刑法学》,法律出版社 2007 年第 3 版,第 219 页。

如前所述,将违法(不法)与责任是作为构建犯罪论体系的支柱,是刑法学最为重要的进步,具有充分根据与内在合理性。

(一)将违法与责任作为犯罪论体系的支柱,与哲学上区分因果的责任、道德的责任相对应,并且具有社会心理学的根据

在哲学上,广义的责任包括因果的责任与道德的责任。例如,主人的珍贵花瓶被打碎了。这是一个结果。不管是被客人有意打碎的,还是主人自己饲养的猫打碎的,都是引起结果的原因。"在这个意义上说,客人和猫都要为在各自情况下打碎花瓶负责。每一方都负有因果关系的责任——在对花瓶造成破坏方面每一方都扮演某种因果关系的角色。但是,虽然人和非人的动物都能对某一事件负有因果关系的责任,但只有人才能负起道德的责任。"①换言之,"在这里我们必须区分因果的责任(causal responsibility)和道德的责任(moral responsibility)。在致使花瓶破碎这件事上,两者都是有责任的,因为他们都在打碎花瓶这个事件中起着一个因果的作用。然而,当人和非人都能够因果地引起一个事件的发生时,只有人才能是道德上负责任的。正是因为有一些态度只是适用于人,能够具有那些态度也就成为人的一个本质特征。我们能够把这些态度恰当地赋予一个人(或者在自我评价中赋予我们自己),只有当那个人(或者我们自己)在道德上能够对他所做的事情承担责任。另一方面,我们往往认为,只有当一个人是出于自己的自由意志来做一件事情,我们才能说他对他所做的事情在道德上负责任"②。

认定犯罪正是如此。例如,丙死亡了。这是一个结果。在司法实践中,首先要查明因果的责任,即什么原因导致了丙死亡。不管是精神正常的甲有意开枪导致丙死亡,还是精神错乱的乙开枪导致丙死亡,都是引起

---

① 〔美〕约翰·马丁·费舍、马克·拉维扎:《责任与控制》,杨绍刚译,华夏出版社2002年版,第2页。
② 徐向东:《理解自由意志》,北京大学出版社2008年版,第11页。道德责任是与因果责任相对的概念。道德责任并不特别需要与道德上的对错相联系,而是与人的反应性态度相联系。可以认为,在刑法上,因果责任是客观归责问题,而道德责任是主观归责问题。但是,这并不意味着刑法上的责任是一种伦理责任或者道义责任。

丙死亡的原因。二者都存在因果的责任。这正是违法性（法益侵害）的问题。但是，仅此还不能成为追究道德的责任的根据。由于甲能够对其所做的事情承担道德的责任，乙相反，故只能追究甲的责任。概言之，在致使丙死亡这一点上，甲与乙都有因果的责任，但只有甲具有道德的责任。在此意义上说，违法性讨论的就是因果的责任问题，有责性讨论的就是道德的责任问题，二者正好与哲学上的因果的责任与道德的责任相对应。

在社会心理学上，"由芬查姆、夏沃尔以及舒尔茨所预想的动机序列可以表述为：结果→原因确定→责任→责备→惩罚。这个过程建立在以下前提的基础上：(1) 归因必须与责任推断相区分；(2) 责任推断必须与责备相区分；(3) 责任归因通过中介的责备反应间接地影响惩罚和其他的社会反应。因此，责任归因和其后果属于一系列过程的组成部分"。换言之，"行为责任推断的过程始于事件的发生，然后当事人和他人寻求事件的原因。事件知觉之后，责任过程的第一步涉及对是否存在个人的或情景的原因的确定，只有原因属于个人时，才可能认为个人负有责任"①。

认定犯罪同样如此。在结果发生的情况下，首先进行归因判断，即查明该结果由谁的什么行为造成。归因（结果由谁造成）与是否追究责任必须相区分；在归因之后，判断行为人是否具有责任。倘若考虑到刑事政策，考虑到预防犯罪的必要性，那么，即使有责任（即构成犯罪），也可能并不对之进行刑事实体的责备，不给予刑罚处罚。不难看出，将违法与责任作为犯罪论体系的支柱，进而由违法到责任认定犯罪，也具有社会心理学的根据。

虽然按照威尔采尔（Welzel）的说法，将违法与责任作为犯罪论的支柱是最近这二到三代学者在释义学上最为重要的进展；但区分行为是否正当（是否违法）与是否值得谴责（有无责任）可谓人的天性，连儿童也能够掌握。二三岁的儿童在桌上吃饭时将碗掉在地上打碎了，当父母问"怎么回事"时，处于相同情景下的儿童几乎无一例外地会说"我不是故意

---

① 〔美〕B.维纳：《责任推断：社会行为的理论基础》，张爱卿、郑葳等译，华东师范大学出版社 2004 年版，译者导言，第 5 页、第 9 页。

的"、"我是不小心的"。儿童此时绝对不会辩解将碗掉在地上打碎是正确的、对的,而只会辩解自己没有责任,希望父母不要谴责自己。刑法不可能谴责正当行为,只能谴责不正当行为,所以,在决定是否谴责之前,必须先确定行为是否正当。

(二)将违法与责任作为犯罪论体系的支柱,符合犯罪的实体

犯罪论体系的实质内容,取决于犯罪的实体。那么,犯罪的实体究竟是什么呢?从实质的观点进行考察,只有具备以下两个条件,才能认定为犯罪:其一,发生了违法事实(违法性);其二,能够就违法事实进行非难(有责性)。①

"虽然从形式上说,刑法上的违法性,是指对刑法规范(评价规范)的违反,但是,由于违法性是刑法规范做出否定评价的事态的属性、评价,故其内容便由刑法的目的来决定。将什么行为作为禁止对象,是由以什么为目的而禁止来决定的。在此意义上说,对实质违法性概念、违法性的实质的理解,由来于对刑法的任务或目的的理解。"②刑法的目的与任务是保护法益,所以刑法禁止侵犯法益的行为与结果。换言之,刑法只能将侵害或者威胁了法益的行为规定为犯罪。这种法益侵犯性,就是实质的违法性。因为刑法禁止侵犯法益的行为,所以,即使行为人主观上没有故意与过失,侵犯法益的行为也是被刑法所禁止的,不能认为刑法允许精神病患者杀人,也不能认为刑法允许不满14周岁的人抢劫。况且,认为客观上侵犯法益的行为不具有社会危害性,也不符合事实。例如,甲在没有故意与过失的情况下,将国家绝密泄露给境外敌对组织的,无疑具有法益侵害性。再如,乙在没有故意与过失的情况下,导致他人死亡的,肯定具有法益侵害性。刑法不处罚这种行为,不是因为该行为没有法益侵害性,而是因为行为人不具有非难可能性。

概言之,"犯罪行为必须是有社会侵害性的行为这个基本前提……是在我们现代刑法所奠基的启蒙时代中所努力挣到的,并且因而有其较浓

---

① 参见〔日〕前田雅英:《刑法总论讲义》,东京大学出版会2006年第4版,第36页以下。
② 〔日〕山口厚:《刑法总论》,有斐阁2007年第2版,第101页。

厚的历史根源,而作为今天各国的国家宪法,同时这种基本前提,尽管受到一些质疑和漠视,演变成法益保护理论已有两个世纪之久。作为刑事不法领域内所有目的论的论证基础,社会侵害原则或法益保护原则仍然是不可或缺的"①。

但是,仅有侵害法益的违法行为,还不足以成立犯罪。根据国民可以接受的观点,只有在可以就违法行为对行为人进行非难时,才能将这种行为规定为(认定为)犯罪。换言之,只有当行为人对所实施的违法行为具备有责性,应当受到谴责时,这种行为才是犯罪。或者说,只有当能够将违法行为及其结果归责于行为人时,才能认定该行为成立犯罪。这是刑法的人权保障机能决定的。国民的自由以其具有预测可能性为前提。如果不管国民在行为时如何小心谨慎,只要发生法益侵害结果就受到刑罚处罚,那么,国民就没有任何自由。换言之,只有当国民在具有实施其他行为的可能性的同时,故意或者过失造成了法益侵害(危险)结果,才能以犯罪论处。这一要求从主观面保障了国民的预测可能性,进而保障了国民的自由。所以,非难可能性(责任)是犯罪的另一特征。②

"从两个价值层面,应该可以适当地对现行法加以重组:即行为特别明显的(刑法所特有的)客观无价值和行为人对行为的个别责任,这两个基本价值,可以各引申出两个次价值:只有当第一,行为无论如何是被禁止的,第二,行为在所认可的形式下是不被期待的(亦即当一个值得保护的法益受到严重的侵害,而且对于具体的侵害而言,刑法的保护是有效的、必要的并且相当的),方才有刑法特有的无价值(刑法的不法)可言;而个别的罪责,首先在行为对于个别的行为人而言,无论如何都是可以避免的(等于可以责备于他)为前提,其次以行为动机具有适格的无价值(等于有刑罚的必要性)为必要。刑法体系根本的基础因而是由价值标准所构成的,也就是由刑法的不法和罪责所构成的,而二者都属于适格的

---

① 〔德〕许逎曼:《刑事不法之体系》,载许玉秀、陈志辉编:《不移不惑献身法与正义——许逎曼教授刑事法论文选辑》,台北春风煦日论坛2006年版,第201页。

② 请注意,这里的"责任"是犯罪的成立条件,与作为法律后果的"刑事责任"不具有等同的含义。

无价值。"①

将违法与责任作为犯罪的支柱,也符合我国刑法关于犯罪概念的规定。我国《刑法》第13条规定:"一切危害国家主权、领土完整和安全,分裂国家、颠覆人民民主专政的政权和推翻社会主义制度,破坏社会秩序和经济秩序,侵犯国有财产或者劳动群众集体所有的财产,侵犯公民私人所有的财产,侵犯公民的人身权利、民主权利和其他权利,以及其他危害社会的行为,依照法律应当受刑罚处罚的,都是犯罪,但是情节显著轻微危害不大的,不认为是犯罪。"虽然刑法理论一直都认为刑法的这一规定表明犯罪具有三个基本特征,即社会危害性、刑事违法性与应受刑罚处罚性,但在笔者看来,完全可以对《刑法》第13条作另外的或许更合理的解释。首先,刑法的目的是保护法益,所以,刑法要禁止危害社会的行为即法益侵害行为。这是法益保护主义决定的,是对一般人(包括国家、社会)的合理性。其次,并不是任何危害社会的行为都要受刑罚处罚,联系刑法的相关规定,只有具备以下三个条件,才能受刑罚处罚:其一,根据罪刑法定原则,危害社会的行为必须被法律类型化为构成要件,亦即刑法分则或其他刑罚法规明文规定处罚这种行为(对危害社会的行为规定了法定刑)。没有被类型化为构成要件的行为,即使危害了社会,也不应当受刑罚处罚。这是"依照法律应当受刑罚处罚"的第一层意思。其二,根据刑法的谦抑性,危害社会的行为不是情节显著轻微危害不大的行为,换言之,根据《刑法》第13条的规定,情节显著轻微危害不大的行为,依法不受刑罚处罚。这是"依照法律应当受刑罚处罚"的第二层意思。其三,根据责任主义,仅有危害社会的行为还不能受刑罚处罚,只有根据刑法的相关规定,当行为人对危害社会的行为与结果具有故意(《刑法》第14条)或者过失(《刑法》第15条),行为人达到责任年龄(《刑法》第17条)、具有责任能力(《刑法》第18条),并且具有期待可能性时(《刑法》第16条),才能受刑罚处罚。这是"依照法律应当受刑罚处罚"的第三层意思。

---

① 〔德〕许逎曼:《刑法体系思想导论》,载许玉秀、陈志辉编:《不移不惑献身法与正义——许逎曼教授刑事法论文选辑》,台北春风煦日论坛2006年版,第293页。

概言之,根据《刑法》第 13 条以及相关规定,严重的法益侵害性与有责性,是犯罪的实体。

总之,思考刑法概念时,必须以刑法目的为出发点,由于刑法的目的是保护法益,所以,以刑法目的为出发点,意味着对于被害人(包括国家、社会与个人)的合理性;同时要考虑到对于行为人的合理性。① 正因为如此,"今日的现代社会所具有的刑法目标大都一致,所以在是否要区分不法与罪责这个根本问题上没有正当理由作出不同抉择:当我们将这些目标看做是法益保护而这系藉由一般预防、合理的报应或是由罪责原则正当化的特别预防时,必定有两种不同的评价观点产生:其一,由社会损害性产生与强调被害人观点的行为非价;其二,强调行为人观点的个人可避免性,亦即可非难性"②。

(三) 将违法与责任作为犯罪论体系的支柱,符合刑法规范的性质、机能

自从宾丁(Binding)创立规范论以来,由于对刑法规范的性质存在争议,使得有关刑法体系的争论不曾中断,并形成对立局面。但以下几点基本上得到公认:以法官为规范对象的刑法典(裁判规范),显然隐含了立法机关对行为人的行为所持的特定的否定评价(评价规范);立法机关必须反面评价犯罪行为,否则,对犯罪行为的处罚就毫无意义,所以,对行为人的行为所反面表示的评价规范,在逻辑上先于裁判规范;由于刑法的任务是保护法益,只有国民对侵害法益的行为形成反对动机,才可能实现刑法的任务,因此,事实上存在一个以国民为规范对象的决定规范。③

评价规范的含义是指,刑法规范是从刑法的观点判断某个行为是否无价值的规范,即一个行为是否有害是根据刑法规范进行评价的,因而刑

---

① 参见〔德〕许逎曼:《千喜年后的德国刑法学》,载许玉秀、陈志辉编:《不移不惑献身法与正义——许逎曼教授刑事法论文选辑》,台北春风煦日论坛 2006 年版,第 173 页。
② 〔德〕许逎曼:《区分不法与罪责的功能》,载许玉秀、陈志辉编:《不移不惑献身法与正义——许逎曼教授刑事法论文选辑》,台北春风煦日论坛 2006 年版,第 429 页。
③ 参见〔德〕许逎曼:《刑法体系思想导论》,载许玉秀、陈志辉编:《不移不惑献身法与正义——许逎曼教授刑事法论文选辑》,台北春风煦日论坛 2006 年版,第 297 页。

法规范是评价规范。决定规范的含义是指,刑法规范命令人们在实施行为时作出遵从刑法的意思决定,所以又称为意思决定规范。从逻辑关系来说,评价规范在前,决定规范在后。作为决定规范(即命令)的法律,如果没有作为评价规范的法律,完全不可思议;作为评价规范的法律是作为决定规范的法律的绝对的逻辑前提;因为谁想"决定"某人的某种事情,他就必须先知道,他将为某人决定什么;他必须在决定性的实在意义上"评价"那种事情。作为决定规范的法律的逻辑前提,是作为评价规范的法律,是作为"客观生活秩序"的法律。违法性是由评价规范决定的,有责性(责任)是由决定规范决定的。①

犯罪的违法性与有责性,正好与刑法的法益保护机能和人权保障机能相对应。刑法以保护法益为目的,因而禁止法益侵害行为,所以,侵害法益的行为就是违法行为;对违法行为的禁止,意味着法益保护机能的实现。但是,刑法只能处罚可以避免的个人行为,亦即,只有当行为人具有实施合法行为的期待可能性时,才能处罚行为人。有责性正是保障个人自由的要件。只处罚具备有责性的行为,正是为了实现人权保障机能。

(四)以违法与责任为支柱构建犯罪论体系,有利于规范责任论的确立

我国现行的四要件体系由客观与主观两大支柱构成,由于二者只是记述概念,而不是评价概念,所以,基本上只能采取心理责任论。亦即,只要行为人达到法定年龄,具有责任能力与故意或者过失,就对其行为及其结果负责,而没有要求期待可能性与违法性认识的可能性。换言之,在以客观与主观为支柱的四要件体系中,期待可能性与违法性认识的可能性没有体系上的地位。此外,心理责任论"无法为阻却责任提供一个体系上的安身之处,使得无认识过失(在无认识的过失中,正好欠缺行为人对结果的心理关系)的罪责特征令人难以理解"②。因为疏忽大意的过失是无

---

① 参见〔日〕井上正治:《メッガ—》,木村龟二编:《刑法学入门》,有斐阁1957年版,第219页以下。
② 〔德〕许逎曼:《刑法体系思想导论》,载许玉秀、陈志辉编:《不移不惑献身法与正义——许逎曼教授刑事法论文选辑》,台北春风煦日论坛2006年版,第272页。

认识的过失,不具备任何心理特征。

将有责性作为犯罪成立要件,是尊重人的基本要求。对于人类的普遍尊重,是一种终极的态度。尊重人首先意味着将人作为目的,而不能作为实现其他任何目的的手段。在不能期待行为人实施合法行为的情况下,对其实施的符合客观构成要件的违法行为追究责任,无非是通过惩罚这种行为以达到防止这种行为的目的,这便将行为人作为实现目的的手段对待了,背离了尊重人的基本观念。刑法通过对法益侵害行为的预告、制裁,使国民产生不犯罪的动机(对犯罪产生反对动机),只有当国民能够产生不犯罪的动机,即只有当国民在行为的当时可以选择其他合法行为而不实施违法行为时,对犯罪的预防才是有效的。概言之,只有当国民具有实施其他合法行为的可能性时,才能对其实施的违法行为给予法的非难。如果国民在行为的当时不可能选择其他合法行为,而对之给予法的非难,国民就只是因为运气不佳、命运不好而受到处罚。这不仅违背国民的法感情,而且不能实现刑罚的目的。所以,不考虑合法行为的期待可能性的有无,是不合适的。

不仅如此,只有当行为人具有违法性认识的可能性时,才能认定其有责任。一方面,具有违法性认识的可能性时,才能产生遵从法的动机,才具有非难可能性;对于不可能知道自己的行为被法律禁止的人,不能从法律上要求他放弃该行为,因而不能追究其责任。唯有如此,才能保障行为人的行动自由。另一方面,刑法具有不完整性,且实行罪刑法定原则,侵犯法益的行为并不一定被刑法规定为犯罪。因此,即使行为人认识到自己的行为侵犯了某种法益,但合理地相信自己的行为并不被刑法所禁止时,即违法性的错误不可避免时,就不具有非难可能性。这一道理,不仅适用于故意犯,也适用于过失犯。换言之,违法性认识的可能性,是独立于故意、过失之外的,故意犯与过失犯共同的责任要素;缺乏违法性认识的可能性时,不阻却故意、过失,但阻却责任。

以违法与责任为支柱的犯罪论体系,不是单纯从主观心理或者主观,而是规范地理解和认定责任。从定罪角度说,要求行为人具备有责性,并不只是为了说明行为人具有所谓的主观恶性,而是意味着,在发生了法益侵害的事实之后，只有查明行为人对该事实具有故意、过失，以及具有责任能力、违法性认识的可能性与合法行为的期待可能性时，才能将法益侵害事实归咎于行为人。所以，除了责任能力以外，违法性认识的可能性与期待可能性至少应当成为责任的消极要件。亦即，倘若行为人没有违法性认识的可能性，或者没有期待可能性，就不应当将其行为认定为犯罪。从量刑角度而言，贯彻责任主义，意味着只能将行为人具有责任的事实作为量刑根据，而不能动辄以客观危害大或者主观恶性大为由而从重量刑，更不能将不具有期待可能性的行为作为从重量刑的根据。例如，卡车司机甲将货物从 A 地运往 E 地，货物中藏有毒品，甲却并不知情。假定甲从 A 地出发时，卡车上原本有 10 公斤毒品，但在分别到达 B 地、C 地、D 地时，他人共卸下了 6 公斤毒品。甲从 D 地出发时，知道了货物中仍藏有 4 公斤毒品，但依然将剩下的 4 公斤毒品运至 E 地。在这种情况下，虽然甲客观上运输了 10 公斤毒品，但他仅对运输 4 公斤具有责任。在本案中，只能对甲运输 4 公斤毒品定罪量刑，客观上运输了 10 公斤毒品的事实，不能成为从重量刑的理由。又如，行为人甲为了另寻新欢而杀害了妻子，不能将另寻新欢评价为主观恶性大，进而从重处罚。再如，有的教科书认为，"拒不坦白交待罪行"、"认罪态度较差"、"犯罪后毁灭罪证、伪造事实掩盖罪行"是酌定从重处罚情节。① 其实，在行为人犯罪后，不应当期待其坦白交待、认罪，也不能期待其保护罪证。所以，上述事实都不应当成为从重量刑的根据，否则便违反了责任主义。

我国坚持四要件体系的冯亚东教授认为，所谓违法性认识，纯属德日构成要件符合性、违法性有责性三阶层体系所生成的特殊问题；而在中国的四要件体系下，故意本身的含义就是对危害社会的结果的认识，已经较为完整地包含了违法性认识的内容；违法性认识错误只是行为人对自己行为社会属性的确切意义产生了理解上的偏差。② 但在本书看来，这种观点难以成立。首先，即使在德日的三阶层体系中，故意并不只是对"裸

---

① 高铭暄、马克昌主编：《刑法学》，北京大学出版社、高等教育出版社 2007 年第 3 版，第 289 页。
② 冯亚东：《违法性认识与刑法认同》，载《法学研究》2006 年第 3 期，第 112 页以下。

的自然事实的认识",而是要求有社会意义的认识。① 例如,当行为人举枪向被害人的胸部射击时,其认识到自己在"杀人",就是一种社会意义或者社会属性的认识。没有这种认识,就不能成立故意。其次,如前所述,只有当一个人具有违法性认识的可能性时,才可能对犯罪行为产生反对动机,才具有非难可能性。尽管在绝大多数情况下,实施违法行为的人都具有违法性认识的可能性,但的确存在不具有违法性认识的可能性的情形。为了保障行为人的自由,有必要将违法性认识的可能性作为责任要素。一方面,故意与违法性认识的可能性并不是等同的。在我国,故意虽然包含了对实质的违法性的认识,但不包含对形式的违法性的认识。而违法性认识的可能性,所讨论的是能否认识到自己的行为被刑法所禁止的问题,亦即,是形式的违法性认识的可能性的问题。另一方面,上述观点似乎隐含着过失不存在违法性认识的可能性问题。其实,即使是过失行为,也有违法性认识的可能性问题。换言之,实践中完全存在行为人主观上有过失,而没有违法性认识的可能性的情形。最后,如上所述,认识到自己的行为会发生危害社会的结果时,虽然可谓认识到了实质的违法性,但是,如前所述,刑法实行罪刑法定原则,危害社会的行为并不一定都被刑法规定为犯罪。行为人虽然认识到自己的行为会发生危害社会的结果,但当他在行为之前通过正当途径请示了有关国家机关,国家机关正式答复该行为合法,行为人因而实施该行为,但该行为事实上被刑法所禁止时,即使认定行为人具有故意,他也没有违法性认识的可能性;而且,在这种场合,追究其责任明显不合适。由此可见,将对危害社会的结果的认识等同于违法性的认识,进而不将违法性认识的可能性作为责任要素的观点,并不合理。

形式上坚持四要件体系的黎宏教授指出:"从理论上讲,违法性认识应当是故意的构成要素,或者说至少应当对是否成立故意具有影响。""'违法性认识'应当是'刑事违法性的意识',而不是其他。"② 但本书并

---

① 参见〔日〕山口厚:《刑法总论》,有斐阁2007年第2版,第186页以下。
② 黎宏:《论违法性认识的内容及其认定》,载陈忠林主编:《违法性认识》,北京大学出版社2006年版,第389页、第394页。

不赞成这一观点。其一,就故意的成立而言,要求行为人现实地认识到自己的行为违反刑法,并不合适。"法盲犯罪"是大量存在的现象,其中很多行为人并没有认识到自己的行为违反刑法,但具有违法性认识的可能性。此外,在行政犯中,要证明违法性的意识是困难的。正因为如此,在国外,主张违法性的认识是故意的构成要素(严格故意说)的学者,"将违法性的意识的内容,从法的禁止的认识缓和为前法律的规范违反(反道义性或者社会的有害性)的认识(这在某种意义上可以说是违法性的意识不要说)"①。反过来说,既采取严格故意说,又认为违法性的认识是刑事违法性的意识,是存在疑问的。其二,正如持上述观点的学者所言:"按照上述观点,成立故意犯罪,行为人除了必须具有对危害行为和危害的认识之外,还必须具有违法性的认识。即在有无犯罪故意的问题上,提出了'二重标准'。而违法性的认识本身又是一个具有争议的概念,必然会导致犯罪故意判断的主观化,招致故意认定上的任意性。因此,将违法性的认识作为故意的认识要素之一单独进行考虑,也并不是一件很理想的事情。"②其三,倘若认为违法性的认识是故意的要素,那么,事实的认识错误与法律的认识错误,就都是影响故意成立的认识错误。换言之,违法性的错误也阻却故意。于是,在处罚过失犯的场合,关于违法性的错误存在过失时,作为过失犯处罚;如果缺乏过失犯的处罚规定,就不可罚。但这在刑事政策上是不合理的。其四,根据这种观点,当行为人轻信自己的行为被法律所允许时,就不能认定为故意犯。这一结论也是难以成立的。

坚持四要件体系的学者还认为,期待可能性只是犯罪动机的一种反向类型——与恶的动机相反的善的动机,一种行为人为生计所迫、无奈而为并可予以谅解的行为动机,可以在犯罪动机中解决。③ 本书也不赞成这种观点。首先,期待可能性是合法行为的期待可能性,是根据客观的附随情况所作出的规范判断,而不是行为人的内心起因。其次,无期待可能

---

① 〔日〕山口厚:《刑法总论》,有斐阁2007年第2版,第247页。
② 黎宏:《刑法总论问题思考》,中国人民大学出版社2007年版,第252页。
③ 冯亚东、张丽:《期待可能性与犯罪动机》,载《北京大学学报(哲学主会科学版)》2008年第6期,第40页以下。

性,并不意味着动机善良,有期待可能性不意味着动机恶劣。在三阶层体系中,如果缺乏期待可能性,不管动机多么恶劣,行为人都没有责任,行为不构成犯罪。同样,在四要件体系中,也不可能因为动机善良就否认行为构成犯罪。再次,期待可能性的有无不只是故意犯罪的问题,更主要的是过失犯罪的问题。即使是疏忽大意的不作为犯罪,也存在是否具有期待可能性的问题,但是,疏忽大意的不作为犯罪,并不存在犯罪动机。最后,在德国、日本的刑法理论中,同时存在期待可能性与犯罪动机的概念,但二者是在不同意义上被使用的。所以,只要承认期待可能性具有实质意义,就不应当将其与犯罪动机等同起来。

从上面的讨论还可看出,坚持四要件体系,是难以为违法性认识的可能性与期待可能性提供体系地位的,这或许是坚持四要件体系的部分学者将违法性认识与期待可能性分别纳入故意与动机的原因。但是,一旦否认违法性认识的可能性与期待可能性在责任中的实质意义,就只能采取心理责任论,而心理责任论并不能为阻却责任提供根据(四要件体系也不认为出于善良动机的行为不成立犯罪),不能合理地限制犯罪的成立。另一方面,也许有学者在坚持四要件体系的同时,认为违法性认识的可能性与期待可能性属于与故意、过失不同的主观要件的内容。但是,例如,期待可能性不仅存在有无的问题,而且也有大小的问题,换言之,期待可能性影响责任的有无与程度。当期待可能性小时,我们可以得出行为人责任轻的结论。然而,在四要件体系中,"主观"本身并不是一个评价概念,只是一个描述概念。当期待可能性小时,四要件体系得出的只能是行为人"主观轻"的结论。这显然不利于对行为人的非难可能性作出评价。

(五)将违法与责任作为犯罪论体系的支柱,有利于合理区分违法阻却事由与责任阻却事由

传统的四要件体系在犯罪构成之外讨论正当防卫、紧急避险两种法定的犯罪阻却事由;后来,也讨论一些超法规的犯罪阻却事由,但是,没有区分违法阻却事由与责任阻却事由。然而,区分违法阻却事由与责任阻却事由具有重大意义。道理很简单,正当防卫的杀人与精神病患者杀人,是性质不同的行为。前者经过法益的衡量,并不认为其具有违法性;后者无论如何都是侵害法益的行为。前者是正当的,是刑法并不禁止的行为,刑法不会对之做出否定评价;后者是不正当的,是刑法所禁止的行为,刑法对之作否定评价。因此,对于前者不得再进行正当防卫,也不得进行紧急避险;对于后者则可以进行正当防卫(即使否认可以进行正当防卫,也可以进行紧急避险)。再如,我们不需要采用措施预防正当防卫,但我们必须采取措施预防精神病人杀人,也需要采取措施预防意外事件的杀人。

不仅如此,违法阻却事由与责任阻却事由的成立条件是有重大区别的。例如,德国对紧急避险采取二分说,其刑法将紧急避险分为作为违法性阻却事由的紧急避险(第34条)与作为责任阻却事由的紧急避险(第35条)。前者是指,行为人在紧急状态下,为避免自己或他人的生命、身体、自由、财产之现时危险,所损害的法益小于所保护的法益时,应是法律允许的行为,故排除违法性。后者主要是指,为了保护自己、亲属或者其他与自己关系密切的人的生命、身体或者自由免受现时危险,所损害的法益并不小于所保护的法益时,由于不符合法益权衡的原则,故仍然是违法行为,只能根据没有期待可能性的法理,排除行为人的责任。显然,就必要限度这一条件而言,作为违法阻却事由的紧急避险与作为责任阻却事由的紧急避险,并不相同。

在刑法上,所有的犯罪阻却事由,也只能区分为违法阻却事由与责任阻却事由。亦即,对于刑法分则条文所描述的行为(符合构成要件的行为),要么从阻却违法性的角度否定其犯罪,要么从阻却责任的角度否定其犯罪。即使没有采取三阶层体系的英美,其实体上的辩护(抗辩)事由也分正当理由辩护(即违法阻却事由)与免责辩护(即责任阻却事由)。"普通法中,杀人被区分为正当性的辩护与宽恕性的辩护。一些杀人行为,如刽子手执行法院判决,是正当性的辩护。其他杀人行为,如不存在就受惩罚的疏忽的情况下的意外事情所导致的他人死亡,是纯粹的可宽恕性辩护。……近一个时期以来,对正当性辩护理由与可宽恕性辩护理由加以区分的观点又重新流行起来。当我们对某一行为表示明确地赞同时,该行为是正当的;当我们不赞同某一行为,但将其视为犯罪又不合理时,该行为是可宽恕的。"①不仅如此,美国学者还归纳了区分这两种事由的好处。例如,区分正当事由与免责事由,有利于发挥刑法引导人们行为的作用。亦即,"人们应该选择正当行为,而不是错误却可以免责的行为。如果刑法体系未能对两种行为、两条道路准确界分,就不可能很好地引导人们的行为"。区分正当事由与免责事由,能够"提供刑法理论一致性",有利于解决共犯的刑事责任问题,"正当理由辩护得到广泛适用,而免责辩护只能适用于特殊的个体",如此等等。②即使有学者认为还存在介于正当理由辩护与免责辩护中间的情况,也不是说这种情况与违法、责任没有关系,只是意味着人们还没有明确认识到这种情况是阻却违法,还是阻却责任,抑或既阻却违法也阻却责任。例如,面对一个还不能理解自己行为意义的小孩拿着上膛的手枪正在朝被害人扣动扳机时,被害人杀死小孩的,是正当理由辩护(正当防卫)还是免责辩护(免责的紧急避险),虽然在理论上存在争议,但这种争议并不意味着抗辩事由存在于阻却违法与阻却责任之外。③即便有学者将辩护事由分为三类,亦即正当事由、宽恕事由与豁免事由,其中的豁免事由要么是违法阻却事由,要么是责任阻却事由。④

既然从实体上说,阻却犯罪的事由必须且只能区分为违法阻却事由与责任阻却事由,那么,与之相对应,犯罪的支柱就只能是违法与责任。

(六)将违法与责任作为犯罪论体系的支柱,能够体系化地解决正当化事由与免责事由问题

古典犯罪论体系,采取形式的违法性论,只承认法定的正当化(违法阻却)事由。但是,仅承认法定的正当化事由是不合适的。因为法律不可能规定所有的正当化事由,故法定的正当化事由极为有限,而仅承认法定

---

① 〔英〕J. C. 史密斯、B. 霍根:《英国刑法》,李贵方等译,法律出版社2000年版,第215页。
② 〔美〕约书亚·德雷斯勒:《美国刑法精解》,王秀梅等译,北京大学出版社2009年版,第199—200页。另参见储槐植:《美国刑法》,北京大学出版社2005年第3版,第65—66页。
③ 参见〔美〕约书亚·德雷斯勒:《美国刑法精解》,王秀梅等译,北京大学出版社2009年版,第201页;〔日〕井田良:《讲义刑法学·总论》,有斐阁2008年版,第278页。
④ 参见〔英〕维克托·塔德洛斯:《刑事责任论》,谭淦译,中国人民大学出版社2009年版,第106页以下。

的正当化事由,就会导致将没有违法性的行为当作犯罪处理。例如,我国刑法只规定了正当防卫、紧急避险,而没有规定被害人承诺。倘若否认被害人承诺是正当化事由,那么,经对方请求对其实施由男性变为女性的变性手术,也会被认为定伤害罪。这显然不合适。另一方面,我们也不可能强求法律规定所有的正当化事由,刑法只能在设立尽可能周密的禁止规范的同时,设立主要的、常见的例外允许规定,而不可能毫无遗漏地规定全部例外允许规范。所以,应当采取实质的违法性论,承认超法规的正当化事由。

然而,"正当化事由的数量非常多,而且来自于各种不同的法领域"①,需要有一个基本原则。"无论如何,在实质的违法性被定义成'侵害社会的行为',并且对于阻却违法发展出'目的手段相当原则'或'利多于害原则'等调节公式之后,人们才可能开始对无数被立法者所忽视或未予解决的违法性的问题,藉由体系处理寻求解决的方法。"②例如,不管刑法或者其他法律是否有明文规定,我们都不能仅以客观要素的增多与减少来肯定或者否认违法阻却事由,但我们都可以而且应当通过法益衡量,判断暂时符合分则条文所规定的构成要件的行为,是否阻却违法。

免责事由也是如此。我国现行的四要件体系实际上采取了心理责任论,使违法性认识的可能性成为心理问题,也导致期待可能性丧失应有的地位。一旦采取规范责任论,那么,哪些行为对于行为人而言是不可避免的(亦即不能期待行为人实施其他合法行为),就有了明确的判断标准。例如,在我国,因遭受自然灾害外流谋生而重婚的,因配偶外出长期下落不明,造成家庭困难又与他人结婚的,被拐卖后再婚的,因强迫、包办婚姻或者婚后受虐待外逃而又与他人结婚的,不以重婚罪论处。为什么如此呢?传统刑法理论给出的理由是"由于受客观条件所迫,且主观恶性较

---

① Claus Roxin, Strafrecht Allgemeiner Teil, Band I, 4. Aufl., München: C. H. Beck, 2006, S. 648.
② 〔德〕许逎曼:《刑法体系思想导论》,载许玉秀、陈志辉编:《不移不惑献身法与正义——许迺曼教授刑事法论文选辑》,台北春风煦日论坛 2006 年版,第 272 页。

小"①。然而,其一,行为人之所以"主观恶性较小",是因为重婚"受客观条件所迫"。应当认为,"受客观条件所迫",是得出"主观恶性较小"结论的根据,二者不是并列关系。据此,主观恶性的大小,也可能是由客观因素决定的。其二,在以客观与主观为支柱构建的四要件体系,上述不以重婚罪论处的情形,究竟是因为缺乏客观要素,还是由于缺乏主观要素?倘若是因为缺乏主观要素,那么,是缺乏故意,还是缺乏其他主观要素?这是四要件体系不好回答的问题。因为上述不以重婚罪论处的行为,事实上完全符合四要件。其三,上述重婚行为是正当的,抑或并不正当只是没有非难可能性?这也是四要件说难以回答的问题。然而,一旦以违法与责任为支柱构建犯罪论体系,就可以明确地回答上述问题:其一,责任的有无与大小,不纯粹是行为人心理态度问题,期待可能性是根据客观的附随情况作出的规范判断,是一种责任要素;其二,上述行为不以重婚论处,是因为缺乏期待可能性②;其三,上述行为并不正当,因而仍然是违法的,只是因为行为人没有责任而不以重婚罪论处。明知该妇女有配偶而与之结婚的,如果不具备责任阻却事由,则依然成立重婚罪。基于同样的理由,当妇女前往婚姻登记机关登记结婚时,婚姻登记机关可以拒绝登记;我们也不可能将拒绝登记的行为评价为滥用职权。

总之,以违法与责任构建犯罪论体系,能够没有遗漏地发现正当化事由与免责事由,并且能够使正当化事由与免责事由的认定具有合理的标准。

(七)将违法与责任作为犯罪论体系的支柱,能够妥善解决共犯的成立以及从属性程度问题

二人以上共同实施犯罪时,才存在共同犯罪问题。能否妥当地处理共犯问题,是检验犯罪论体系是否妥当的重要标准。如果一种犯罪论体系不能处理共犯问题,就表明这种体系存在严重缺陷。反之,如果一种犯

---

① 高铭暄、马克昌主编:《刑法学》,北京大学出版社、高等教育出版社2007年第3版,第552页。
② 当然,在社会救助制度日益完善的情况下,不能滥用期待可能性理论,为重婚者开脱罪责。

罪论体系能妥当处理复杂的共犯问题,则表明这种体系具有优越性。将犯罪的实体区分为违法与责任,进而认为共同犯罪是一种违法形态,而不是责任形态,才有利于处理共犯问题。例如,乙明知13周岁的甲要杀丙,而将枪支提供给甲,甲利用乙提供的枪支杀死丙。首先,应当肯定,甲与乙的行为共同造成了丙的死亡,或者说乙通过甲的行为侵害了丙的生命。所以,甲与乙的行为都是违法的。但是,由于甲没有达到责任年龄,不承担责任;乙达到责任年龄,应当承担从犯的责任。[①] 显然,区分违法与责任,是解决共犯问题的关键。再如,15周岁的A女被"正式"录用为国有银行工作人员(国家工作人员),其工作职责之一,是每天下午5点左右,以步行方式将30万左右的人民币从某储蓄所送到某银行分理处。某日在送款时,A遇到了4位同乡(均达到刑事法定年龄)。A提议,4位同乡假装痛打A一顿,将30万人民币"抢走",然后5人分赃。4位同乡接受提议,事后,A向单位谎称30万元被抢。我国现行的犯罪论体系与共犯理论,将责任年龄与责任能力作为构成要件和共同犯罪成立条件,A因为没有达到责任年龄,不可能与4名同乡构成共犯。于是对4位同乡的定罪遇到了不可克服的困难。如果区分违法与责任,将自然人本身及其特殊身份作为违法要素,将责任年龄、责任能力作为责任要素,那么,就可以肯定A与4名同乡的行为构成贪污罪的共犯(A为正犯),只不过由于A没有达到责任年龄而不承担责任,但其他4名同乡依然成立贪污罪的共犯。

我国刑法理论的通说认为,刑法对教唆犯采取了二重性说,即教唆犯既具有独立性,也具有从属性。姑且不论这种说法是否成立,首先需要讨论的是,既然具有从属性,就必然存在从属性的程度问题。采取以违法与责任为支柱的三阶层或者两阶层体系,明确区分违法与责任,可以进一步

[①] 英美刑法理论是通过抗辩事由来解决这一问题的。"如果D杀死V是因为精神失常,头脑清醒的X提供D枪支用以犯罪,尽管D因为精神原因而无罪释放,但没有任何法律理由使X不被定为杀人罪,因为她头脑清醒地提供了帮助。毕竟一个错误行为已经发生了,即V的死亡。D因为头脑问题而免除刑事责任的事实不能阻止一个帮助其实施违法行为的正常人受到惩罚。"(〔美〕约书亚·德雷斯勒:《美国刑法精解》,王秀梅等译,北京大学出版社2009年版,第200页)。

解决从属性的程度问题。然而,四要件体系是无法解决这一问题的。例如,倘若说只要求正犯的行为符合犯罪客体要件,就不是什么从属性的问题了;如若说只要求正犯符合犯罪客体与犯罪客观方面,那么,不能解决对身份犯的教唆问题;如果要求正犯符合犯罪客体、犯罪客观方面与犯罪主体,虽然可以解决对身份犯的教唆问题,但又导致共犯成为一种责任形式,不能解决上述成年人参与(尤其是帮助)未成年人犯罪的共犯问题。

(八)将违法与责任作为犯罪论体系的支柱,符合刑罚的目的

惩罚不只是基于报应。"惩罚是一种教育措施,它同样也是形成动机的一种手段,这些动机部分地防止作恶者重复其行为(矫正),部分地防止他人做同样的行为(威胁)。……因此,关于责任的问题就是这样一个问题:在一个给定的情形中,谁应当受到惩罚?谁应当被视为真正的作恶者?……我们并不指责一个精神病患者应负有责任,原因正在于,他并没有为动机的适用提供统一的位点。试图以允诺或威胁的手段去影响他是徒劳无益的,此时他混乱的心灵因为其正常机理的失序而不能回应这样的影响。我们并不试图给予他某些动机,但是努力救治他(用比喻的说法就是,我们让他的病状负责,并试图祛除病因)。当一个人因威胁所迫而做某种行为的时候,我们并不指责他,而是指责那个持枪指着他的胸膛的人。原因非常明显:如果我们当初能够制止威胁他的那个人,行为就可能被阻止了;这个威胁者才是我们为了防止在将来发生同样行为所必须影响的人。"①概言之,当今刑法理论都肯定目的刑,肯定刑罚是为一定目的服务的。

刑罚要预防什么行为?预防的是法益侵害行为,并不预防内心邪恶;如何才能预防?只有当行为人具有他行为可能性时,才能预防其犯罪。倘若行为人只能实施违法行为,对之施加处罚也不可能防止其犯罪。所以,"刑法所要达到的法益保护目的,当然只是作用于规范接收人(Normadressaten)的动机之上。如果规范接收人不具有他行为之可能性

---

① 〔德〕莫里茨·石里克:《人何时应该负责任》,载徐向东编:《自由意志与道德责任》,江苏人民出版社2006年版,第59—60页。

（Möglichkeit zum Andershandeln）时，则这样的作用也就失灵无效了。"①换言之，"当犯罪行为人之目的压力（Motivationsdruck）过大，使合法行为期待之可能不存在，且当一般人在同样的情况下不可能更加实现合法行为之期待，则依一般预防及特别预防等观点都不应科处刑罚"②。

总之，预防什么与如何预防，刚好是与违法性、有责性相对应的问题。所以，刑罚目的的实现决定了犯罪论体系必须以违法与责任为支柱。

（九）将违法与责任作为犯罪论体系的支柱，有利于实施和完善保安处分制度

保安处分，是指为了防止再次犯罪，由司法机关宣告的代替刑罚或者补充刑罚而适用的对人的司法或者行政处分，以及为了保护或者矫正行为人所采取的改善、教育、保护措施。适用保安处分的前提，是行为人实施了刑法所禁止的违法行为。换言之，刑罚适用于既违法也有责的行为，保安处分则适用于违法行为。显然，只有区分违法与责任，才有利于实施和完善保安处分。

我国的保安处分制度虽然并不完善，但就现有的保安措施而言，也必须以行为具有违法性为前提，但不以行为人具有责任为前提。例一：对于无责任能力者，能否适用《刑法》第64条关于"犯罪分子违法所得的一切财物，应当予以追缴或者责令退赔……违禁品和供犯罪所用的本人财物，应当予以没收"的规定？如前所述，传统的四要件体系只有一种意义上的犯罪与犯罪分子，于是，对无责任能力者不能适用《刑法》第64条的上述规定。如对于精神病患者持有的毒品与淫秽物品，不能适用上述规定予以没收；对于没有达到责任年龄的人用于杀伤他人的管制刀具也不得适用《刑法》第64条予以没收。这显然不合适。根据以违法与责任为支柱的阶层体系，无责任能力者盗窃、抢劫所得的财物，也是违法所得，其实施的杀人、伤人行为也是违法行为；此时的无责任能力者也是一种意义上的

---

① 〔德〕许迺曼：《刑法罪责理论的现状》，载许玉秀、陈志辉编：《不移不惑献身法与正义——许迺曼教授刑事法论文选辑》，台北春风煦日论坛2006年版，第573页。

② 〔德〕许迺曼：《罪责原则在预防刑法中的功能》，载许玉秀、陈志辉编：《不移不惑献身法与正义——许迺曼教授刑事法论文选辑》，台北春风和煦学术基金2006年版，第606页。

犯罪分子,因而能够合理适用《刑法》第64条的规定。例二:《刑法》第17条第4款规定:"因不满十六周岁不予刑事处罚的,责令他的家长或者监护人加以管教;在必要的时候,也可以由政府收容教养。"第18条第1款规定:"精神病人在不能辨认或者不能控制自己行为的时候造成危害结果,经法定程序鉴定确认的,不负刑事责任,但是应当责令他的家属或者监护人严加看管和医疗;在必要的时候,由政府强制医疗。"这两个条文表明,尽管对于没有达到法定年龄和没有责任能力的精神病人,不能科处刑罚,但当他们实施了符合分则条文所规定的构成要件的违法行为时,可以实施保安处分。显然,只有区分了违法与责任,才有利于执行上述规定。

随着保安处分的发展,对于实施了符合构成要件的违法行为的人,即使其缺乏有责性,也能施以保安处分;但对于没有实施违法行为的人,绝对不能施以保安处分。所以,按照三阶层体系区分违法性阻却事由与有责性阻却事由,可以满足保安处分的需要。

(十)将违法与责任作为犯罪论体系的支柱,有利于明确从重、从轻与减轻处罚、免除处罚的根据

以客观与主观为支柱的四要件体系,难以明确从重、从轻与减轻、免除处罚的根据。因为不可能由于客观要素的增加或者减少、主观要素的增加或者减少决定从重处罚与从轻处罚。也因为如此,四要件体系容易导致量刑根据的随意性。例如,针对许霆案的量刑,多数人主张减轻处罚,但减轻处罚的根据(如被害人存在过错、刑法的谦抑性等)实在令人难以理解。① 现在,决定对被告人是判处死刑立即执行还是死缓的重要根据是,被告人的犯罪行为是否由民间纠纷引起、被害人是否有过错及其过错程度以及被告人家属是否赔偿被害人(家属)。这显然偏离了刑罚的正当化根据。

"'为什么'刑罚是正当的根据,也是'何种程度的'刑罚是正当的根据。"②换言之,刑罚的正当化根据,就是量刑的正当化根据。按照刑法理

---

① 参见张明楷:《许霆案减轻处罚的思考》,载《法律适用》2008年第9期,第4页以下。
② 〔日〕平野龙一:《刑法总论I》,有斐阁1972年版,第27页。

论的通说,刑罚的正当性由来于报应的正义性与目的的正当性。我国《刑法》第 5 条规定:"刑罚的轻重,应当与犯罪分子所犯罪行和承担的刑事责任相适应。"首先,倘若从犯罪本身寻找量刑的正当根据,那么,可以将"罪行"解释为法益侵害程度即违法性,将"刑事责任"解释为非难可能性程度即有责性。据此,刑罚的轻重应当与犯罪分子所造成的违法性和有责性相适应。反过来说,违法性与有责性就是犯罪的支柱。其次,如若考虑预防犯罪的必要性,那么,《刑法》第 5 条关于罪刑相适应原则的规定,实际上是要求刑罚的轻重必须与罪行的轻重以及犯罪人的再犯罪的可能性大小相适应。与罪行的轻重相适应,是报应刑的要求;与犯罪人的再犯罪的可能性相适应,是目的刑的要求。其出发点和归宿,都在于最大限度发挥刑罚的积极功能,实现刑罚的正义和预防犯罪的目的。由于刑罚必须与罪行的轻重相适应,故可以防止为了追求预防目的而出现畸重的刑罚;因为刑罚必须与犯罪人的再犯罪可能性相适应,"刑罚的严厉程度应该只为实现其目标而绝对必需"①,故可以防止为了追求报应而科处不必要的刑罚。

基于上述分析,我们可以明确,量刑时应当在以下几个方面寻找根据:一是违法性的大小,二是有责性的程度,三是预防的必要性;前两者是从犯罪本身寻找根据;后者是从犯罪之外寻找根据。所以,将违法与责任作为犯罪的支柱,可以明确量刑的根据。

(十一)将违法与责任作为犯罪论体系的支柱,有利于明确刑法条文中"罪"、"犯罪"的概念

在将违法与责任作为犯罪论体系支柱的德国、日本等国,学者们常常将犯罪的本质与违法性的实质作为同一问题讨论。例如,有的学者在"违法性论"中讨论法益侵害说与规范违反说②;有的学者在讨论"犯罪的实质"时,介绍法益侵害说与规范违反说。③ 这意味着违法性的实质就是犯

---

① 〔英〕吉米·边沁:《立法理论——刑法典原理》,李贵方等译,中国人民公安大学出版社 1993 年版,第 78 页。
② 〔日〕前田雅英:《刑法总论讲义》,东京大学出版会 2007 年第 4 版,第 48 页以下。
③ 〔日〕木村光江:《刑法》,东京大学出版会 1997 年版,第 21 页。

罪的本质,因而表明,具有违法性即是一种意义上的犯罪。

一般来说,犯罪是指具备了成立犯罪的全部条件的行为,即犯罪是具备违法性与有责性的行为。但是,犯罪的本质是法益侵害,在此意义上说,只要是侵犯了法益的行为,就具备了犯罪的本质。在我国,许多条文所称的"罪"与"犯罪",也只是指符合客观要件的违法行为。例如,《刑法》第115条第1款规定:"放火、决水、爆炸以及投放毒害性、放射性、传染病病原体等物质或者以其他危险方法致人重伤、死亡或者使公私财产遭受重大损失的,处十年以上有期徒刑、无期徒刑或者死刑。"第2款规定:"过失犯前款罪的,处三年以上七年以下有期徒刑;情节较轻的,处三年以下有期徒刑或者拘役。"显然,第2款的"前款罪",仅指客观上符合第1款规定的客观要件及其性质的行为(实施了引起火灾、水灾等行为并造成了致人重伤、死亡或者致使公私财产遭受重大损失的结果,且具有危害公共安全的性质);而不要求行为人像第1款那样出于故意。如果说,"罪"是指完全符合犯罪构成所有要件的行为,那么,就无法理解《刑法》第115条第2款。换言之,倘若说"罪"是指完全符合犯罪构成主客观要件的行为,那么,只能将《刑法》第115条第2款理解为:"过失犯前款故意犯罪致人重伤、死亡或者使公私财产遭受重大损失的,处三年以上七年以下有期徒刑。"这显然是不合适的。再如,《刑法》第20条第3款规定:"对正在进行行凶、杀人、抢劫、强奸、绑架以及其他严重危及人身安全的暴力犯罪,采取防卫行为,造成不法侵害人伤亡的,不属于防卫过当,不负刑事责任。"由于正当行为不能向不正当行为让步,所以,对于没有达到法定年龄、没有责任能力的人的不法侵害,在必要时也可以进行正当防卫。因此,上述条款中的"暴力犯罪"并不限于达到法定年龄、具有责任能力的人的暴力犯罪,对于不满14周岁的人实施的杀人、抢劫、强奸等严重危害人身安全的行为,可以进行正当防卫。这也表明,没有达到法定年龄的人的杀人、抢劫、强奸等行为,属于《刑法》第20条规定的暴力"犯罪"。

诚然,倘若认为,在四要件体系中,符合犯罪客体与犯罪客观要件的行为也是一种意义的犯罪,也能解决上述问题。但是,如前所述,即便如此,四要件体系也不能解决身份犯的相关问题。例如,《刑法》第191条第

1款规定:"明知是毒品犯罪、黑社会性质的组织犯罪、恐怖活动犯罪、走私犯罪、贪污贿赂犯罪、破坏金融管理秩序犯罪、金融诈骗犯罪的所得及其产生的收益,为掩饰、隐瞒其来源和性质,有下列行为之一的,没收实施以上犯罪的所得及其产生的收益,处五年以下有期徒刑或者拘役,并处或者单处洗钱数额百分之五以上百分之二十以下罚金;情节严重的,处五年以上十年以下有期徒刑,并处洗钱数额百分之五以上百分之二十以下罚金:(一)提供资金账户的;(二)协助将财产转换为现金、金融票据、有价证券的;(三)通过转账或者其他结算方式协助资金转移的;(四)协助将资金汇往境外的;(五)以其他方法掩饰、隐瞒犯罪所得及其收益的来源和性质的。"其上游犯罪中的破坏金融管理秩序犯罪,包括了金融工作人员购买假币罪。按照以违法与责任为支柱的三阶层或者两阶层体系,只要是金融工作人员购买假币,其犯罪行为产生的收益就可以成为洗钱的对象。其中的金融机构工作人员身份,属于违法要素,而非责任要素。但是,在四要件体系中,倘若认为符合犯罪客体与犯罪客观要件也是一种意义上的犯罪,那么,普通公民购买假币的行为也符合金融工作人员购买假币罪的犯罪客体与犯罪客观要件,因而其行为产生的收益也可能成为洗钱罪的对象。这恐怕有违反罪刑法定原则之嫌。

  总之,以违法与有责为支柱的犯罪论体系,具有合理性。诚然,以客观与主观为支柱的犯罪论体系,与以违法与责任为支柱的犯罪论体系,不一定是完全对立的。但是,至少我国现行的四要件体系中的客观与主观,还不能完全和违法与责任相对应。如前所述,四要件体系的主体要件中既有违法要素也有责任要素。再如,目的是主观内心的东西,倘若按照客观与主观来划分,它必然属于主观;但倘若按照违法与责任来划分,目的是违法要素还是责任要素,抑或部分目的是违法要素、部分目的是责任要素,就是需要进一步讨论的问题。更为重要的是,对犯罪的实体的认识,不能停留在客观与主观两个概念上,犯罪论体系也不应当停留在客观与主观的描述性概念上。我国现行的"犯罪概念是评价的、犯罪构成是描述的"局面并不理想,犯罪概念与犯罪论体系,都应当直接体现评价。换言之,我们在构建犯罪论体系时,首先要明确刑法禁止什么、什么行为会受到刑法的否定评价(违法性),其次要明确的是,具备什么条件,才能将违法行为归责于行为人(有责性)。确定了违法要素之后,才能确定责任要素(例如,倘若采取行为无价值论,认为故意是违法要素,就会否认故意是责任要素)。所以,"刑法体系的未来,因此在于对刑法不法作内涵上的辨别,而不在于结构技术上区分构成要件和违法性"①。

四、以违法与责任为支柱的障碍

不能不承认的是,在我国,以违法与责任为支柱构建犯罪论体系,可能存在语言上或者表述上的障碍。因为迄今为止,我国刑法学都是在另外一种意义上使用违法与责任的概念,而我们又难以找出其他更为合适的用语。尽管如此,也不能因小失大。换言之,这种语言或者表述障碍,不应当阻碍以违法与责任为支柱构建犯罪论体系。

(一)违法

如前所述,在传统的四要件体系中,(刑事)违法是等同于犯罪的,没有具备四个构成要件的行为不具有(刑事)违法性;具备四个构成要件的行为则具有(刑事)违法性。于是,说(刑事)违法不等于犯罪,难以被人们接受。也正因为如此,有的学者反对引进以违法与责任为支柱构建的三阶层体系。

如前所述,坚持四要件体系的学者指出:"在中国长期形成的法制环境及法理学语境下,如果确定行为属于'违法'(与'不法'基本同义),则势必对行为人带来法律责任问题(违法必究)——中国语境下对行为性质的判断已经包含着对行为主体基本状况的判断。我们全无必要去指责一个精神病人或儿童实施了'违法行为'——犹如情绪再激动理智上也无必要去指责一只抓伤了人的猴子。生活中人们怎么评价事物倒还无关

---

① 〔德〕许逎曼:《刑法体系思想导论》,载许玉秀、陈志辉编:《不移不惑献身法与正义——许逎曼教授刑事法论文选辑》,台北春风煦日论坛2006年版,第296页。

紧要（认识往往是多元并不断变化的），但法律所给予的正式定性可得小心翼翼。我们指称儿童'违法'或'犯罪'，非但不利于教育和预防，反而增加误解与混乱。"①然而，这种说法还难以成为否定应当以违法与责任为支柱构建犯罪论体系的理由。

　　首先，在中国，"违法"一词原本就具有不同含义。"违法不等于犯罪"也是不绝于耳的说法；即使在其他法领域，违法也可能仅指客观的，而不包括非难可能性的内容。例如，即使行为人对违反交通规则没有任何主观上的过错，也被认定为违法。所以，违法概念的不同含义，并不是否定以违法与责任为支柱构建犯罪论体系的理由。易言之，"违法"本来就有多重含义，"违法必究"中的"违法"与作为犯罪成立条件之一或者犯罪支柱之一的"违法"，当然可以有不同含义。况且，"违法必究"中的"究"究竟是什么含义，也还可以深"究"。对"违法必究"，既可能理解为对违法行为必须追究法律责任，也可能理解为对违法行为必须查明究竟，视情况分别处理。②

　　其次，儿童是否杀了人，是否侵害了他人的生命，与能否从法律上指责（谴责）他，完全是两回事；我们不能因为无法指责猴子，就否认猴子抓伤了人；也不能因为无法指责猴子，而否认他人被抓伤。换言之，肯定某些行为造成了法益侵害结果，只是表明这种行为是刑法所禁止的，因而不是正当的，并不意味着必然对之进行"指责"。显然，上述观点实际上将违法与责任融为一体了。

　　再次，刑法条文中的某些"违法"、"不法"概念，与犯罪就不是等同概念。例如，《刑法》第 20 条第 1 款规定："为了使国家、公共利益、本人或者他人的人身、财产和其他权利免受正在进行的不法侵害，而采取的制止不法侵害的行为，对不法侵害人造成损害的，属于正当防卫，不负刑事责

---

① 冯亚东、邓君韬：《德国犯罪论体系对中国之启示》，载《国家检察官学院学报》2009 年第 1 期，第 36 页。
② 笔者于 2009 年 8 月 11 日上午在北京中央电视塔附近不得已短暂地坐了一趟黑车。上车后，司机在人行道上逆行了十几米远。笔者立即问司机："你这样违法不怕警察吗？"司机说："现在警察都在长安街上。再说，违法与犯法不同。我只是违法但没有犯法，对违法只是批评教育就可以了，对犯法才能处罚。"

任。"其中的不法不仅包括一般违法行为,而且包括纯客观的不法侵害行为,因而就不等于犯罪。此外,刑法分则条文中"违法所得数额较大"之类的规定中的"违法"也不一定等同于"犯罪"。

最后,即使在大众语言中,将客观违法视为犯罪的现象也很普通。例如,在不满14周岁的儿童致人死亡后,其父母担心司法机关逮捕儿童而藏匿该儿童的现象大量存在。这既说明父母将客观违法当作犯罪了,也说明不懂法的父母知道儿童的行为违法,而不是做了什么好事。此外,我们经常听到"犯罪年龄下降"、"十二三岁就犯了某某罪"的说法。这也是将客观违法当作了犯罪。既然仅从法益侵害的角度理解违法性,在普通百姓中都没有障碍,在刑法学者与司法工作人员中就更不应当有障碍了。

如前所述,反对以违法与责任为支柱构建阶层体系的学者指出:"如果承认儿童或精神病人的侵害行为属于'违法'或'犯罪',在理论上便可推导对之可以实行正当防卫——正当防卫的条件可以完全符合,于是会出现不利于保护这类无责任能力人权益的负面后果。对此,应当区别不同情况分别对待:如果明知侵害人系无责任能力人,则只能实行紧急避险——能躲则躲,只有万不得已才可加害侵害人;如果不知,则当然可以实行防卫。在后一情形下,从行为人的角度将行为性质视为正当防卫并非不可(正当防卫诸条件均符合),但从法律压抑邪恶、张扬正义之效果考虑——毕竟是给无责任能力的人造成了事实上的损害,并无正面肯定、鼓励和张扬之必要,故在刑法上可按犯罪构成主观方面之规定性反向予以出罪(因防卫人并不明知'危害'结果),而无须再从正面评价为'正当防卫'(若一定须正面定性,应视为一般意义的可免责的'防卫行为')。"①

这种观点存在缺陷。其一,根据上述观点,无责任能力人的侵害,是否不法,不是由其行为与结果决定的,而是由被害人或第三者能否"躲避"、是否"知道"其为无责任能力人决定的。但这难以令人接受。事实

---

① 冯亚东、邓君韬:《德国犯罪论体系对中国之启示》,载《国家检察官学院学报》2009年第1期,第36页。

上,只有符合条件的被害人的承诺才可能决定行为人的行为是否不法。其二,13周岁的人杀人、放火行为不可能是合法的,也不可能是刑法放任的。倘若认为13周岁的人杀人、放火是合法的,那么,成年人帮助13周岁的人杀人、放火,就是帮助无责任能力的人实施合法行为,不能构成犯罪。这是没有人会接受的结论。《刑法》第17条第4款规定:"因不满十六周岁不予刑事处罚的,责令他的家长或者监护人加以管教;在必要的时候,也可以由政府收容教养。"这不仅说明刑法对13周岁的人的杀人、放火等行为并不放任(如果放任就不会规定收容教养措施),而且表明刑法对他们实施的行为做出了否定评价。刑法上的违法就是刑法对行为的否定评价,所以,《刑法》第17条第4款的规定就表明了13周岁的人的杀人、放火行为就是违法的。况且,既然13周岁的人的杀人、放火行为既不是合法的,也不是刑法放任的,当然就只能是违法的。其三,从有无"无正面肯定、鼓励和张扬之必要"来判断哪些行为属于正当防卫的做法,也不合适。刑法是规定犯罪及其法律后果的法律,旨在禁止侵害法益的违法行为,从而实现法益保护目的。刑法之所以同时规定正当防卫行为,是因为正当防卫貌似犯罪却阻却违法性,进而将正当防卫排除在犯罪之外。即使正当防卫在刑法上是合法行为,也不意味着刑法规定正当防卫旨在鼓励和张扬正当防卫。反过来说,即使对无责任能力人正在实施的法益侵害行为进行正当防卫可能受到某些人道德上的谴责,该行为在刑法上也是合法的。其四,上述观点原本将违法与责任融为一体,为了解决对儿童与精神病人的防卫问题,却又不得不承认"可免责的'防卫行为'"。然而,一方面,"可免责的'防卫行为'"的概念是不应当存在的。这是因为,如果认为一种防卫行为不是阻却违法而是阻却责任,就意味着防卫行为在客观上不需要必要限度(任何法益侵害行为,即使是导致多人死亡,只要是免责的,就不成立犯罪);换言之,如果防卫行为是免责的,就不应当对防卫行为设立必要限度,"于是会出现不利于保护无责任能力人权益的负面后果";反过来说,只有承认无责任能力人的杀人、放火也是不法侵害,对之可以进行正当防卫,才能受到必要限度的规制,从而不至于给他们造成不应有的危害。另一方面,倘若承认"可免责的'防卫行为'"的概念,则正好说明,区分违法与责任是十分必要的。

总之,在行为侵害了法益的实质意义上使用违法概念,表明刑法禁止的是法益侵害行为,是可行的。

(二) 责任

我国刑法典二十多次使用了"刑事责任"概念。在20世纪80年代中后期以及90年代初,我国刑法理论都是在犯罪的法律后果、犯罪后所应当承担的法律责任的意义上来理解刑事责任概念的。那么,将非难可能性意义上的责任作为犯罪论体系的支柱,是否会导致概念的混淆?笔者持否定回答。

首先,即使在采取以违法与责任为支柱的阶层体系的国外,刑事责任这一概念也有不同含义。在德国、日本,除了在非难可能性的意义上使用Schuld、"责任"概念外,还使用Verantwortlichkeit、"刑事责任"概念,后者"不是指上述意义的责任,而是指所谓罪责,即应该科处刑罚的地位,也称为刑责"①。这表明,德国、日本的Schuld、"责任"相当于我国刑法理论所说的"罪过"(当然,与心理责任论意义上的罪过相去甚远);而德国、日本的Verantwortlichkeit、"刑事责任"则有点类似于我国部分学者所说的"刑事责任"。

其次,我国刑法理论上也存在着非难可能性意义上的责任概念。如主体要件中的"刑事责任能力"与"刑事责任年龄"就是非难可能性意义上的概念,而不是犯罪后果意义上的责任。因为没有责任能力的人实施的杀人行为,虽然违法,但并不构成犯罪,而不是构成犯罪但不承担刑事责任。换言之,在法律后果意义上的刑事责任中,讨论刑事责任年龄与刑事责任能力是不合适的。因为刑事责任年龄与刑事责任能力中的刑事责任,与作为犯罪后果的刑事责任,不是等同概念。②

再次,将刑事责任作为犯罪与刑罚的中介或者纽带是不合适的。因

---

① 〔日〕大塚仁:《刑法概说(总论)》,有斐阁2008年第4版,第437页。
② 参见张明楷:《刑法学》(上),法律出版社1999年第1版,第164页以下。

为犯罪与刑罚之间并不需要中介。在大陆法系国家与英美法系国家,都没有要求犯罪与刑罚之间有一个中介。各国刑法(包括我国刑法在内)分则关于犯罪与法定刑的规定,也表明犯罪与刑罚之间不需要中介。同样,要想使单纯作为犯罪与刑罚中介或者纽带的刑事责任具有实质意义,也是不可能的。因为既然只是中介,只是起桥梁作用,就不可能有实质意义。更为重要的是,如果将刑事责任作为犯罪与刑罚之间的中介,形成犯罪——刑事责任——刑罚的刑法学体系,那么,就忽略了犯罪的其他法律结果,即非刑罚处罚与单纯宣告有罪。退一步而言,即使将刑事责任作为犯罪与刑罚的中介,也不妨碍将非难可能性意义上的责任作为犯罪的支柱与基本要素。

最后,将德语的 Schuld 一词译为汉语的"责任"或许并不理想;将 Schuld 一词翻译为汉语的"罪过"似乎更合适(当然,笔者所称的罪过,并不是指故意与过失的上位概念,而是指非难可能性)。① 但由于约定俗成的缘故,我们也大可不必将德国、日本刑法理论中的 Schuld、"责任"全部改译为"罪过",只要明确其内在含义并与我国刑法理论上的"刑事责任"相区别即可。换言之,我国的刑事责任概念,依然在犯罪的法律后果的意义上使用。将刑事责任列入犯罪论讨论的教科书,也并没有将刑事责任作为犯罪的成立条件。既然如此,我们只能在犯罪论中研究相当于德国、日本的 Schuld、"责任"的罪过,而不应在犯罪论中研究作为犯罪的法律后果意义的"刑事责任"。

总之,责任一词本来就具有多种含义,即使将刑事责任作为犯罪的法律后果或者作为犯罪与刑罚之间中介,也不妨碍将非难可能性意义上的责任作为犯罪的支柱之一。

此外,笔者还想说明两点:其一,笔者并不反对使用客观与主观这两个概念,笔者在本书中也会使用客观构成要件与主观构成要件、客观要件与主观要件、客观要素与主观要素之类的表述。这是因为,即便承认主观的违法要素,违法性也基本上是由客观要素决定的;如果承认主观的违法

---

① 参见张明楷:《犯罪论体系的思考》,载《政法论丛》2003 年第 6 期,第 27—28 页。

要素,故意的认识内容就只能是客观要素,而不可能包括主观要素。当然,正如笔者一直所强调的,传统四要件体系中的主观构成要件、主观要件不等于有责性。其二,在我国的语境下,也可以说"犯罪的实体是客观危害与主观恶性,评价行为是否具有客观危害就看是否存在法益侵害性,评价行为人是否具有主观恶性就看是否存在谴责可能性(非难可能性)。"在此意义说,只要对客观危害与主观恶性存在实质评价标准,并以实质评价标准来对四要件体系略加改造即可。① 但是,考虑到违法能够表示刑法禁止之义、责任能够表示非难可能性之义,考虑到客观危害、主观恶性与违法、责任并不是完全对应的概念,考虑到客观危害与主观恶性不是递进关系,而是可以综合评价,考虑到我国刑法理论已经借鉴的一些具体理论都难以离开违法与责任概念,也考虑到国际学术交流的便利②,还是以违法与责任为支柱构建犯罪论体系为妥。

---

① 参见黎宏:《我国犯罪构成体系不必重构》,载《法学研究》2006 年第 1 期,第 32 页以下。
② 遗憾的是,我们没有提出让德国、日本学者借鉴的理论(如所周知,将社会危害性作为犯罪本质,采取四要件体系,都不是我们的创造),没有办法让他们向我们看齐。

第三章　逻辑关系

在构建犯罪论体系的过程中,除了明确犯罪论体系的支柱是违法与责任以外,还必须进一步明确一些逻辑关系。

一、刑法目的与构成要件的关系

传统的四要件体系认为,犯罪客体是刑法所保护的,而为犯罪行为所侵犯的社会主义社会关系,并且认为,犯罪客体是所有犯罪的共同构成要件。

二十多年前,就有学者提出,犯罪客体就是犯罪侵害的对象,而且没有必要将其列入犯罪构成的共同要件。① 笔者赞成没有必要将犯罪客体列入犯罪构成要件的观点,但不认为犯罪客体就是犯罪对象。

如所周知,犯罪客体的概念实际上类似于德国、日本刑法理论上的保护法益或者保护客体的概念;而犯罪对象则与德国、日本刑法理论中的行为客体的概念相同。不可否认,宾丁(Binding)并没有区分保护客体与行为客体两个概念,但自李斯特(Liszt)区分这两个概念以来,刑法理论普遍承认二者的区别。当然,笔者并不是因为刑法理论普遍承认保护客体与行为客体的区分,才赞成对二者进行区分,而是因为二者的确存在区别。例如,就盗窃罪而言,行为客体是行为人所盗窃的具体的物,而保护法

---

① 张文:《犯罪构成初探》,载《北京大学学报》1984年第5期,第50页。

益则是他人对具体的物的占有。再如,就妨害公务罪而言,行为客体是公务员(国家机关工作人员),而保护法益则是公务本身。这种区分,有利于明确分则法条的目的,从而有利于进行目的论解释,实现刑法的目的。

  不可否认,区分保护客体与行为客体,有可能导致法益概念的精神化。因为区分的结果往往是:行为客体是物质的、具体的现象,而保护客体则是精神的、抽象的东西。但是,当今的刑法理论都不是采取精神的法益概念(价值的构成),而是采取实在的法益概念(事实的或因果的构成)。根据实在的法益概念,法益是感觉上可能知觉的,而且具有因果的变更可能性的实在的对象或者状态。① 即使采取实在的法益概念,保护客体与行为客体也是有区别的。例如,日本学者内藤谦主张实在的法益观,认为对于法益(法所保护的生活利益)不得予以"精神化",亦即,法益至少必须具有可能成为犯罪的侵害对象的、现实的、事实的基础。这并不意味着法益与行为客体没有区别。行为客体是行为所指向的、作为有形的事实存在的人或物。如杀人罪中的"人",妨害公务罪中的"公务员",盗窃罪中的"他人的财物"等就是行为客体。但有的犯罪没有行为客体(如单纯脱逃罪、伪证罪),却有保护法益,故保护客体与行为客体并不是完全一致的。② 再如,日本学者伊东研祐采取实在的法益概念,他认为,"法益,是国家遵循宪法所(应当)构造的,对社会内的社会成员共同生活的存立所必不可少的条件,而且是由纯粹规范所(应当)保护的,因果上可能变更的对象。⋯行为客体,是从对于作为某种规范的本来保护对象的法益的保护的合目的性判断出发,由立法者决定的,作为行为的(第一)连接点,规定在构成要件中的,或者作为前提的,在因果上可能变更的对象"③。伊东虽然认为法益与行为客体都是因果上可能变更的对象,但二者的含义并不相同。行为客体是构成要件要素,而法益则不是;行为客体是法益与行为之间的连接点,法益是社会成员共同生活必不可少的

---

① 参见〔日〕振津降行:《抽象的危险犯の研究》,成文堂2007年版,第22页。
② 参见〔日〕内藤谦:《刑法讲义总论》(上),有斐阁1983年版,第206页。
③ 〔日〕伊东研祐:《法益概念史研究》,成文堂1984年版,第414页。

条件。

笔者虽然认为犯罪客体(法益)与行为对象不是等同概念,但仍然认为,不应将犯罪客体作为构成要件。对此,笔者已经作过许多论述,①在此只是简述如下理由:(1)犯罪客体实际上是保护客体,即刑法所保护的法益。从另一角度说,犯罪客体本身是被侵犯的法益,但要确定某种行为是否侵犯了法益以及侵犯了什么法益,并不是由犯罪客体本身来解决;从法律上说,要通过客观构成要件反映出来;从现实上说,要通过符合客观构成要件的事实反映出来。将犯罪客体作为要件可能只是起单纯的评价作用,但将一个没有要素的要件交由法官评价,会有损犯罪构成的罪刑法定主义机能;如果认为犯罪客体是事实要素,则与客观构成要件相重复。②(2)犯罪客体与犯罪构成的其他要件并不处于同一层次,犯罪客体是被反映、被说明的现象,而客观构成要件说明行为侵犯的是何种法益以及侵犯程度;不仅如此,法益实际上对确定犯罪构成要件的内容具有决定性意义,将法益作为犯罪概念的内容而不作为构成要件,有利于以犯罪本质为指导解释刑法规定的构成要件。(3)主张犯罪客体不是要件,并不会给犯罪定性带来困难。一个犯罪行为侵犯了什么法益,是由违法(客观)构成要件以及符合违法(客观)构成要件的事实决定的。同样,区分此罪与彼罪,关键在于分析符合构成要件的违法事实与行为人责任内容。仅仅凭借犯罪客体认定犯罪性质,难以甚至不可能达到目的。况且,一些罪名不同的犯罪,只是行为类型不同,客体却是相同的。在这种情况下,仅凭客体不可能区分此罪与彼罪。如盗窃罪与抢夺罪,故意杀人罪与过失致人死亡罪,就不是通过客体可以区分的。(4)我国传统刑法理论关于犯罪客体是构成要件的观点来自于苏联,但是,其一,苏联刑法学者中也有人(如布拉依宁)反对这种观点。③ 其二,苏联刑法理论之所以认为犯罪客体是构成要件,是因为"每一个犯罪行为,无论它表现为作为或不

---

① 参见张明楷:《法益初论》,中国政法大学出版社2003年修订版,第249页以下。
② 因为结果表明了行为对法益的侵害、危险表明了行为对法益的威胁,行为概念本身也表明对法益的危险。
③ 参见中国人民大学刑法教研室编译:《苏维埃刑法论文选译》第2辑,中国人民大学出版社1956年版,第18页。

作为,永远是侵犯一定的客体的行为。不侵犯任何东西的犯罪行为,实际上是不存在的"①。但是,任何犯罪都侵犯法益,并不等于法益本身是构成要件。例如,任何犯罪都违反刑法,但刑法本身并不是犯罪构成要件。可见,将犯罪客体作为构成要件,有偷换概念之嫌。其三,特拉伊宁本人在论述犯罪构成因素时,分别论述了"表明犯罪客体的构成因素"、"表明犯罪客观方面的构成因素"、"表明犯罪主体的构成因素"、"表明犯罪主观方面的构成因素",他虽然论述了各种表明客观方面、主体与主观方面的因素,但他的确没有论述哪些因素是表明犯罪客体的构成因素,只是说明了犯罪客体的含义与作用。这正好说明,表明犯罪客体的因素来自其他构成要件,而不是其本身。其四,苏联刑法理论将犯罪客体纳入犯罪构成之中后,使犯罪构成要件丧失了实质意义而成为单纯的形式要件,正当防卫、紧急避险也被当作符合犯罪构成的行为。为了使这种行为无罪,又在犯罪构成之外以其没有社会危害性为由否认其犯罪性,于是,犯罪构成丧失了认定犯罪的法律标准的机能。

现在,即使主张将犯罪客体作为构成要件的黎宏教授,也不赞成将犯罪客体定义为"刑法所保护的,而为犯罪行为所侵犯的社会主义社会关系"。原因是:"本来,所谓犯罪,就是严重危害社会即严重侵犯刑法所保护的客体、值得刑罚处罚的行为,其成立,以对客体造成实际侵害或者现实威胁为条件;但是,通说在定义什么是犯罪客体时,却又说客体就是为'犯罪所侵犯的社会关系'。这样,在犯罪和犯罪客体的叙述当中,二者互相限定,循环定义,这显然是不符合定义的基本原理的。其实,客体,就是刑法所保护的社会关系或者说是合法利益。"②在笔者看来,问题还在于,传统的犯罪客体定义,导致客体不是一个独立的要素。因为是否存在犯罪客体,不仅要考察某种社会关系是否受刑法保护,还要考虑这种社会关系是否被犯罪行为侵犯;而侵犯社会关系的是否犯罪行为,必须考虑该行为是否符合犯罪客观要件。既然案件是否具备犯罪客体这一要件,不

---

① 〔苏〕A.H.特拉伊宁:《犯罪构成的一般学说》,薛秉忠等译,中国人民大学出版社1958年版,第101页。
② 黎宏:《我国犯罪构成体系不必重构》,载《法学研究》2006年第1期,第37页。

可能独立地做出判断,而是依赖于其他构成要件的判断,就表明犯罪客体不是一个独立的构成要件。另一方面,在判断犯罪客观要件时,就要判断行为是否造成了结果。于是,犯罪客体是刑法所保护而为犯罪行为所侵犯的社会关系;犯罪结果是犯罪行为对刑法所保护的社会关系造成的侵犯事实。然而,既然犯罪结果是构成要件要素,就没有必要再将犯罪客体作为构成要件要素。

即使将犯罪客体定义为刑法所保护的合法利益,也不应当将其作为构成要件。这便涉及目的与要件的关系问题。

倘若认为犯罪客体就是刑法所保护的合法利益(即法益),那么,犯罪客体就是刑法的目的。刑法的目的是保护法益,这是当今各国刑法理论的通说,也可谓客观事实;刑法对行为进行规制的实质的正当性,就在于被规制的行为侵害了法益,从而使规制的目的具有正当性。刑法禁止哪些行为,是由刑法的目的决定的。刑法的目的是保护法益,所以,刑法禁止的是侵害法益的行为。正因为如此,法益具有使刑事立法具有合理目的性的机能,也有使刑法的处罚范围具有合理性的机能。① 法益概念指导刑事立法的机能(法益的刑事政策的机能),决定了犯罪构成要件是在法益概念指导下形成的。将指导犯罪构成要件形成的东西确定为构成要件本身,并不合适。如同国家的刑事政策会指导刑法的制定与犯罪构成要件的形成,但刑事政策本身不可能成为犯罪构成要件一样。不可否认,认定犯罪离不开法益概念的指导,但这不是将法益作为犯罪构成要件的理由。根据罪刑法定原则,没有刑法就没有犯罪,没有刑法就没有刑罚,但刑法本身不可能成为犯罪的构成要件。或许正因为如此,德国、日本等大陆法系国家,没有将法益作为构成要件要素。②

主张保护法益是犯罪构成要件的黎宏教授指出:"主张将客体从犯罪构成体系中驱逐出去的理由之一,就是德日刑法学中,只是将行为对象作为构成要件要素,而没有将犯罪客体作为构成要件要素。这是没有注意

---

① 参见张明楷:《法益初论》,中国政法大学出版社2003年修订版,第196页以下。
② 笔者注意到,韩国有学者将保护法益作为构成要件要素(参见〔韩〕金日秀、徐辅鹤:《韩国刑法总论》,郑军男译,武汉大学出版社2008年版,139页以下),但并没有说明理由。

到德日的犯罪论体系全貌所得出的结论。在德日的犯罪判断体系中,可以将犯罪客体排除在外,因为,在他们看来,构成要件符合性的判断是形式判断,不需要考虑实质性的内容,因此,在构成要件符合性的判断阶段,只要考虑诸如是不是有人在有认识或者应当认识而没有认识的情况下,实施了剥夺他人生命或者秘密获得了他人财物之类的客观事实就够了,而不用考虑该剥夺他人生命行为是不是正当防卫,该秘密获取行为是不是自救行为。对上述内容的考虑,则被放在犯罪判断过程的第二个阶段即违法性的阶段予以考虑。在这个阶段,要透过行为的外表,考虑行为的本质。其中最为重要的内容,就是看行为是否侵害或者威胁到了刑法所保护的合法利益即犯罪客体。因此,在德日,并不是不考虑犯罪客体,只是不放在构成要件符合性阶段加以考虑而已。这样说来,以德日的情况为例说明我国的犯罪构成中不应当考虑犯罪客体的观点,是没有注意到国外的犯罪体系和我国的犯罪构成之间的差别而得出的错误结论。"①但在笔者看来,这种说法存在疑问。

首先,不可否认的是,贝林(Beling)的行为构成要件论,实际上是形式的构成要件论。他认为构成要件所描述的事实具有价值中立性,于是,将构成要件要素限定为客观的、记述的要素,而不包括规范的、主观的要素。根据贝林的观点,对构成要件只能进行形式的解释。但倘若果真如此,则必然导致在构成要件外就违法性进行伦理的判断;也可能导致实质上不值得科处刑罚的行为也被科处刑罚。②于是,后来的德国学者对构成要件进行实质的、机能的考察,使构成要件成为违法类型(或违法有责类型),即只要行为符合构成要件,原则上便具有实质的违法性。因为刑法总是将值得科处刑罚的犯罪行为类型化为构成要件,故构成要件不可能成为价值中立的概念;"符合构成要件的行为,在价值上无疑并非是中立的"③。换言之,因为立法者认为一定类型的行为具有当罚性才制定刑

---

① 黎宏:《我国犯罪构成体系不必重构》,载《法学研究》2006 年第 1 期,第 38—39 页。
② 〔日〕西田典之:《构成要件の概念》,西田典之、山口厚编:《刑法の争点》,有斐阁 2000 年版,第 14 页。
③ 〔德〕冈特·施特拉腾韦特、洛塔尔·库伦:《刑法总论 I——犯罪论》,杨萌译,法律出版社 2006 年版,第 80 页。

罚法规,故构成要件是当罚行为的类型。既然如此,立法者在描述构成要件时,"必须将为犯罪行为的实质的不法内容奠定基础的要素纳入构成要件"①。正如德国学者罗克辛(Claus Roxin)教授所说,所有的刑法规则都命令公民实施一定行为或者禁止公民实施一定行为;这些规定同时也对违反规则的行为进行了评价:它们至少在原则上是需要谴责的。当立法者在刑罚法规中规定了盗窃、敲诈勒索等行为时,他们并不是这么想的:"我在一个段落中描写了一个法律值得注意的行为,但我不想发表我的看法,我不肯定我所描述的行为是好的还是不好的;我的描写只是说明,这些行为不是无足轻重的,它要么是合法的,要么是违法的。"事实上,立法者在想:"我描写的这些行为是社会无法忍受的,我要对这些行为进行谴责;所以我要通过构成要件规定这些行为并惩罚它们。"②概言之,既然构成要件是违法类型,解释者与适用者必然对符合构成要件的行为进行实质的评价。因此,以为德日的构成要件符合性只是形式的判断而没有实质的判断,只是事实的判断而没有价值判断的观点,也有疑问。一方面,成文刑法所使用的文字本身不只是具有记述功能,而且具有情感功能。③"构成要件的建立以法律中使用的动词(杀人、强制、偷盗)为基础。"④不同的动词会表达不同的评价:"窝藏"与"保管"、"包庇"与"保护"、"奸淫"和"做爱"等,显然分别显示了对行为的不同评价。构成要件的建立同样需要使用名词与形容词,而这些用语都会直接或间接表达对行为的评价。即使文字只具有描述的功能,其描述的内容、方式等也会显示出不同的评价。换言之,即便是一些中性词,当它处于特定语境时,也会具有评价功能。另一方面,纵使采取区分事实与价值的二元论方法,犯罪阶层体系相对于犯罪事实,也是非现实的价值世界。构成要件对于犯罪构成事实是一个概念形成过程,其中必然存在评价过程。

---

① Hans-Heinrich Jescheck/Thomas Weigend , Lehrbuch des Strafrechts. Allgemeiner Teil, 5. Aufl. ,Duncker & Humblot 1996,S. 245.
② Vgl. ,Claus Roxin,Offene Tatbestande und Rechtspflichtmerkmale,Walter de Gruyter & Co. 1970,S.171.
③ 〔日〕碧海纯一:《新版法哲学概论》,弘文堂2000年全订第2版补正版,第87页。
④ 〔德〕李斯特:《德国刑法教科书》,徐久生译,法律出版社2000年版,第207页。

其次,德日犯罪论体系中的违法性阶层,并不是积极地判断行为是否具有违法性,只是判断有无违法阻却事由。正因为如此,主张两阶层的犯罪论体系的学者认为违法阻却事由是消极的构成要件要素。在违法性阶层,当然要进行法益的比较、权衡,但这并不表明德日在违法性阶层将保护法益作为违法要素对待。

最后,反对将犯罪客体作为犯罪构成要件,并不意味着"不应当考虑犯罪客体"。在中国,认定犯罪时,应当考虑行为是否违反刑法,但违反刑法本身并不是犯罪构成的要件。况且,所谓考虑犯罪客体,应是指考虑行为是否侵害了刑法所保护的法益,而这是在法益已经存在的前提下,通过考察行为的内容、结果等得出结论。

综上所述,刑法所保护的法益是刑法的目的问题,而不是构成要件。

二、违法与责任的关系

不可否认的是,犯罪原本就是一个整体,但整体性地认定犯罪必然导致恣意性,所以需要建立防止认定犯罪的恣意性的犯罪论体系。"可以确保法的安定性,做到认定容易,且排除恣意性的犯罪论体系应如何构成呢?首先,必须有某种程度分析的思考。'直观地判断是否犯罪(整体的考察法)'是危险的,无论如何都会使判断者的恣意性很大。"[①]将犯罪分为违法与责任进行判断,不仅因为犯罪的支柱就是违法与责任,还因为分别判断违法与责任,有利于防止认定犯罪的恣意性。

分别判断违法与责任的前提是,明确违法与责任的关系,亦即明确哪些要素是违法要素,哪些要素是责任要素。直截了当地说,处理违法与责任的关系的关键,在于如何理解违法;故意、过失是违法要素还是责任要素。

如所周知,二元论(违法性是行为无价值与结果无价值的统一)认为,刑法的目的是保护法益,问题是采取何种手段保护法益。刑法是实现

---

① 〔日〕前田雅英:《刑法总论讲义》,东京大学出版会2006年第4版,第39页。

保护法益目的的手段,它必须向国民提示"不得杀人"这样的禁止规范,从而使国民遵从;另一方面,刑法必须在行为时就向国民告知适法与违法的界限(行动基准)。因此,只要不能肯定违反了行为时向国民提示的作为行动基准的规范,就不能肯定违法。① 为什么二元论一定要将故意作为违法要素而纳入构成要件呢?德国刑法学者所提出的首要理由是:"故意的意义在于,它包含了过失犯罪里缺乏的、反对受法律保护利益的决定,所以,这就使得将其划入不法构成要件具有了重要意义,因为,如果行为人意识到了被包含的法益并故意加以侵害,显然比过失伤害法益的行为更为严重地违反了刑法保护的规范。因此,故意是受刑罚威胁的行为的要素之一,这些要素决定了违法程度,也就是说,故意是不法的组成部分。"② 日本的二元论者指出:"将刑法的任务理解为保护法益的立场来看,将故意作为违法要素来把握是更为合理的。刑法是保护法益的手段,刑法只能通过向国民明示禁止一定行为的规范(或者为了保全法益而命令一定行为的规范),对违反者科处刑罚来维持规范的效力,使人们产生按照规范行事的动机。于是,为了更有效地保护法益,就必须对直接指向法益侵害的故意行为,比并非这种行为作出更为强烈地禁止。正是因为立足于法益保护思想,故意是为更严重的规范违反性奠定基础的东西,所以必须将其作为违法要素。"③ 换言之,"将故意置于构成要件要素的地位,是基于故意是类型的违法要素。根据规范的一般预防论的立场,直接指向法益侵害的故意的行为,与并非这种行为相比,必须更强有力地禁止。禁止故意犯的规范与禁止过失犯的规范不同,前者的规范违反值得进行更重的违法评价。故意行为与过失行为都是违法行为,但并不是在违法层次上不加以区别,故意是为更重的违法评价奠定基础的违法要素,而且原则上是为更重的违法性奠定基础的类型的违法要素,所以应作为

---

① 参见〔日〕井田良:《结果无价值と行为无价值》,载《现代刑事法》第 1 卷(1999 年)第 1 号,第 86 页以下。
② 〔德〕冈特·施特拉腾韦特、洛塔尔·库伦:《刑法总论 I——犯罪论》,杨萌译,法律出版社 2006 年版,第 108 页。
③ 〔日〕井田良:《変革の时代における理论刑法学》,庆应义塾大学出版会 2007 年版,第 120 页。

(积极的)构成要件要素予以定位。"①概言之,故意之所以作为违法要素纳入构成要件,是因为故意表明行为人更为严重地违反了规范,而违法性的实质是违反法规范,所以故意行为具有更严重的违法性;为了实现规范一般预防,要求对故意犯罪科处更重的刑罚,这表明故意犯的违法性重于过失犯的违法性。

本书不赞成将故意、过失作为违法要素,而是主张将故意、过失作为责任要素。

首先,将违法的本质理解为法规范的违反(法规范违反说)是存在疑问的。

(1)法规范违反说导致目的与违法性实质相分离。法规范违反说承认,刑法的目的与任务就是保护法益,但又认为,行为是否违法,不是取决于行为是否侵害法益,而是取决于行为是否违反了为保护法益所必须遵守的规则。只要行为违反了保护法益需要遵守的一般规则,即使没有造成法益侵害结果,也应认定为违法;反之,即使行为造成了法益侵害结果,但只是其行为是符合日常生活规则的,也不能认定为违法。可是,在前一种情况下,认定行为具有违法性,并不能体现刑法的目的与任务是保护法益;在后一种情况下,否认行为具有违法性,也不符合刑法保护法益的目的。另一方面,规则都是滞后的,"今天的规则往往是昨日问题的解决方式。事件、危机和争论往往先于规则变化而发生"②。让国民遵守陈旧的规则,只是形成过于限制国民的行动自由的结果。

(2)说违法是指行为违反法规范,等于什么也没有说。法规范违反说,只是说明了形式的违法性,并没有回答违法性的实质。但是,不明确违法性的实质,是难以解释构成要件的。因为构成要件是违法类型,对构成要件的解释必须说明符合构成要件的行为具有违法性。倘若不明确违法性的实质,就意味难以使符合构成要件的行为具有违法性,构成要件便不再是违法类型。例如,用"不得杀人"、"不得盗窃"这样的行为规范指

---

① 〔日〕井田良:《刑法总论の理论构造》,成文堂2005年版,第72页。
② 〔美〕詹姆斯·马奇、马丁·舒尔茨、周雪光:《规则的动态演变》,童根兴译,上海人民出版社2005年版,第45—46页。

导对杀人罪、盗窃罪构成要件的解释,是无济于事的。

（3）持二元论的周光权教授指出:"行为无价值论并不仅仅依据社会伦理规范就认定行为的违法性,而是说只有在行为既侵害了构成要件所预设的法益,也违反了社会中作为行为基准的规范时,才能给予违法性评价,即只有违反社会伦理规范的法益侵害行为才属于违法。"①可是,构成要件是违法行为类型,既然构成要件所预设的是法益侵害,就没有理由另在构成要件之外寻求违法性的根据。按照这种二元论的逻辑,构成要件本身还不是违法类型,构成要件与行为基准的结合,才是违法类型。这便导致由刑法保护社会中作为行为基准的规范,使得保护这种规范成为刑法的目的与任务。

（4）法规范违反说认为,故意犯罪与过失犯罪违反了不同的行为规范,所以违法性不同。例如二元论者指出:故意的行为规范与过失的行为规范"本来是对人的个别的内部的、外部的态度的要求,本来是作为个别的社会规范规律人的社会生活的。这从以下生活经验中就可以得知:前者的规范不妨向在日常生活中大体意识到的角落推进;后者的规范必须常常置于身边"②。"即使取消关于过失行为的刑法规范,对社会秩序也不是致命性的,但要废止抑制故意侵害法益的刑法规范,则是完全不现实的。这样来考虑,两种行为规范的区别是明显的。"③诚然,规定故意杀人与过失致人死亡的刑法规范是不同的。但是,其一,说故意杀人违反的是"不得故意杀人"的规范、过失致人死亡违反的是"不得过失致人死亡"或者"应当注意自己的行为不要导致他人死亡"的规范,没有任何意义。事实上,故意杀人与过失致人死亡所违反的都是"不得杀人"或者"不得造成他人死亡"的规范。其二,在现代社会,取消关于过失行为的刑法规范,对于社会秩序也会是致命性的。在当今社会,交通肇事致人死亡的数量,远远超过故意杀人的数量。显然,取消关于过失行为的刑法规范,根本不

---

① 周光权:《违法性判断的基准与行为无价值论》,载《中国社会科学》2008 年第 4 期,第 129 页。
② 〔日〕西原春夫:《刑法总论》,成文堂 1977 年版,第 154 页。
③ 〔日〕井田良:《变革的时代における理论刑法学》,庆应义塾大学出版会 2007 年版,第 120 页。

可能做到保护法益。由此也可以看出,上述学者所称的"即使取消关于过失行为的刑法规范,对社会秩序也不是致命性的"中的"社会秩序",恐怕不是以法益保护为重心的。其三,不可否认,任何国家都不可能废止故意侵害法益的刑法规范。但这并不意味着故意犯罪与过失犯罪的违法性不同。因为故意犯罪与过失犯罪对规范的违反程度是一样的,不能说故意杀人罪100%地违反了规范或者违反了规范的全部,而过失过人死亡罪只是60%地违反了规范或者违反了规范的60%。人们通常所称的违法程度不同,并不是指对规范的违反程度不同,而是实质的违法程度不同,即侵害的法益不同,或者对相同法益的侵害程度不同。正因为故意杀一人与过失杀一人侵害的法益相同,侵害的程度相同,所以,故意过失不是违法要素,而是责任要素。其四,根据法规范违反说,故意不法是以规范违反意思这种故意为中心的,故有必要对之进行行为规范的教育,而过失不法是没有规范违反意思的,故对之进行行为规范的教育是没有意义的。因此,过失不法以对产生构成要件该当事实的不注意为内容,对此所应进行的教育不是强化禁止规范,而是强调注意预见行为的后果。这样,故意犯是规范的强化问题,过失犯是强化对事实的认识态度问题。于是,从规范的一般预防的立场来看,只有故意犯是本来的犯罪,过失犯只是一种准犯罪而已。① 这显然难以被人接受。

(5) 二元论虽然承认刑法的法益保护目的,但同时将规范作为中介,进而导致将维护规范效力作为刑法目的。其实,即使承认刑法具有行为规制机能,也应当否认刑法的目的与任务是维护规范效力。因为行为规制机能基本上只是法益保护机能的反射效果,对规范的维护本身不可能成为刑法的目的。国家是为了保护法益才制定规范,禁止的方法是将法益侵犯行为类型化,并规定相应的法定刑。这种规定方式自然地产生了行为规制效果。况且,行为规制与法益保护并非并列关系;国家不可能为了单纯限制国民的自由而规制国民的行为。更为重要的是,规范违反说

---

① 〔日〕山口厚:《コメント》,载山口厚、井田良、佐伯仁志:《理论刑法学の最前线》,岩波书店2001年版,第82—83页。

认为,谴责犯罪人是为了维护规范,只有规范的存在与否是重要的。这有将人当作工具之嫌。

（6）在三阶层体系,违法论实际上是违法阻却事由论。假若认为违法性的实质是违反法规范,那么,在违法论中,应当讨论的是客观上违反了法规范,又由于某种原因使之不违反法规范的行为。然事实上亦非如此。例如,正当防卫杀人的行为之所以合法,并不是因为这种行为虽然违反了禁止杀人的规范,但同时遵循了刑法关于正当防卫的行为规范,所以合法。因为违反一个规范的行为,不可能因为遵守了另一规范而否认其违反了前一个规范。换言之,我们不可能说,如果一个行为违反了一个规范,同时遵守了一个规范时,该行为就是符合规范的。

其次,既然规范违反说也认为刑法的最终目的是保护法益,那么,就必须客观地判断行为是否侵害了法益。然而,"有无法益侵害的危险,是指客观的危险性,所以,是否存在法益侵害的危险,必须基于行为的客观要素作出判断;行为人主观上是怎么想的,是责任的问题,而不是违法性与作为违法行为类型的构成要件的问题"①。此外,如果将故意、过失作为主观的违法要素使之成为构成要件要素,那么,就必然陷入犯罪的整体考察,从而损害构成要件的罪刑法定主义机能。②换言之,如果将故意、过失作为违法要素纳入构成要件,甚至将辨认控制能力也纳入构成要件,就必然导致犯罪论体系演变成构成要件符合性—违法阻却事由—责任阻却事由。但是,这种体系将成立犯罪所需要的积极要素全部纳入构成要件一个条件,不仅导致对犯罪的综合的、整体的考察,不利于约束法官的裁断;而且,这种体系割裂了构成要件与对应的犯罪阻却事由之间的内在联系,不利于及时排除犯罪的成立。此外,将故意、过失作为违法要素纳入构成要件符合性,意味着只有故意、过失实施的行为才具有违法性,这显然不利于国民行使防卫等权利。例如,根据行为无价值论的观点,当甲面临精神病人乙正在杀害自己时,因为乙缺乏构成要件的故意,不具备杀人

---

① 〔日〕平野龙一:《刑法概说》,东京大学出版会1977年版,第42页。
② 〔日〕平野龙一:《刑法总论 I》,有斐阁1972年版,第98页。

罪的构成要件符合性与违法性,甲不得防卫。在许多情况下,面临侵害的防卫人,因无法知道侵害者是否具有故意、过失而束手无策。这也不利于国民通过正当防卫保护法益。所以,对行为无价值论与二元论所提倡的犯罪论体系可能带来的危险,恐怕需要持警惕态度。

再次,没有人否认故意犯重于过失犯,问题是,为什么二元论者认为,故意犯之所以重于过失犯,是因为故意犯的违法性重于过失犯的违法性。根据二元论的观点,故意犯与过失犯在构成要件与违法性层面是不同的,但在责任层面是相同的。因为在责任层面,故意犯与过失犯在责任能力、违法性认识的可能性与期待可能性方面都是相同的。于是产生了以下现象:是否违法以及违法程度,是由客观要素与主观要素综合决定的,而是否有责,则是一种客观的规范性的判断。以往"违法是客观的、责任是主观的"命题,演变为"违法是主观的、责任是客观的"命题。

最后,行为无价值论将为犯罪提供根据的要素全部纳入违法性,认为责任只是限制犯罪成立的要素的观点,也是难以成立的。

(1) 如同构成要件既为违法性提供根据,也限制了处罚范围一样,责任并不只是限制犯罪的成立,同样为犯罪的成立提供非难可能性的根据。违法是客观归责问题,责任可谓主观归责问题。如前所述,二者相当于哲学上的因果责任与道德责任。一只猫打碎了主人的花瓶时,虽然具有因果责任,但缺乏道德责任;一位客人有意打碎了主人的花瓶时,则既有因果责任,也有道德责任。哲学上之所以将责任分为因果责任与道德责任,就是因为两种责任的根据不同。行为造成了结果,是因果责任的根据。对造成结果的心态、合法行为的期待可能性等,则是道德责任的根据。诚然,责任要素的机能主要是限制犯罪的成立(限制机能),但是,将故意、过失作为责任要素,不仅可以发挥限制机能,而且可以作为责任构成要件的内容发挥个别化机能,还可以为非难可能性提供根据。反之,如果将故意、过失作为违法要素,虽然可以使违法构成要件发挥个别化机能,但容易使其丧失限制机能(与我国的四要件体系一样)。况且,责任要素的最重要机能是限制机能,不应当因小失大。

(2) 如果认为违法性是发动机,进而将故意、过失、目的等主观要素归入违法要素,那么,责任论就成为责任阻却事由论。正如行为无价值论者所言:"具有了违法性,肯定不能'表明'具有了罪责。尽管如此,通常情况下承担罪责并不需要特殊理由,因为,只要没有例外情况,个人为自己的行为负责是不言而喻的。""因此,很容易理解,在罪责这一阶层上为什么考虑的不是积极的前提,而是排除或者免除罪责的消极条件。"①但是,将责任判断归结为消极判断,意味着在绝大多数一般案件中,都不需要判断行为人是否具有责任。因为在绝大多数案件中,行为人都具有责任能力、违法性认识的可能性与期待可能性。于是,在绝大多数案件中,只要查明行为具有违法性,就可以认定行为构成犯罪。显然,一种只需要消极判断的责任概念,降低了责任主义的地位(责任不再是犯罪论体系的支柱),而且容易导致认定犯罪的整体性。

(3)行为无价值论者也承认责任有轻重之分。可是,如果将故意、过失、目的等主观要素纳入违法性之后,责任就基本上没有轻重之分了。因为在通常情况下,不同行为人的责任能力、违法性认识的可能性与期待可能性没有区别。即使存在些许区别,司法机关也很难做出判断。

结果无价值论认为,刑法在防止过度干预、采取自由主义原则的同时,要将违反刑法目的的事态作为禁止的对象。刑法的目的或任务是保护法益,所以,引起法益侵害及其危险(结果无价值),就是刑法禁止的对象,违法性的实质就是引起结果无价值。② 由于行为是否引起了结果无价值是一种客观事实,所以,主观要素原则上不影响违法性的判断。结果无价值论认为,故意、过失是责任要素,而不是影响违法性的要素。

客观主义犯罪论本来的出发点,是从非常明确的保护客观的、外部的生活利益的立场出发,将犯罪的成立限定在发生了法益侵害或者危险结果的情形,从而使刑罚成为保护生活利益的最后手段。③ 所以,犯罪论应当首先考察行为是否造成了法益侵害,然后考察行为人对法益侵害事实

---

① 〔德〕冈特·施特拉腾韦特、洛塔尔·库伦:《刑法总论 I——犯罪论》,杨萌译,法律出版社 2006 年版,第 85 页。
② 〔日〕山口厚:《刑法总论》,有斐阁 2007 年第 2 版,第 101 页。
③ 〔日〕内藤谦:《刑法讲义总论》(上),有斐阁 1983 年版,第 117—118 页。

是否具有责任。在罪刑法定主义的时代,造成法益侵害的行为要成立犯罪,必须以行为符合刑法规定的某种行为的"框架"为前提;行为是否符合刑法规定的某种行为的"框架"的判断是比较明确的,所以,如果首先将不符合框架的行为排除在外,即使违法性、有责性的判断多少受感情影响,也不致使处罚范围超出框架之外。

总之,犯罪的两大支柱是违法与责任,违法性判断在前、有责性判断在后;行为人只能对自己有责的违法承担刑事责任,换言之,行为人只能对其责任所涵盖的违法行为承担刑事责任(责任与违法相应)。所以,其一,即使客观上造成了法益侵害,但行为人对该法益侵害缺乏有责性时,不能定罪量刑;其二,即使客观上造成了重大法益侵害(如客观上是侵害生命法益的杀人行为),但行为人仅有较轻责任(如仅有伤害故意)时,仅成立较轻责任的犯罪(故意伤害罪);其三,即使客观上造成了重大法益侵害(如盗窃了数额特别巨大的财物),但行为人仅认识到较轻的法益侵害事实(如仅认识到盗窃的财物数额较大)时,只能适用较轻的法定刑(适用数额较大的法定刑)。

三、成立条件与阻却事由的关系

是在认定了犯罪的全部成立条件之后再认定是否存在违法阻却事由与责任阻却事由,还是在认定某个成立条件后,紧接着认定是否存在对应的阻却事由?这是构建犯罪论体系必须处理好的问题。

(一)违法构成要件与违法阻却事由的关系

如何处理违法构成要件与违法阻却事由的关系?是在认定了犯罪的全部成立条件(犯罪构成)之后再认定是否存在违法阻却事由,还是在认定了违法构成要件后,紧接着认定是否存在违法阻却事由?质言之,是在认定了(作为违法类型的)构成要件符合性之后,认定正当防卫等正当化事由,还些在认定了成立犯罪(犯罪构成)的全部要件符合性之后,认定正当防卫等正当化事由?这些都是构建犯罪论体系必须处理好的问题。

本书的基本观点是,犯罪论体系首先应当讨论表明行为具有违法性的要件,即违法构成要件(也可谓客观构成要件),接着讨论违法阻却事由(或正当化事由);而不应当在讨论了全部构成要件之后,再讨论违法阻却事由。

从实质违法性的角度考虑,犯罪行为是侵害法益的行为。作为违法类型的构成要件,表明的是法益侵害事实。亦即,行为只要符合作为违法类型的构成要件,就一定"侵害"了某种法益。但是,一些行为在符合作为违法类型的构成要件的同时,却保护了另一种法益(违法阻却事由),于是需要进行法益衡量。只有在经过法益衡量之后得出行为仍然侵害了法益的结论时,才能认定行为具有违法性,才需要进一步讨论行为人应否对该法益侵害事实负责的问题。因此,在论述了作为违法类型的构成要件之后,必须论述违法阻却事由;而不能讨论了责任之后,再讨论行为最终是否侵害了法益。

从形式违法性的角度考虑,犯罪行为是违反了刑法的禁止性的行为。按照德国、日本刑法理论通行的说法,刑法对于禁止的行为总是有例外,或者说规则都有例外。①"比如,'不许杀人'在很多情况下都有例外。在正当防卫情况下,在一场反对入侵者的战斗中,在执行死刑的时候,如此等等,都可以成为这条规则的例外。"②在判断某人的行为是否遵守了刑法规范时,不能只看行为是否违反了原则性的规范,还要看行为是否被例外所允许。如果说作为违法类型的构成要件所表述的是原则性的规范,那么,关于违法阻却事由的规定所表述的就是例外。只有将原则与例外结合起来,才能得出行为是否违反刑法的结论。所以,在讨论了作为违法类型的构成要件之后,就应当讨论违法阻却事由。

从区分违法与责任的意义来考虑,也应当在责任判断之前讨论正当化事由。区分违法与责任的一个重大意义在于:将一个行为评价为违法,

---

① 参见〔德〕冈特·施特拉腾韦特、洛塔尔·库伦:《刑法总论Ⅰ——犯罪论》,杨萌译,法律出版社2006年版,第81页;〔日〕大谷实:《刑法讲义总论》,成文堂2009年新版第3版,第111页。
② 陈真:《当代西方规范伦理学》,南京师范大学出版社2006年版,第92页。

虽然并不意味着对行为人的谴责,却可以对该行为予以阻止、制止乃至防卫。例如,正当防卫是合法的,故不能阻止、制止正当防卫,更不能对正当防卫再进行防卫;但是,精神病患者杀人的行为是违法的,应当阻止、制止乃至进行防卫。所以,"任何人侵害法益系出于正当防卫(self-defense)或是出于心神丧失(insanity),这是完全不同评价层次的问题;共犯责任的不同法律效果也是取决于此种不同层次。"①然而,行为是否违法,并不仅取决于对行为是否符合作为违法类型的构成要件的判断,而是需要进行法益衡量。当暂时"符合"违法类型的构成要件的行为,保护了更优越或者同等法益时,就不能阻止、制止和防卫。倘若在判断了全部构成要件之后,才讨论正当化事由,就丧失了区分违法与责任的意义。

从刑法规范的属性来考虑,也能得出相同结论。刑法规范首先是裁判规范,面对一个具体案件时,法官首先要判断的是行为是否符合分则条文所规定的罪状(作为违法类型的构成要件),接着就会判断行为是否具备正当化事由。例如,在甲导致乙重伤的前提下,尽管法官认定甲的行为既可能符合杀人未遂的客观构成要件,也可能符合伤害罪的客观构成要件,但只要有可能是正当防卫,法官就会接着判断是否成立正当防卫;如果得出行为属于正当防卫的结论,法官就不会、也不需要判断行为人是否具有犯罪的故意与过失;法官不会先判断行为人是具有杀人的故意、还是伤害的故意,抑或仅具有过失,然后再判断是否正当防卫。刑法规范也可谓行为规范,而行为规范系针对一般人而言,并非因人而异。刑法规范不可能说:成年人不得杀人,但儿童可以杀人;精神正常的人不得杀人,但精神不正常的人可以杀人。换言之,不具有正当化事由的任何杀人,都是刑法所禁止的。所以,国家不可能、也不应当采取某种措施让正当防卫杀人者以后不再正当防卫,但国家可能而且应当采取某种措施(保安处分)防止杀人的精神病患者(或者儿童)以后再杀人。之所以如此,是因为前者是符合行为规范的,后者是违反行为规范的。既然刑法规范是针对一般

---

① 〔德〕许迺曼:《区分不法与罪责的功能》,载许玉秀、陈志辉合编:《不移不惑献身法与正义——许迺曼教授刑事法论文选辑》,台北春风煦日论坛 2006 年版,第 429 页。

人的,而行为人对违反刑法规范是否承担责任是个别的,或者说有无责任是因人而异的,那么,在犯罪论体系中就必须先解决一般性问题,再解决个别性问题;亦即,应当先解决违法问题,后解决责任问题。而是否存在违法阻却事由,所解决的正是违法性的问题,故不能放在责任之后解决。

我国传统的刑法理论,一方面认为行为符合犯罪构成就成立犯罪,犯罪构成是认定犯罪的唯一依据;另一方面又在犯罪构成之外甚至在罪数之后研究正当防卫与紧急避险,同时认为正当防卫、紧急避险等行为是形式上符合犯罪构成,实质上是没有社会危害性的行为。①

但是,传统的犯罪构成体系有自相矛盾之嫌:犯罪构成是认定犯罪的唯一依据,但符合犯罪构成的行为也不一定构成犯罪;犯罪构成是说明社会危害性的,但符合犯罪构成也可能没有社会危害性。从现实上看,传统的犯罪论体系是在肯定了行为符合了犯罪构成的全部要件之后,考虑排除犯罪的事由,因而不能尽早地排除犯罪的成立。这有损犯罪构成的保障机能,既不利于限制司法权力,也不利于保障行为人的自由。例如,在司法实践中,对于正当防卫的行为人几乎 100% 先拘留、逮捕。这种做法或许与四要件体系有关。

形式上坚持四要件体系,但对四要件内容做出了新解释的黎宏教授指出:"在我国,犯罪构成是形式要件与实质要件的统一,行为符合犯罪构成,就意味着该行为不仅在形式上符合某具体犯罪的轮廓或者框架,而且在实质上也具有成立该犯罪所必要的相当程度的社会危害性。""我国的犯罪构成是成立犯罪的积极要件与消极要件的统一。""从理论上讲,在说行为符合具体犯罪的犯罪构成的时候,实际上也意味着该行为不可能是正当防卫、紧急避险等排除犯罪的事由,换言之,在得出这种结论之前,已经进行了该行为不是正当防卫、紧急避险等正当行为的判断,否则就不可能做出这样的结论来。"②在黎宏教授看来,四要件是犯罪构成的积极要件;不属于正当防卫、紧急避险则是犯罪构成的消极要件。既然如此,

---

① 参见高铭暄、马克昌主编:《刑法学》,北京大学出版社、高等教育出版社 2007 年第 3 版,第 138 页以下;马克昌主编:《犯罪通论》,武汉大学出版社 1999 年第 3 版,第 709 页以下。
② 黎宏:《我国犯罪构成体系不必重构》,载《法学研究》2006 年第 1 期,第 33 页、第 34 页。

就应当在犯罪构成中研究正当防卫、紧急避险,而不能在犯罪构成之外研究正当防卫与紧急避险。但正如黎宏教授所言:"现实情况是,各种刑法教科书都是在讲述了犯罪构成理论之后,再将正当防卫、紧急避险等作为排除犯罪性事由加以说明和论述的。这种编排体系,容易让人形成这样的印象:即正当防卫等在形式上似乎符合某种犯罪构成,但因其在实质上不仅不具有社会危害性,而且对国家和人民有益,所以,在形式上说明其符合犯罪构成之后,又从实质上对其加以否定。但是,这样理解是错误的。实际上,我国刑法学的通说明确指出:'我国刑法中的排除犯罪性事由并不符合或者具备犯罪构成的全部要件,只是在客观方面与某些犯罪相类似'。"① 本书的看法是,即便将犯罪客体与犯罪客观方面作为表明违法的构成要件来把握,也不应当在犯罪构成之外处理正当防卫、紧急避险。这是因为,既然正当防卫、紧急避险只是在客观方面与某些犯罪类似,因而需要说明其不构成犯罪或者不符合犯罪客观要件,那么,就应当在客观要件中(或之后)将正当防卫、紧急避险作为消极的构成要件论述,而不应在犯罪构成之后,更不应在罪数之后论述正当防卫与紧急避险。所以,在此问题上,究竟是读者的理解错误,还是编者的编排错误,是需要进一步思考的。至少,黎宏教授主张的四要件体系给人的感觉是"客观违法(含客体与客观要件)——责任(含主体与主观要件)——无客观违法(正当防卫、紧急避险等)"。但这种体系分割了违法性的判断,并不理想。况且,传统的教科书关于正当防卫、紧急避险形式上(似乎)符合犯罪构成的说法,相当普遍。②

　　坚持四要件体系,并对四要件内容进行了部分修正的冯亚东教授认为:"将所有问题(即正当化事由问题——引者注)直接并入犯罪成立体系,对司法运用来说并非一种最优安排。构造科学、简明、清楚、实用的刑法解说体系,应该是在犯罪论的大框架下严格区分两方面的问题:一是只

---

① 黎宏:《我国犯罪构成体系不必重构》,《法学研究》2006年第1期,第34页。
② 参见高铭暄、马克昌主编:《刑法学》(上编),中国法制出版社1999年版,第230页;高铭暄主编:《新编中国刑法学》(上册),中国人民大学出版社1999年版,第272页;赵秉志主编:《刑法总论》,中国人民大学出版社2007年版,第380页;冯军、肖中华主编:《刑法总论》,中国人民大学出版社2008年版,第297页。

须阐明成立犯罪的基本条件的'犯罪成立体系'(犯罪构成)问题,二是在此基础上的'与犯罪成立相关的特殊形态'问题;'排除犯罪性的行为'应该作为一种特殊形态在犯罪成立体系之外,另行以专章形式设定不同的主客观标准专门讨论。"①然而,其一,成立犯罪的标准与否定犯罪的标准相同(正反面),恐怕不能在犯罪成立体系之外对排除犯罪性的行为设立不同的主客观标准。按照法益侵害说的观点,正当防卫、紧急避险等行为之所以阻却违法,是法益衡量的结果。行为人实施正当防卫、紧急避险等行为造成他人损失时,虽然侵害了他人法益,却保护了更为优越或者同等法益。一旦对成立犯罪与否定犯罪采用不同的标准,认定犯罪就没有标准了;而且,因为标准不同,会出现一个行为按照犯罪成立标准构成犯罪、按照排除犯罪的标准不成立犯罪的局面。其二,不能因为违法阻却事由较多,就在犯罪构成之外设专章研究。即使设专章研究,也应当在违法构成要件之后设专章研究,而不能在责任构成要件之后,设专章研究违法阻却事由。其三,一个案件一般不可能有多种违法阻却事由,所以,讨论了表明违法性的要件之后,讨论阻却违法事由,并没有为司法添加任何负担。相反,如前所述,在考察了行为是否符合作为违法类型的构成要件后,接着考察行为是否具备违法阻却事由,如果具备则不再进行有责性的判断的做法,不仅节约了司法资源,而且不致产生理论上的矛盾与司法上的错案。既然如此,对司法运用来说,一种最优安排就是:在讨论了违法构成要件后,就必须讨论违法阻却事由。

冯亚东教授还指出:"在犯罪论体系上将排除犯罪性的行为置于犯罪构成体系之外,是一种非常到位得当的安排。一则由于该部分内容庞大,置入任一要件中进行分析均显体例失调,可能冲淡对'要件(成罪的必要条件)'自身核心意义的理解;二则因其至少涉及两方面要件(客体与主观方面),单独列示更便于以不同要件之规定性分别深入剖析,以从不同角度完整地揭示出罪理由;三则由于其本身在刑法性质上亦属同犯罪直接相关的一种特殊行为形态(在'过当'等符合四要件规定性的情况下仍

---

① 冯亚东:《中德〔日〕犯罪成立体系比较分析》,载《法学家》2009年第2期,第95页。

然构成犯罪),将其置入'特殊形态'部分专门阐述,则可使犯罪论内部三大块之逻辑关系更为清晰。"①在笔者看来,这一观点存在诸多疑问。其一,出于教科书体例的考虑,在论述了全部构成要件之后,讨论所谓"排除犯罪性的行为",一方面并不符合司法实践认定犯罪的逻辑顺序,既浪费司法资源,也容易形成将正当防卫行为人先拘留、逮捕的不正常局面;另一方面是过度形式化的思考,是唯体系论的表现。其二,既然"排除犯罪性的行为"涉及两方面的要件,就应当在对应的要件中(或之后)讨论相应的排除事由。唯此,才能从不同角度揭示出罪理由。换言之,在犯罪构成之后,将不同性质的排除犯罪的事由综合安排在一起,反而不利于从不同角度展开研究,不利于说明各种不同事由的性质。倘若对"排除犯罪性的行为"再作进一步区分,也只能区分为排除违法的行为与排除责任的行为。既然如此,在认定有无责任之前,就必须先判断是否违法,从而明确刑法禁止什么、保护什么。其三,在犯罪构成之外"完整"地揭示排除犯罪的事由,反而难以完整地论述这些事由。以违法阻却事由为例。实质的违法性论的产生与发展,使得超法规的违法阻却事由得到承认。于是,违法阻却事由不是封闭的、固定的,而是开放的、发展的。所以,当我们在违法构成要件或者违法性中研究了违法性的实质根据后,就能够清楚地知道:凡是经过法益衡量之后,行为并没有侵害法益的(或者说,行为所保护的法益并不小于所损害的法益的),都阻却违法性。即使某种违法阻却事由并没有在刑法学中形成概念,我们也可以通过法益衡量得出行为是否阻却违法的结论。但是,在犯罪构成之外研究排除犯罪的事由,就容易使排除犯罪的事由独立化(难以与违法性、有责性联系起来判断),也容易使排除犯罪的事由封闭化、固定化。其四,将排除犯罪的事由作为犯罪的特殊行为形态,也不可取。因为只要是排除犯罪的事由,就不可能成立犯罪,当然不是一种犯罪的特殊行为形态。即使防卫过当、避险过当成立犯罪,它们也不是犯罪的特殊行为形态问题,仍然需要通过违法构成要件符合性与责任构成要件符合性的判断具体认定其构成何种犯罪。

---

① 冯亚东:《犯罪构成与诸特殊形态之关系辨析》,载《法学研究》2009 年第 5 期,第 134 页。

有的学者虽然没有采用传统的四要件体系,却仍然在论述了所有的构成要件(积极要件)之后,再讨论正当化事由。在笔者看来,这种改良虽然是有益的,但也存在值得商榷之处。

例如,曲新久教授在其教科书中指出:"本书采取传统而简明的主客观二分法,将犯罪的基本面分为客观罪行与主观罪责两个基本方面……罪行是犯罪客观面之事实与评价的统一……罪责是犯罪主观面之事实与评价的统一。"①但是,曲新久教授并没有在客观罪行之后论述正当化事由,而是在主观罪责之后设专章论述正当化事由。② 在本书看来,这一体系存在如下疑问:其一,将犯罪的基本面仅停留在客观与主观两个概念并不合适。即便按照我国通行的观点,认为目的与动机是主观罪责的问题,也不可否认期待可能性这一责任要素具有客观的、规范的性质。或许正因为如此,曲新久教授没有在主观罪责中讨论期待可能性。然而,期待可能性毕竟又是一个不可避免的问题。例如,在有关重婚罪的论述中,曲新久教授指出:"审判实践中,因遭受自然灾害外流谋生而重婚的;因配偶长期外出下落不明的,造成家庭生活严重困难,又与他人结婚的;因强迫、包办婚姻或者因婚后受虐待外逃重婚的;被拐卖后再婚的。由于行为人主观上缺乏国家和社会期待其做出合法行为的可能性,不应以犯罪论处。"③既然主观罪责并不只是心理的概念,而是包含了评价,既然期待可能性是必须考虑的要素,就不能将犯罪的基本面停留在客观与主观两个描述性概念上。其二,客观罪行的实质是法益侵害,所以,是否存在客观罪行,不仅要判断行为是否侵害了某种法益,还要判断行为是否保护了另一种法益,需要进行法益衡量。既然如此,就应当在"客观罪行"一章之内或者之后讨论正当化事由;而不能在主观罪责之后,再回过头来讨论是

---

① 曲新久:《刑法学》,中国政法大学出版社 2009 年第 2 版,第 75—76 页。
② 同上书,第 114 页以下。
③ 同上书,第 416 页。顺便指出的是,我国刑法学教材分论部分,有一个共同点:在论述了具体犯罪的构成要件之后,还要专门讨论该罪的"认定"。之所以如此,是因为"认定"的内容难以被构成要件涵盖。这从另一方面说明,期待可能性、违法性认识的可能性等问题虽然没有纳入总论的犯罪构成体系,却不得不在分论中讨论,而且不得不在构成要件之外的"认定"中讨论。或许可以认为,我国刑法学教科书的分论部分,已经不自觉地突破了总论的四要件体系。

否存在客观罪行的问题。其三,曲新久教授在"主观罪责"一章中的最后一节论述了"无罪过事件",对此应当予以肯定。与之相适应,也应在"客观罪行"一章论述正当化事由。

周光权教授在其教科书中既未采用传统的四要件体系,也没有采用德日的三阶层体系,而是采取了犯罪客观要件、犯罪主观要件、犯罪阻却事由(进一步区分为违法性阻却事由与责任阻却事由)的三阶层体系,并认为这种体系符合从客观到主观、从原则到例外的判断方法。这种体系实际上也是将犯罪阻却事由作为消极的构成要件来把握的。① 周光权教授后来将自己的体系称为"犯罪客观要件、主观要件、排除要件"体系。② 这一体系也值得商榷。

首先,周光权教授在其教科书的"犯罪客观要件"一章,并不说明犯罪客观要件与违法性的关系,在"犯罪主观要件"并不说明犯罪主观要件与责任的关系;而在"犯罪阻却事由"一章的"违法性阻却事由"与"责任阻却事由"两节中,却分别论述违法性的本质与责任的本质、意义。这种做法不仅存在逻辑上的缺陷(犯罪的积极要件不是以违法与责任为支柱,而犯罪的消极要件则以违法与责任为支柱),而且导致犯罪客观要件与犯罪主观要件的判断,成为没有目标指引的纯形式判断。诚然,这种做法是为了维护从形式到实质地判断犯罪,进而贯彻罪刑法定原则。但是,这其中恐怕存在对"从形式到实质的判断犯罪"的误用。虽然日本学者强调从形式到实质地判断犯罪,但这并不意味着构成要件符合性的判断是形式化的判断。一方面,日本刑法理论的通说认为构成要件是违法类型,既然如此,至少在没有正当化事由的情况下,构成要件就是违法性的存在根据。③ 另一方面,在日本,学者们对构成要件的符合性,都在进行实质的判断。例如,《日本刑法》第100条规定:"以使依照法令被拘禁的人脱逃为目的,提供器具或者实施其他使其容易脱逃的行为的,处三年以下惩役。"据此,脱逃的帮助行为无疑构成援助脱逃罪。问题是教唆脱逃的行

---

① 周光权:《刑法总论》,中国人民大学出版社2007年版,第104页以下。
② 参见周光权:《犯罪论体系的改造》,中国法制出版社2009年版,第284页。
③ 即使认为构成要件是违法有责类型,也能得出这一结论。

为是否构成援助脱逃罪？从文言上看,教唆脱逃是否属于"使其容易脱逃的行为"尚存在疑问,但不能仅从文言上形式化地得出否定结论。反对实质解释论的山中敬一教授明确表示"包含教唆脱逃的情形"①。再如,关于损坏器物罪中的损坏的含义,大谷实教授认为:"本罪的行为是损坏……所谓损坏,就是变更用一定材料作成的器物自身的形象或者使其灭失,也包括使人在事实或感情上不能按照该物的本来用途使用的情况在内,即使该物丧失其本来用途。如在他人的餐具里撒尿,或出于妨害利用的目的而将物隐匿,如将牌子摘下扔到空地上的行为,在违反《公共选举法》的布告上贴纸条的行为,都是损坏。"②山中敬一教授对毁坏的解释,与大谷实教授的解释完全相同。③ 不难看出,大谷实等教授并未对损坏进行形式解释。又如,《日本刑法》第104条规定:"隐灭、伪造或者变造有关他人刑事案件的证据,或者使用伪造、变造的证据的,处二年以下惩役或者二十万元以下罚金。"采取行为构成要件论的曾根威彦教授解释道:"隐灭,不限于物理的灭失,而是指妨碍证据的显出(如隐匿证人)以及使其价值灭失、减少的一切行为。"④大谷实教授也得出了相同结论。⑤可以肯定,大谷实等教授将隐匿证人解释为隐灭证据是一种实质解释。⑥那么,为什么日本学者将其三阶层体系称为从形式到实质的判断呢？这是因为违法性阶层的判断是更为实质的判断。亦即,在违法性阶层承认超法规的违法阻却事由,而在构成要件阶段,不可能存在超法规的构成要件符合性。从解释论上说,倘若将构成要件完全演变为纯形式的判断,就意味着对构成要件只能进行字面意义的解释,这是不可思议的。从体系上说,倘若认为对客观构成要件只能进行形式判断,实质判断应当在违法

---

① 〔日〕山中敬一:《刑法各论》,成文堂2009年第2版,第730页。
② 〔日〕大谷实:《刑法讲义各论》,成文堂2007年新版第2版,第343页。
③ 〔日〕山中敬一:《刑法各论》,成文堂2009年第2版,第447页。
④ 〔日〕曾根威彦:《刑法各论》,弘文堂2001年第3版,第298页。
⑤ 〔日〕大谷实:《刑法讲义各论》,成文堂2007年新版第2版,第573页。
⑥ 需要说明的是,也许大谷实教授认为自己的上述解释依然是形式解释,但即使是中国的形式解释论者,恐怕也不认为上述解释只是一种形式解释。在此意义上说,大谷实教授所说的形式与我国学者所称的形式未必相同。换言之,笔者不是想说明大谷实教授对构成要件作实质的解释存在什么矛盾,而是认为,我国的一些学者多多少少误解了大谷实教授的形式解释论。

性阶层进行,那么,就会出现如下问题:在违法性阶层进行实质判断的资料是什么?因为在三阶层体系中,"违法性"标题下研究的是违法阻却事由①,违法性判断只是消极判断,不存在专门的违法要素(违法要素都被纳入到构成要件中)。既然没有判断资料,就不可能进行违法性判断,实质判断就成为一句空话,结局必然导致将不具有可罚性的行为作为犯罪处理。另一方面,倘若形式解释论者主张,在违法性阶层进行实质判断的资料,仍然是与构成要件相关的事实,那么,三阶层体系就演变成"形式构成要件——违法性(实质构成要件+违法阻却事由)——有责性"。但笔者不认为这种体系具有合理性。换言之,与其在违法性阶层对构成要件重新进行实质判断,不如在构成要件阶层进行实质判断(当然以不违反罪刑法定原则为前提)。也因为如此,笔者认为构成要件具有实质内容。所以,将犯罪客观要件与犯罪主观要件进行纯形式的判断,而不将它们分别与违法、责任联系起来判断,必然由于语言的特点导致将实质上并无违法性又无违法阻却事由的行为认定为犯罪②,因而不合适。另一方面,从原则与例外的关系来说,也应该在违法性领域讨论违法性的原则与例外的关系,在有责性领域讨论有关有责性的原则与例外的关系,而不宜笼统讨论原则与例外的关系。

其次,周光权教授指出:"我国四要件说在论述全部犯罪构成要件之后,再行讨论正当防卫等排除犯罪的事由";自己的犯罪论体系则是"在犯罪论体系内部讨论排除犯罪的事由"③。但是,就在成立犯罪的积极要件之后论述排除犯罪的事由这一点而言,周光权教授的体系与我国传统的体系并无区别;倘若说在犯罪客观要件与主观要件之后论述排除犯罪的事由,属于"在犯罪论体系内部讨论排除犯罪的事由",那么,也可以认

---

① 〔德〕冈特·施特拉滕韦特、洛塔尔·库伦:《刑法总论Ⅰ——犯罪论》,杨萌译,法律出版社 2006 年版,第 81 页。
② 例如,根据形式的解释论,倘若没有司法解释的规定(司法解释将行贿数额提高到 1 万元,并不是基于法条的文字含义),完全会将为谋取不正当利益,给予国家工作人员一袋价值 50 元的茶叶的行为认定为行贿罪。因为按照文理解释,该行为完全符合《刑法》第 389 条规定的构成要件,而且不具有违法阻却事由。
③ 周光权:《犯罪论体系的改造》,中国法制出版社 2009 年版,第 290 页。

为我国传统的犯罪构成体系同样是"在犯罪论体系内部讨论排除犯罪的事由",甚至是在犯罪构成内部讨论排除犯罪的事由。换言之,传统的四要件理论也基本上是将排除犯罪的事由作为排除要件的。

最后,周光权教授虽然声称自己的体系与英美体系有别①,但事实上未必如此。其一,周光权教授指出,自己的体系是从客观到主观的,而英美体系没有这一限制。但是,英美的体系历来都是从犯行到犯意,而没有从犯意到犯行的。其二,周光权教授指出,自己的客观要件与法益侵害的推定机能有关、主观要件与责任判断有关,而英美体系只是形式判断。可是,一方面,如前所述,周光权教授的体系并没有在客观要件与主观要件中分别讨论违法性与有责性,所以,难以认为其所讨论的客观要件与主观要件是形式判断与实质判断的统一。另一方面,周光权教授是二元论者,主张故意、过失是违法要素,既然如此,就难以认为其所讨论的主观要件与责任判断有关。其三,周光权教授认为自己的体系明确区分了违法排除事由与责任排除事由,英美体系并非如此。诚然,区分违法排除事由与责任排除事由是具有重要意义的,但不能认为英美没有区分二者。"普通法中,杀人被区分为正当性的辩护与宽恕性的辩护。"②现在,英美刑法理论普遍区分正当化事由与免责事由。不仅如此,如前所述,美国学者还归纳了区分这两种事由的诸多好处。③尽管如此,英美体系是有重大缺陷的④,或许正因为如此,即便许多年来美国独霸天下,也没有哪个国家采用美国的犯罪论体系。

(二)责任构成要件与责任阻却事由的关系

有责性的基础,是具有辨认控制能力的人,具有接受法律规范的要求、实施合法行为的可能性,却不接受法律规范的要求,实施了符合客观

---

① 周光权:《犯罪论体系的改造》,中国法制出版社 2009 年版,第 292 页。
② 〔英〕J. C. 史密斯、B. 霍根:《英国刑法》,李贵方等译,法律出版社 2000 年版,第 215 页。
③ 〔美〕约书亚·德雷斯勒:《美国刑法精解》,王秀梅等译,北京大学出版社 2009 年版,第 199—200 页。另参见储槐植:《美国刑法》,北京大学出版社 2005 年第 3 版,第 65—66 页。
④ 〔德〕许迺曼:《区分不法与罪责的功能》,载许玉秀、陈志辉合编:《不移不惑献身法与正义——许迺曼教授刑事法论文选辑》,台北春风煦日论坛 2006 年版,第 418 页以下。

构成要件的违法行为。所以,除了故意、过失外(倘若认为目的、动机是表明非难可能性的要素,则它们也属于责任要素),还有三个方面的责任要素:其一,要对行为主体进行法的谴责,就要求行为主体能够认识其行为的内容、社会意义与危害结果,并能够控制自己不实施法律所禁止的行为。所以,如果行为主体不具有辨认控制能力,就不能对之进行非难。其二,在行为主体认识到或者可能认识到自己的行为是刑法禁止的行为时(违法性认识的可能性),就应当产生反对动机。如果行为主体不可能认识到自己的行为是刑法禁止的行为而实施时(合理地认为自己的行为符合刑法时),就不能对行为主体进行非难。其三,只有在行为主体客观上可以实施法律所允许的行为(他行为可能性),却不实施法律所允许的行为时,才能对行为主体进行非难。

在通常情况下,达到法定年龄的行为主体都具有责任能力,而且一般都具有违法性认识的可能性与期待可能性。所以,一方面,在讨论故意、过失时,都是以行为人具有责任能力、具有违法性认识的可能性与期待可能性为前提的;另一方面,没有将责任能力、违法性认识的可能性与期待可能性作为故意、过失的要素。然而,不可否认的是,在特殊情况下,行为人虽然实施了符合客观构成要件的违法行为,却不能辨认行为的内容、社会意义与危害结果,或者不能控制自己的行为;或者合理地以为自己是按照刑法的要求实施行为的,不可能认识到自己的行为违反刑法;或者行为人虽然预见到了结果的发生,却不可能实施其他合法行为。所以,缺乏责任能力、缺乏违法性认识的可能性与缺乏期待可能性,就成为有责性阻却事由。不难看出,将责任能力、违法性认识的可能性与期待可能性作为积极的责任要素,与将缺乏责任能力、缺乏违法性认识的可能性与缺乏期待可能性作为责任阻却事由,并无任何本质的区别。正因为如此,国外有的学者在"责任"(或有责性)一章中依次讨论上述全部责任要素[1],有的学者则在"责任要件"(或主观的构成要件要素)一章中讨论故意、过失,在

---

[1] 参见〔日〕西田典之:《刑法总论》,弘文堂2010年第2版,第206页以下;〔日〕山口厚:《刑法总论》,有斐阁2007年第2版,第181页以下。

"责任阻却事由"一章中讨论责任能力、违法性认识的可能性与期待可能性。①

总之,将责任能力、违法性认识的可能性与期待可能性作为积极的责任要素,与将缺乏责任能力、缺乏违法性认识的可能性与缺乏期待可能性作为责任阻却事由,只是表述形式不同而已。既然如此,就应当在"责任"领域同时讨论这些问题。

如前所述,犯罪的实体是违法与责任,不能离开违法与否、有责与否去综合考察所谓主客观要素。应当先判断行为是否侵害了法益,在得出肯定结论的前提下,再判断行为人对法益侵害事实是否存在责任。由于责任这一要件的认定具有不明确性的危险,对客观违法性能够进行比较一致的判断,故在责任判断之前,应当先判断行为是否具有客观的违法性;这样,责任判断也就只在违法行为的范围内进行,而不致超出范围。不仅如此,对什么具有责任即责任的内容也明确了。② 所以,在讨论违法性的要素之后,讨论违法阻却事由,在讨论有责性的要素之后,讨论责任阻却事由,才是合适的。

四、两阶层与三阶层的关系

在明确了违法性与有责性是犯罪的两大支柱的前提下,是采取两阶层犯罪论体系(违法性与有责性,或者违法构成要件与责任构成要件),还是三阶层犯罪论体系(构成要件符合性、违法性、有责性),抑或四阶层犯罪论体系(构成要件符合性、违法阻却事由、责任、责任阻却事由,或者违法构成要件、违法阻却事由、责任构成要件、责任阻却事由),则是可以进一步讨论的问题。

如前所述,三阶层体系虽然是通说,但它与两阶层体系、四阶层体系没有质的区别。因为在三阶层体系中,构成要件符合性与违法性,都是说

---

① 参见〔日〕平野龙一:《刑法概说》,东京大学出版会1977年版,第71页以下;〔日〕前田雅英:《刑法总论讲义》,东京大学出版会2006年第4版,第195页以下。

② 〔日〕平野龙一:《刑法总论I》,有斐阁1972年版,第90页。

明行为具有违法性的;在四阶层中,构成要件符合性与违法阻却事由,是说明行为具有违法性的,责任与责任阻却事由,是说明行为具有责任的。结局,三阶层与四阶层,都只是在论述违法要件与责任要件,因而与违法性、有责性的两阶层体系实质上相同。

考虑到我国刑法学的用语习惯,笔者在《刑法学》第3版中,采用了客观(违法)构成要件、主观(责任)构成要件的表述,并且分别在论述构成要件符合性之后,论述相应的违法阻却事由与责任阻却事由。这种两阶层体系,也可谓四阶层体系(违法构成要件—违法阻却事由—责任构成要件—责任阻却事由)。① 当然,责任构成要件中不只是主观要素,而是有期待可能性这种规范要素;责任能力与责任年龄,也不属于行为人的主观心理状态。此外,是否承认主观的违法要素,也是需要展开讨论的问题。所以,直接采用违法构成要件与责任构成要件的表述或许更为妥当。② 笔者主张的体系,可谓德日的三阶层体系与两阶层体系的融合,或者说是三阶层体系的翻版。③ 换言之,笔者主张的体系虽然形式上不同于德日的三阶层体系,但与三阶层体系没有实质区别;笔者没有直接采用消极的构成要件要素的表述,但对许多问题得出的结论(如正当防卫不符合违法构成要件、假想防卫没有故意等),与消极的构成要件要素理论得出的结论相同。换言之,笔者以为,可以采用以下犯罪论体系:犯罪概念→犯罪构成(犯罪成立条件)→违法构成要件(违法构成要件与违法性概述、违法构成要件符合性、违法性阻却事由)→责任构成要件(责任构成要件与有责性概述、责任构成要件符合性、有责性阻却事由)→犯罪的特殊形态→共同犯罪→罪数。

周光权教授将笔者主张的犯罪论体系称为"分为客观要件和主观要件的体系",并提出了诸多批评意见。在此,笔者简单地作一些回应。

---

① 参见张明楷:《刑法学》,法律出版社2007第3版,第95页以下。
② 当然,有时(特别是联系故意的认识内容时)采用客观的构成要件与主观的构成要件的表述又是合适的。
③ 参见储槐植、高维俭:《犯罪构成理论结构比较论略》,载《现代法学》2009年第6期,第92页注②。

周光权教授的第一个批评是:"中国刑法学在体系建构方面存在根本的欠缺,面临体系思考与问题思考的双重使命。在体系思考和建构的使命并未完成的情况下,将犯罪成立条件限定为客观要件和主观要件,可能会突出对问题的思考,在一定程度上忽视对体系的思考,从而使中国刑法学存在根基不牢的危险。"①笔者的回应是,违法与责任是犯罪的实体,将违法与责任作为犯罪论体系的支柱,不只是问题的思考,也是体系的思考。笔者在《刑法学》第3版使用"客观(违法)构成要件"与"主观(责任)构成要件"的表述,旨在说明客观要件其实是违法要件,主观要件其实是责任要素。德国、日本的各种犯罪论体系,都是以违法与责任为支柱构建的,但我们不能认为,其体系都只突出了问题的思考。

周光权教授的第二个批评是:"将犯罪成立要件分为客观要件和主观要件,很容易被人误解为平面的体系……而一旦作为平面的模式看待,其弊端就是显而易见的。"②然而,笔者是在"违法构成要件符合性"之后讨论违法阻却事由,在"责任构成要件符合性"之后讨论责任阻却事由,这与传统的平面体系存在实质区别。

周光权教授的第三个评是:"如果不仔细论证,就会误认为二要件和四要件在精神实质上是一致的。"③可是,四要件体系并没有以违法与责任为支柱,笔者的体系是以违法与责任为支柱的。如果笔者的二要件被"误认为"与四要件在精神实质上一致,就不应当认为二要件本身与四要件在精神实质上一致。

周光权教授的第四个批评是:"将犯罪仅分为客观的要件与主观的要素的做法,可能存在不妥当的地方。主观和客观经常不能截然分开。"④如前所述,犯罪原本是一个整体,正是为了防止认定犯罪的恣意性,才分别考察客观面与主观面。事实上,不管采取什么犯罪论体系,都必须区分客观(违法)的要件与主观(责任)的要件。即使采取行为无价值论,将故

---

① 周光权:《犯罪论体系的改造》,中国法制出版社2009年版,第257—258页。
② 同上书,第258页。
③ 同上。
④ 同上。

意作为构成要件要素,也必须在构成要件中进一步区分客观的构成要件要素与主观的构成要件要素;即便采取构成要件符合性——违法阻却事由——责任阻却事由的体系,也必须在构成要件中区分客观的违法要件与主观的责任要素。也因为如此,周光权教授也不得不区分"犯罪客观要件、主观要件"。①

周光权教授的第五个批评是:"在张明楷教授的理论体系中,客观要件讨论实质违法性,主观要件讨论责任,构成要件符合性的观念在理论体系上被忽略。"②邓子滨博士也指出:"张明楷先生将'三阶层'并合为'两阶层',也正是构成要件判断'实质化'的一部分,这种努力,将犯罪构成符合性的形式意义降低到最低限度,没有考虑到这种形式对于限制入罪判断的象征意义,而这个意义,即使是象征性的,也应当予以保留和重视。皮之不存,毛将焉附? 形式没有了,内容就没有了。所以,从方向上说,张明楷先生的理论尝试,似与法治的初创阶段不合。"③

首先需要说明的是,笔者提倡的体系,并不是简单地合并了客观构成要件与违法性两个阶层,也不是所谓将第一道门禁与第二道门禁合并,更没有简化判断程序,而主要是为了维护客观构成要件的违法推定机能,而且依然区分了客观(违法)构成要件符合性与违法阻却事由。笔者的基本想法是,既然构成要件是违法类型,就应当在构成要件阶段知道违法性是什么。笔者的两阶层体系,从来没有否认构成要件符合性的概念,更没有忽略这一概念在犯罪论体系中的地位。只要略看拙著《刑法学》第3版的目录,就会发现有客观(违法)构成要件与主观(责任构成要件)、客观构成要件符合性与主观构成要件符合性的标题。笔者也没有否认构成要件符合性所具有的法律形式意义,而是旨在将符合刑法的文字表述,但并不具有法益侵害性的行为排除在违法构成要件之外。因此,难以接受批判者所称的"将犯罪构成符合性的形式意义降低到最低限度"、"构成

---

① 笔者的一个感觉是,周光权教授对笔者主张的理论体系的所有批评,似乎完全适用于周光权教授采取的理论体系。
② 周光权:《犯罪论体系的改造》,中国法制出版社2009年版,第259页。
③ 邓子滨:《中国实质刑法观批判》,法律出版社2009年版,第189页。

要件符合性的观念在理论体系上被忽略"的结论。

其次,如前所述,不能形式地看待三阶层与二阶层的区别。大谷实教授采取的犯罪论体系是:构成要件该当性(包括客观的构成要件要素与主观的构成要件要素)——犯罪成立阻却事由(分为违法阻却事由与责任阻却事由)①;前田雅英教授采用的犯罪论体系为:客观的构成要件—主观的构成要件要素—违法性阻却事由—责任阻却事由②;平野龙一教授在《刑法概说》中采取的犯罪论体系则是:构成要件该当行为—违法阻却事由—责任要件—责任阻却事由。③ 在笔者看来,这些体系没有实质区别,只是三阶层体系的形式变化。

三阶层与两阶层的分歧主要在于是否使违法类型说彻底化以及如何处理假想防卫之类的案件。例如,根据三阶层体系的观点,构成要件是违法类型,但是,如果具有违法性阻却事由,则构成要件不是违法类型。两阶层体系的基本观点是,既然构成要件是违法类型,那么,构成要件符合性的判断与是否存在违法性阻却事由的判断,就是性质相同的判断。换言之,构成要件符合性与不存在违法性阻却事由,属于同一层次的刑法评价,因此,构成要件符合性的判断,只不过是违法性判断的一部分;于是,存在违法性阻却事由,成为消极的构成要件要素。换言之,要认定行为具有违法性,必须既肯定构成要件符合性,又否定违法阻却事由。④ 再如,三阶层体系的逻辑结论是,假想防卫是故意犯罪(因为故意是对符合构成要件事实的认识与容认,正当防卫时具有构成要件的故意,假想防卫也不例外),结局是,要么承认这种不合理的结论⑤,要么不得不在承认假想防卫具有构成要件故意的前提下,再通过其他途径说假想防卫只具有过失责任。⑥ 两阶层体系可以克服三阶层体系难以解决正当化事由的认识错误(容许性构成要件错误)的缺陷。

---

① 〔日〕大谷实:《刑法讲义总论》,成文堂2009年新版第3版,第138页以下。
② 〔日〕前田雅英:《刑法总论讲义》,东京大学出版会2006年第4版,第89页以下。
③ 〔日〕平野龙一:《刑法概说》,东京大学出版会1977年版,第25页以下。
④ 〔日〕井田良:《讲义刑法学·总论》,有斐阁2008年版,第91页。
⑤ 参见〔日〕大谷实:《刑法讲义总论》,成文堂2009年新版第3版,第296—298页。
⑥ 参见〔日〕大塚仁:《刑法概说(总论)》,有斐阁2008年第4版,第464页以下。

"因为将构成要件错误的条文直接适用于容许性构成要件错误并非只是一件华丽的装饰品,而是功能性的刑法体系藉由平等原则而进一步具体化的成熟结果。"①

---

① 〔德〕许迺曼:《区分不法与罪责的功能》,载许玉秀、陈志辉编:《不移不惑献身法与正义——许迺曼教授刑事法论文选辑》,台北春风煦日论坛2006年版,第434页。

下编
构成要件要素

第一章　构成要件要素概述

作为构成要件的具体内容的要素,就是构成要件要素。各种具体犯罪的构成要件的要素,是刑法各论研究的问题。本章讨论构成要件要素的分类与机能。

一、构成要件要素的分类

一般来说,行为(包括行为本身以及行为的状况与条件[①])、行为对象(行为客体)、结果、因果关系[②]等都是构成要件要素,此外,故意、过失、目的、内心倾向等也被部分学者归入构成要件要素。对于构成要件要素,可以根据不同标准进行不同的分类。

(一) 客观的构成要件要素与主观的构成要件要素

作为行为的外观、客观方面的构成要件的内容的要素,就是客观的构成要件要素,如行为的客观面、行为主体、行为对象、结果、行为的状况。作为行为人的内心、主观方面的构成要件的内容的要素,就是主观的构成

[①] 有的构成要件要求行为在一定的状况或条件下实施,这种构成要件所要求的行为的状况或条件,也是构成要件的要素。例如《德国刑法》第111条第1款规定:"公然在集会中或者通过散布文书,煽动他人为违法行为者,与教唆犯的处罚相同。"这里的"在集会中"就属于行为的状况,是构成要件的要素。

[②] 因果关系本身是不是构成要件要素,在国内外都存在争议。

要件要素。故意、过失、目的等属于这一类。一般来说,只有承认主观的构成要件要素的学者,才承认这种分类;否认主观的构成要件要素的学者,不一定赞成这种分类。不过,联系故意的认识内容来考虑,这种分类是具有意义的。因为故意的认识对象只能是客观的要素,而不可能是主观的要素。也正因为如此,主张构成要件是违法有责任类型的学者,以及将故意纳入作为违法类型的构成要件的学者,都会将构成要件要素分为客观的构成要件要素与主观的构成要件要素,前者规制故意的认识内容(故意规制机能),后者使犯罪个别化(个别化机能)。

(二)作为违法类型的构成要件要素与作为责任类型的构成要件要素

如果把构成要件理解为违法、责任的类型,则构成要件的要素可以分为作为违法类型的要素与作为责任类型的要素。传统的格言是,违法是客观的、责任是主观的。因此,大体而言,作为违法类型的构成要件要素,是以客观的构成要件要素为中心的;与此相对,作为责任类型的构成要件要素,则基本上是主观的构成要件要素。即行为的客观面、行为主体、行为对象、结果、行为的状况属于作为违法类型的构成要件要素,故意、过失等则属于作为责任类型的构成要件要素。

但是,有三点值得注意:第一,国外一些学者认为故意、过失既是构成要件要素,又是责任要素;如果这些学者对构成要件采取违法类型说,则故意、过失既是违法要素,又是责任要素。本书不赞成这种观点。在本书看来,故意、过失是类型化的责任要素,是两种不同的责任类型。即使认为故意、过失是构成要件要素,它们也是责任构成要件要素,而不是违法构成要件要素。

第二,许多学者认为,违法性的判断对象并不仅限于客观的要素,目的、内心倾向等也是违法性的判断对象,因而承认所谓主观的违法要素。于是,目的、内心倾向等被认为是主观的违法要素(因为有些犯罪不考虑这些要素,就不能认定其为违法)。例如,《日本刑法》第148条第1项规定:"以行使为目的,伪造或者变造通用的货币、纸币或者银行券的,处无期或者三年以上惩役。"许多学者认为,由于"行使的目的"为侵害伪造货币罪的保护法益——货币的公共信用之危险奠定了基础,因而属于违法要素,成为构成要件的要素。① 这是值得进一步研究的问题,本书难以对此展开充分讨论。但应当说明的是,即使认为目的、内心倾向是主观的违法要素,它们也不可能成为故意的认识对象。换言之,在目的犯中,只要行为人内心具有法定的某种目的即可,而不要求行为人认识到自己具有某种目的。

第三,适法行为的期待可能性,被一些学者当作客观要素,但它属于责任要素,而不是违法要素。所以,客观的构成要件要素与作为违法类型的构成要件要素、主观的构成要件要素与作为责任类型的构成要件要素,并不是等同的概念。成为问题的是,当某种客观的责任要素被刑法分则条文纳入构成要件予以规定时,如何认识其性质？例如,《刑法》第307条第2款规定:"帮助当事人毁灭、伪造证据,情节严重的,处三年以下有期徒刑或者拘役。"言下之意,当事人自己毁灭、伪造证据的,不构成犯罪,因为既不能期待当事人保护证据,也不能期待当事人不伪造证据。于是,国外有学者认为,构成要件是违法有责类型,构成要件中不仅包括违法要素,而且包含责任要素,构成要件中的客观的责任要素也是故意的认识内容。倘若行为人误将当事人的证据当作自己的犯罪证据而予以毁灭,就应当否认其具有犯罪的故意,因而不成立毁灭证据罪。② 持相反观点的学者则认为,将毁灭证据罪中的证据限定为自己以外的当事人的证据,虽然是考虑到责任(期待可能性)而纳入构成要件的,但是,一旦纳入构成要件,就是作为违法类型的构成要件要素,而不是责任要素。这是因为,如果完全将"当事人"的证据作为责任要素,那么,行为人是否毁灭了当事人的证据,就不是客观事实问题,而只是行为人是否认识到自己毁灭的是"当事人"的证据问题。于是,当行为人客观上毁灭了自己犯罪的证

---

① 〔日〕平野龙一:《刑法概说》,东京大学出版会1977年版,第43页;〔日〕山口厚:《刑法总论》,有斐阁2007年第2版,第95页;〔日〕井田良:《讲义刑法学·总论》,成文堂2008年版,第96页。

② 〔日〕西田典之:《刑法总论》,弘文堂2010年第2版,第72—73页。

据,但主观上却误以为毁灭的是其他"当事人"的证据时,就不能认为责任减少,反而应当认定为毁灭证据罪。这显然不合适。① 在笔者看来,在采取德国、日本的三阶层或者两阶层体系时,即使刑法分则条文是基于期待可能性的考虑,将某种客观要素纳入构成要件的,也宜认为这种要素是作为违法类型的构成要件要素。换言之,当行为人客观上毁灭的是自己犯罪的证据时,首先要否认其行为符合构成要件,而不是待认定其行为具有构成要件符合性、违法性之后,才(再)否认其行为没有责任。在上述情况下,既然否认了构成要件符合性,也就否定了刑法上的违法性。这是因为,刑法不可能禁止一切法益侵害行为,在将罪刑法定主义作为刑法基本原则的前提下,刑法只能禁止符合违法构成要件的违法行为。故可以说,刑法并不禁止行为人毁灭、伪造自己犯罪的证据。诚然,当犯罪人毁灭自己的犯罪证据时,第三者也是可以为了保护证据而实施防卫行为的。但是,在这种情况下,应当认为防卫人并不是针对刑事违法行为的防卫,而是针对一般违法行为(参见《治安管理处罚法》第60条)的防卫。

(三)积极的构成要件要素与消极规定的构成要件要素

通常的构成要件要素,是积极地表明成立犯罪必须符合的要素,这就是积极的构成要件要素(也可以称为积极规定的构成要件要素),一般的构成要件要素都是积极的构成要件要素。但例外地也存在否定犯罪性的构成要件要素,这便是消极规定的构成要件要素(有时也称消极的构成要件要素)。我国《刑法》第389条第3款规定的内容就属于消极规定的构成要件要素。

(四)成文的构成要件要素与不成文的构成要件要素

顾名思义,成文的构成要件要素,是指刑法明文规定的构成要件要素;不成文的构成要件要素,则是刑法表面上(文字上)没有明文规定,但根据刑法条文之间的相互关系、刑法条文对相关要素的描述所确定的,成

---

① 〔日〕山口厚:《刑法总论》,有斐阁2007年第2版,第33页。

立犯罪所必须具备的要素。在我国,如何确定不成文的构成要件要素,是值得充分注意的问题。

(五)记述的构成要件要素与规范的构成要件要素

记述的构成要件要素与规范的构成要件要素的区分,并没有完全统一的标准。贝林(Beling)的行为构成要件论只承认记述的构成要件要素,不承认规范的构成要件要素。但后来的刑法理论普遍承认规范的构成要件要素。由记述或者描述概念所表述的构成要件要素,就是记述的构成要件要素;案件事实是否符合这些要素的判断,只需要一般的认识活动与基本的对比判断就可以得出结论。由价值关系的概念或评价概念所表述的构成要件要素,是规范的构成要件要素;法官不仅需要判断案件事实是否符合构成要件,而且需要以特定的违法性为导向,以某种规范为前提理解构成要件要素和评价案件事实。

(六)真正的构成要件要素与表面的构成要件要素

为违法性或者有责性提供根据的要素,是真正的构成要件要素;不为违法性、有责性提供根据,只是对犯罪分类起作用的要素,属于表面的构成要件要素。绝大多数构成要件要素都是真正的构成要件要素,只有少数要素是表面的构成要件要素。

二、构成要件要素的机能

首先,需要讨论的问题是,构成要件要素是表明违法的要素,还是表明责任的要素。亦即,构成要件是仅具有违法推定机能,还是具有违法、责任推定机能。对这一问题的回答,取决于构成要件是违法类型还是违法有责类型。

在三阶层体系中,构成要件是违法类型,还是违法有责类型,存在不同观点。从表面上看,行为无价值论与结果无价值论似乎对此不存在争议,但实质上并非如此。一方面,行为无价值论者也会认为构成要件是违法类型。但是,持这种观点的行为无价值论者一定认为,故意、过失是违法要素,而不是责任要素。另一方面,结果无价值论者既可能认为构成要件是违法类型,也可能认为构成要件是违法有责类型。但是,认为构成要件是违法有责类型的结果无价值论者,虽然认为故意、过失是构成要件要素,但一定是将故意、过失作为责任要素而不是作为违法要素归入构成要件的。概言之,行为无价值论与结果无价值论可能都得出构成要件是违法类型的结论,但由于对违法的理解不同而存在明显差异。

结果无价值论的违法类型说,是违法类型说的原型。该说站在违法的实质是对法益的侵害及其危险(结果无价值)的立场,认为刑罚法规所类型化的侵害或者威胁法益的行为,就是构成要件的基本内容。据此,故意犯与过失犯都是侵害、威胁法益的一定行为,而且在这一点上没有区别,故作为其类型化的构成要件也是相同的。例如,故意杀人罪与过失致人死亡罪的构成要件,在类型化的侵害生命的行为这一点上是相同的;两罪作为犯罪类型的差异,在于故意、过失这种责任类型不同。显然,结果无价值论的违法类型说,或者否定主观的违法要素,即否定主观要素影响违法性;或者例外地、有限地承认主观的违法要素,即例外地承认主观要素影响违法性。根据后一种观点,当主观要素超出客观的要素的范围,对法益侵害性添加了新的内容时,就承认该主观的要素是主观的违法要素。例如,在日本,伪造货币罪必须以行使为目的。换言之,没有该目的而伪造货币的,要么法益侵害性很小,要么没有法益侵害性,所以,行使目的是主观的违法要素。如平野龙一教授指出,在具有一定的主观要素,其行为才具有侵害法益的客观危险性时,该主观要素就与违法性或构成要件具有关系。① 山口厚教授也指出:"由于构成要件是违法行为类型,换言之,是引起法益侵害、危险的行为类型,所以,本来由客观的要素形成(这是客观的构成要件要素),但例外地有时也包含以一定的行为为目的的主观的要素(主观的构成要件要素)。例如,伪造货币罪(《刑法》第 148 条第 1

---

① 〔日〕平野龙一:《刑法概说》,东京大学出版会 1977 年版,第 42—43 页。

项),以'行使的目的'为其成立要件。"①但是,结果无价值论的违法类型说,否认故意、过失是主观的违法要素,因而否认故意、过失是主观的构成要件要素。②

结果无价值论的违法类型说,之所以否认或者只是例外有限地承认主观的违法要素(主观的构成要件要素),其根本理由在于:违法性的实质是法益的侵害与危险;行为是否侵害或者威胁了法益,只能根据行为的客观要素作出判断。如果将故意、过失作为主观的违法要素使之成为构成要件要素,就会陷入整体考察,从而损害构成要件的罪刑法定主义机能。

行为无价值论的违法类型说,则以行为无价值论为基础,不仅普遍承认特殊的主观违法要素(如目的犯中的目的),而且认为故意、过失是主观的违法要素进而属于构成要件要素,使故意犯与过失犯的构成要件产生区别。之所以如此,是因为受威尔采尔(Welzel)的目的行为论的影响,认为对构成要件的结果具有目的性的故意行为,与对构成要件的结果没有目的性的行为,在行为的存在构造方面存在本质差异,所以,故意犯与过失犯在行为、构成要件、违法阶段就存在本质区别。即使故意犯与过失犯对法益的侵害、危险(结果无价值)相同,其行为无价值也不同,因而违法性不同。因为故意犯的行为无价值表现为行为人有目的地指向构成要件的结果,而过失犯的行为无价值表现为没有适当地实施有目的的行为。根据这种观点,以故意、过失为首的主观要素都是违法要素,因而是构成要件要素。例如,故意杀人罪与过失致人死亡罪的构成要件不同,因而能够实现构成要件的个别化机能。但是,由于构成要件包括了故意、过失,而故意、过失不可能成为故意的认识对象,所以,构成要件不具有故意规制机能。③

结果无价值论的违法有责类型说认为,构成要件是违法类型,还是违法有责类型,取决于使构成要件发挥何种机能;而构成要件的机能中最重

---

① 〔日〕山口厚:《刑法总论》,有斐阁2007年第2版,第93页。
② 以上参见〔日〕内藤谦:《刑法讲义总论》(上),有斐阁1983年版,第182页以下。
③ 同上书,第184页以下。

要、最基本的机能是罪刑法定主义的机能;只有当构成要件是违法有责类型时,构成要件才能充分发挥罪刑法定主义的机能。因为立法者在刑罚法规中规定值得处罚的行为类型时,不仅考虑了行为的类型的违法性,而且考虑了类型的有责性;构成各个犯罪的要素,不仅包含违法要素,而且包含责任要素。例如,刑法分则所规定的主观要素,不管是主观的违法要素,还是主观的责任要素,都必须作为构成要件要素。这并不意味着违法与责任的混淆。将构成要件作为违法有责类型,依然应当严格区分违法判断与责任判断。① 可以肯定的是,结果无价值论的违法有责类型说,虽然认为故意、过失是构成要件要素,但它们不是违法要素,而是责任要素。

　　行为无价值论的违法有责类型说,则可谓五花八门。有人认为,期待可能性应当包含在作为有责类型的构成要件之中。如大塚仁教授指出:"认为犯罪的主观要素也具有作为违法性的要素的意义时(主观的违法要素),采取构成要件只是违法类型的立场,大体也有其理由。但是,例如,像适法行为的期待可能性等,本来是责任要素,也被认为是构成要件的内容。着眼于此,就必须认为构成要件不只是违法类型,而且是责任类型。于是,构成要件符合性应是违法性与责任的认识根据。"② 有人认为,行为人类型(如常习赌博罪中的常习性)也属于有责类型的构成要件。③ 此外,行为无价值论的违法有责类型说,一般认为故意、过失既是违法要素,也是责任要素。例如,小野清一郎教授指出:"犯罪的实体是违法的行为、行为者对此负有道义上的责任的行为,是违法且有责的行为类型。但是要成为可罚的行为的话,要依据特殊的刑法各本条的规定。刑法各本条所规定的特殊的、类型的违法、有责的行为,即是构成要件。在前面表现出来的是构成要件,其背后是具有实体意义的违法性与道义的责任。"④ 根据小野清一郎等人的观点,构成要件符合性,不仅推定违法性的存在,而且推定责任的存在。

---

① 〔日〕佐伯仁志:《构成要件论》,《法学教室》2004年总第285号,第34页。
② 〔日〕大塚仁:《刑法概说(总论)》,有斐阁2008年第4版,第122页。
③ 〔日〕团藤重光:《刑法纲要总论》,创文社1990年第3版,第124页以下。
④ 〔日〕小野清一郎:《犯罪构成要件の理论》,有斐阁1953年版,第19页。

由上可见,主观的违法要素与主观的构成要件要素,既有联系,也有区别。由于构成要件至少是违法行为类型,所以,行为无价值论将故意、过失作为主观的违法要素,进而将其作为主观的构成要件要素。在行为无价值论那里,大体可以说,主观的构成要件要素,就是主观的违法要素。但是,在结果无价值论的违法类型说中,故意、过失既不是违法要素,也不是主观的构成要件要素,充其量只是例外地、有限地承认目的等特殊的主观的违法要素。在结果无价值论的违法有责类型说中,故意、过失虽然是主观的构成要件要素,但不是主观的违法要素,而是责任要素。可见,在结果无价值的违法有责类型论中,主观的构成要件要素与主观的违法要素不是等同的概念。

通过以上介绍,可以得出如下结论:如果认为构成要件是违法类型,那么,构成要件要素的机能就是表明行为的违法性;反过来说,所有表明违法性的要素,都是构成要件要素。如果认为构成要件是违法有责类型,那么,构成要件要素的机能就是表明行为的违法性与有责性;反过来说,表明违法性的要素,就是作为违法类型的构成要件要素;表明有责性的要素,就是作为责任类型的构成要件要素。

在我国,如果保留犯罪构成概念,并且认为犯罪构成是认定犯罪的唯一依据,那么,犯罪构成就必然包括表明违法性的要素与表明有责性的要素。故意、过失是表明违法性的要素,还是表明有责性的要素,是行为无价值论与结果无价值论的分歧所在;目的、动机是表明违法性的要素,还是表明有责性的要素,则是结果无价值论的内部争论问题之一。本书的基本观点是,犯罪构成是违法有责类型,犯罪构成必须包括表明违法性的要素与表明有责性的要素;行为、结果等客观要素,当然是违法要素;但故意、过失这种主观要素不是表明违法性的要素,而表明有责性的要素;责任年龄、责任能力以及违法性认识的可能性,也是责任要素;期待可能性是责任要素。至于目的、动机是责任要素,还是违法要素,在国内外都存在争议,本书对此不展开系统讨论。

其次,客观的构成要件要素具有故意规制机能。

我国《刑法》总则第14条明文规定了故意的定义,但是,成立具体的故意犯罪,究竟需要行为人认识到哪些内容,还必须根据具体犯罪的客观要素来决定。如果认为构成要件是违法类型,而且采取彻底的客观违法性论的立场,认为构成要件只包括客观要素,那么,作为违法类型的构成要件要素,就具有故意规制机能,即故意的内容是认识到所有的构成要件要素(当然,客观处罚条件以及笔者提出的客观的超过要素除外)。但是,如果认为构成要件要素是违法类型,但故意、过失以及目的等主观要素都是表明违法性的构成要件要素,那么,作为违法类型的构成要件要素,就没有故意规制机能,只有其中的客观的要素才具有故意规制机能。因为不可能要求行为人认识到自己主观的内在心灵。例如,即使认为行为意志、目的犯中的目的、未遂犯的故意是主观的违法要素,它们也不可能成为故意的认识内容。同样,倘若认为构成要件是违法有责类型,构成要件中不仅包括作为违法类型的构成要件要素,而且包括作为责任类型的构成要件要素,那么,也只有作为违法类型的构成要件要素中的客观要素,才具有故意规制机能。总之,只有客观的要素,才是故意的认识内容;只有客观的构成要件要素才具有故意规制机能。

再次,主观的构成要件要素具有个别化机能与唤起违法性意识的机能。

就大多数犯罪而言,客观的构成要件要素就具有个别化机能,亦即,仅凭客观的构成要件内容,就可以区分此罪与彼罪。但就少数犯罪而言,仅凭客观的构成要件要素还难以使犯罪个别化,于是尚须依赖故意与过失,或者依赖目的。例如,故意杀人罪、过失致人死亡罪与故意伤害(致死)罪,客观的构成要素是相同的,行为对象都是有生命的自然人,客观行为都是剥夺他人生命,行为结果都是致人死亡。在这种情况下,故意、过失及其具体内容,使得这三个犯罪得以区别。再如,我国《刑法》规定的贷款诈骗罪(《刑法》第193条)与骗取贷款罪(《刑法》第175条之一)的客观的构成要件要素没有区别(虽然两个法条的表述不同,但实际上相同),故意内容也并不区别。区分二者的关键在于前者必须具有非法占有目的,后者不必具有非法占有目的。概言之,将故意、过失、目的作为主观的构成要件要素时,不管是将其作为违法类型的构成要件要素,还是作为责任类型的构成要件要素,它们都具有个别化机能。此外,不管是将故意作为违法要素,还是作为责任要素,故意都具有唤起违法性意识的机能。亦即,当行为人认识到客观的构成要件事实时,就会使行为人想到自己的行为是违法的,从而形成唤起违法性意识的契机。

最后,不管是客观的构成要件要素还是主观的构成要件要素,不管是违法要素还是责任要素,都具有限定犯罪的机能,因而都具有罪刑法定主义的机能。违法构成要件要素表明,即使行为严重侵害了法益,但只要不具备法定的违法构成要件要素,就不得作为刑法上的违法行为对待;违法构成要件要素在为犯罪提供基础的同时,也限定了犯罪的成立。责任构成要件要素表明,即使行为具有严重的违法性,但只要不具备法定的责任构成要件要素,就不得作为犯罪处理;责任构成要件要素在限定犯罪成立的同时,也为非难可能性提供根据。将不具备违法构成要件要素的行为认定为犯罪,明显违反了罪刑法定主义;将没有故意、过失的行为作为犯罪处理,不仅违反了责任主义,而且违反了罪刑法定主义。

第二章　消极规定的构成要件要素

在各国刑法分则中,消极规定的构成要件要素极为罕见。我国《刑法》分则也只有第389条第3款的内容属于消极规定的构成要件要素。尽管如此,仍有深入研究的必要。

一、消极规定的构成要件要素的概念

如前所述,通常的构成要件要素,是积极地表明成立犯罪必须符合的要素。但例外地也存在这样的现象,在一般性地规定成立犯罪必须具备的构成要件要素(可谓原则规定)之后,发现一般规定中包含了不应以犯罪论处的情形,于是再规定否定犯罪性的要素。后者便是消极规定的构成要件要素(有时也称消极的构成要件要素)。由此可见,消极规定的构成要件要素,是以存在积极的构成要件要素为前提的,不可能出现一个犯罪只有消极规定的构成要件要素的现象。

例如,《日本刑法》第109条第1项规定:"放火烧毁现非供人居住而且现无人在内的建筑物、船舰或者矿井的,处二年以上有期惩役。"第2项规定:"前项所列之物属于自己所有的,处六个月以上七年以下惩役,但未发生公共危险的,不处罚。"该项的但书内容就是消极规定的构成要件要素。消极规定的构成要件要素实际上是因为规定方式不同而产生的,其意义与积极的构成要件要素没有本质区别。从积极的角度来理解上述第2项规定,就是只有发生公共危险才构成犯罪。不过,从法文的表述方式与语感来看,二者似乎存在细微差别。亦即,《日本刑法》第109条上述两项的规定给人以这样的感觉:放火烧毁现非供人居住而且现无人在内的自己的建筑物、船舰或者矿井的行为,原则上是被禁止的,只有例外时才不禁止。倘若将上述两项分别修改为:"放火烧毁现非供人居住而且现无人在内的他人的建筑物、船舰或者矿井的,处二年以上有期惩役。"第2项规定:"放火烧毁现非供人居住而且现无人在内的自己的建筑物、船舰或者矿井,发生公共危险的,处六个月以上七年以下惩役。"其给人感觉就是,放火烧毁现非供人居住而且现无人在内的自己所有的建筑物、船舰或者矿井的行为,原则上是允许的,只是例外时才禁止。①

我国《刑法》第389条第1款与第2款分别规定:"为谋取不正当利益,给予国家工作人员以财物的,是行贿罪。""在经济往来中,违反国家规定,给予国家工作人员以财物,数额较大的,或者违反国家规定,给予国家工作人员以各种名义的回扣、手续费的,以行贿论处。"第3款规定:"因被勒索给予国家工作人员以财物,没有获得不正当利益的,不是行贿。"这是对消极规定的构成要件要素的规定。从另一角度说,因被勒索而给予国家工作人员以财物的行为,倘若获得了不正当利益,则构成行贿罪。

消极规定的构成要件要素,与前述德国、日本二阶层体系中的消极的构成要件要素理论是不同的概念。消极的构成要件要素的理论认为,既然违法类型说认为构成要件是"被类型化的违法",是违法类型,那么,就应以行为符合构成要件来直接确定违法性。这一学说将违法阻却事由作为消极的构成要件要素来认识,为了确定构成要件符合性,必须是在存在积极的构成要件要素的同时,又不存在消极的构成要件要素;犯罪论体系就不是由构成要件符合性、违法性、有责性的三个阶段(三级)构成,而应是由构成要件符合性=违法性、责任这两段(两级)来构成。这种理论实际上将违法性阻却事由视为消极的构成要件要素,故存在违法性阻却事由时,并不具有构成要件符合性。

---

① 当然,这可能只是笔者的感觉,也许有人认为二者并无任何区别。不过,是否承认二者的细微区别,对认定犯罪不产生任何影响。

消极的构成要件要素理论的依据是：首先，构成要件不仅包含了法益侵害行为是违反规范的行为这种抽象的评价，而且已经包含了对具体行为的最终的无价值判断。因此，立法者在制定规范命令时，已经同时考虑了例外情况，刑法的禁止自始就受到了违法阻却事由的限制。① 其次，构成要件要素与正当化事由的区别不是基于实质的对立，而是受表述形式要求的制约，故构成要件要素都可以作为正当化事由来把握，反之，正当化事由都可以作为构成要件要素来理解。最后，消极的构成要件理论还可以解决混乱的认识错误问题。例如，行为人误以为存在违法阻却事由时（如假想防卫、假想避险时），能否追究故意犯罪的责任？在德国，严格责任论②的主张者中有人认为，即使存在违法阻却事由的错误，也应追究故意犯罪的责任，因为德国现行刑法第16条只是规定，没有认识到符合构成要件的事实时不存在故意，作为反对解释，是否认识到违法阻却事由，便与故意没有关系，所以，即使误认为存在违法阻却事由，也成立故意犯。但是，这种结论并不妥当。于是，消极的构成要件要素理论认为，违法阻却事由属于消极的构成要件要素，因此，对违法阻却事由也应适用现行刑法第16条，即误以为存在消极的构成要件要素时，不成立故意犯。

消极的构成要件要素理论所受到的批判是，将正当化事由与消极规定的构成要件要素相混淆。实际上，消极规定的构成要件要素与正当化事由不可能等同，构成要件要素与正当化事由的条件不可能简单地互换，两种符合性的判断标准、方法与原则存在重大差异。在德国、日本的犯罪论体系中，行为是否符合构成要件是一种定型的判断，不需要价值衡量；但正当化事由不是基于规范的一般例外，而是为了解决社会冲突而必须就个别事例进行的价值衡量。缺乏构成要件要素的行为，原本就没有侵害刑法所保护的法益，故在刑法上不具有重要性；可正当化事由原本是侵犯法益的行为，它之所以合法，是因为从特定的角度看具有值得肯定的价值。将二者混为一谈，无异于将打死一只苍蝇（缺乏构成要件符合性）与

---

① 例如，关于杀人罪的规范所禁止的是除正当防卫等之外的杀人。
② 这里的"严格责任"与英美刑法上的严格责任（strict liability）不是等同概念（参见张明楷：《外国刑法纲要》，清华大学出版社2007年第2版，第248页）。

正当防卫中的杀人行为（按照消极的构成要件要素理论也属于不符合消极的构成要件的行为）相提并论。此外，不符合构成要件的行为不一定是法秩序允许的行为。如盗用行为虽然不符合构成要件，但仍然是民法上的侵权行为，可以进行正当防卫；而正当防卫等违法阻却行为是法秩序所允许的行为，对之不得主张正当防卫。

但是，其一，批判者所称的"构成要件要素与正当化事由的条件不可能简单地互换"，是以三阶层体系为前提的。倘若采取两阶层体系，则两者是可以互换的。其二，批判者所称的"打死一只苍蝇与正当防卫中的杀人行为的区别"，无非是说打死一只苍蝇既不符合构成要件，也不具有违法性，而正当防卫中的杀人行为符合构成要件，但不具有违法性。可是，从结局上说，这种区别并无实际意义。因为犯罪的实体是违法与责任，而打死一只苍蝇与正当防卫中的杀人行为的确都没有违法性。其三，至于"不符合构成要件的行为不一定是法秩序允许的行为"，则是与是否承认消极的构成要件要素理论没有直接关系的问题。即使在我国传统的四要件体系中，也可以说"不符合构成要件的行为不一定是法秩序允许的行为"，也可能对之进行正当防卫。

消极规定的构成要件要素，不同于刑法分则中的消极地把握（认定）的构成要件要素，后者是指诸如"无正当理由"、"未经允许"、"未经许可"等要素。这些要素虽然是消极地把握的，但仍然积极地记述了构成要件的内容。例如，《刑法》第 213 条规定："未经注册商标所有人许可，在同一种商品上使用与其注册商标相同的商标，情节严重的，处三年以下有期徒刑或者拘役，并处或者单处罚金；情节特别严重的，处三年以上七年以下有期徒刑，并处罚金。"据此，如果使用他人注册商标的行为，获得了注册商标所有人的许可，就不符合假冒注册商标罪的构成要件。《刑法》第 225 条第 1 项规定："未经许可经营法律、行政法规规定的专营、专卖物品或者其他限制买卖的物品的"，成立非法经营罪。同样，经过行政许可而经营专营、专卖物品的行为，则不符合非法经营罪的构成要件。不难看出，这种"未经许可"仍然是积极的构成要件要素。

消极的构成要件要素，不等于处罚阻却事由。经过《刑法修正案

(七)》修正后的《刑法》第201条第1款规定了逃税罪的构成要件,第4款规定:"有第一款行为,经税务机关依法下达追缴通知后,补缴应纳税款,缴纳滞纳金,已受行政处罚的,不予追究刑事责任;但是,五年内因逃避缴纳税款受过刑事处罚或者被税务机关给予二次以上行政处罚的除外。"在行为人符合《刑法》201条第1款规定的构成要件,并具有故意的情况下,就已经成立逃税罪。"经税务机关依法下达追缴通知后,补缴应纳税款,缴纳滞纳金,已受行政处罚",只是处罚阻却事由。因此,不能将"不具有处罚阻却事由"作为逃税罪的构成要件。换言之,消极规定的构成要件要素,可以转化为积极的构成要件要素,但不应当将处罚阻却事由转换为积极的构成要件要素。有的论著指出:"根据《刑法修正案(七)》规定,逃税罪,是指纳税人、扣缴义务人采取欺骗、隐瞒手段进行虚假纳税申报或者不申报,逃避缴纳税款数额较大的,或者五年内因逃避缴纳税款受到刑事处罚或者被税务机关给予二次以上行政处罚的行为。"[①]但是,这种将不适用处罚阻却事由规定的情形纳入犯罪定义的做法是值得研究的。其一,上述定义容易使人认为,"五年内因逃避缴纳税款受到刑事处罚或者被税务机关给予二次以上行政处罚的行为"本身,就是一种犯罪。这恐怕不合适。其二,上述论著在具体论述逃税罪的构成要件时,又没有论述"五年内因逃避缴纳税款受到刑事处罚或者被税务机关给予二次以上行政处罚"这一情形,其所论述的犯罪客观方面仅有"采取欺骗、隐瞒手段"、"虚假纳税申报或者不申报"与"逃避缴纳税款数额较大"三个要素。其三,最为重要的是,"五年内因逃避缴纳税款受到刑事处罚或者被税务机关给予二次以上行政处罚"这一规定,只是对处罚阻却事由的否定,而不是消极规定的构成要件要素。换言之,只要符合《刑法》第201条第1款所规定的构成要件,就成立逃税罪。只是行为人在"经税务机关依法下达追缴通知后,补缴应纳税款,缴纳滞纳金,已受行政处罚的,不予追究刑事责任"。这里的"不予追究刑事责任",并不是指行为本身不构成犯罪,而是指行为构成犯罪,但不具备处罚条件。亦即,只有当行为人"五

[①] 赵秉志主编:《刑法修正案最新理解适用》,中国法制出版社2009年版,第62页。

年内因逃避缴纳税款受过刑事处罚或者被税务机关给予二次以上行政处罚"时,才具备处罚条件。所以,不能将刑法条文中的对处罚阻却事由的否定性规定,作为积极的构成要件要素。

二、消极规定的构成要件要素的范围

需要讨论的是,除了《刑法》第389条第3款的规定之外,我国刑法分则中是否存在其他消极规定的构成要件要素?值得讨论的是以下3个条款的规定。

其一,《刑法》第241条第1款规定了收买被拐卖的妇女、儿童罪的构成要件与法定刑,第6款规定:"收买被拐卖的妇女、儿童,按照被买妇女的意愿,不阻碍其返回原居住地的,对被买儿童没有虐待行为,不阻碍对其进行解救的,可以不追究刑事责任。"本书认为,该款内容不是消极规定的构成要件要素,只是处罚阻却事由。换言之,只要达到责任年龄、具有责任能力的人故意收买了被拐卖的妇女、儿童,就成立收买被拐卖的妇女、儿童罪。刑法的上述规定,只是出于刑事政策的考虑,亦即,鼓励行为人不阻碍被买妇女返回原居住地,鼓励行为人善待儿童,不阻碍对儿童的解救,从而保护妇女、儿童的合法权益。况且,上述规定的内容是"可以不追究刑事责任"。言下之意,在有必要的特殊情况下,仍然会追究刑事责任。倘若认为"按照被买妇女的意愿,不阻碍其返回原居住地","对被买儿童没有虐待行为,不阻碍对其进行解救"是消极规定的构成要件要素,就意味着具备这一条件"可以不构成犯罪"。这既不符合"可以"不追究刑事责任的规定,也导致出现"可以不构成犯罪"的局面。

其二,《刑法》第243条第1款规定了诬告陷害罪的构成要件与法定刑,第2款规定国家机关工作人员犯诬告陷害罪的从重处罚;第3款规定:"不是有意诬陷,而是错告,或者检举失实的,不适用前两款的规定。"显然,错告与检举失实,都表明行为人没有诬告陷害罪的故意;反过来说,上述第3款的规定,旨在强调诬告陷害罪只能由故意构成。在此意义上说,第3款的规定可以转换为积极的构成要件要素,似乎属于消极规定的构成要件要素。然而并非如此。因为《刑法》总则第 14 条第 2 款与第 15 条第 2 款分别规定:"故意犯罪,应当负刑事责任";"过失犯罪,法律有规定的才负刑事责任"。据此,只要分则条文没有规定过失也负刑事责任,就表明该罪只能由故意构成。因此,即便删除上述第 3 款的规定,我们也可以根据《刑法》第 14 条与第 15 条的规定,得出诬告陷害罪只能由故意构成的结论,进而得出"不是有意诬陷,而是错告,或者检举失实的",因为缺乏故意而不构成诬告陷害罪的结论。既然如此,就应当认为,《刑法》第 243 条第 3 款只是一个注意规定,而不是消极规定的构成要件要素。

其三,《刑法》第 306 条第 1 款规定了辩护人、诉讼代理人毁灭证据、伪造证据、妨害作证罪的构成要件与法定刑,第 2 款规定:"辩护人、诉讼代理人提供、出示、引用的证人证言或者其他证据失实,不是有意伪造的,不属于伪造证据。"同样,"辩护人、诉讼代理人提供、出示、引用的证人证言或者其他证据失实,不是有意伪造的",表明行为人缺乏犯罪的故意。根据《刑法》第 14 条、第 15 条以及《刑法》第 306 条第 1 款的规定,辩护人、诉讼代理人毁灭证据、伪造证据、妨害作证罪,原本只能由故意构成。所以,上述第 2 款也只是注意规定,强调过失不构成本罪,而不是消极规定的构成要件要素。

通过上述分析可以得出以下两个结论:首先,应当承认刑法规定了处罚阻却事由,处罚阻却事由不是消极规定的构成要件要素;由于处罚阻却事由只是阻却处罚,而不阻却犯罪,所以,必须改变"有罪必罚"的观念;换言之,刑法中原本存在构成犯罪却不给予刑罚处罚的现象,而且这种现象并不等于"免予刑罚处罚";不能认为,只要不给予刑罚处罚或者不追究刑事责任的行为,就不构成犯罪。其次,只有当消极规定的内容能够还原为积极的构成要件要素,而且不还原为积极的构成要件要素就导致不当扩大处罚范围时,该消极规定的内容,才属于消极规定的构成要件要素。例如,前述《刑法》第 389 条第 3 款规定的内容就可以还原为积极的构成要件要素,而且,倘若不还原为积极的构成要件要素,就导致被勒索给予国家工作人员财物,没有获得不正当利益的行为,也成立行贿罪。这显然不当扩大了行贿罪的处罚范围。反之,当消极规定的内容是否转化为积极的构成要件要素,并不影响犯罪的处罚范围时,该消极规定的内容,就不是消极规定的构成要件要素。上述《刑法》第243条第3款、第306条第2款的规定,便是如此。

三、消极规定的构成要件要素的解释

就积极的构成要件要素而言,对之进行扩大解释,意味着扩大处罚范围;但就消极规定的构成要件要素而言,对之进行限制解释,意味着扩大处罚范围。换言之,对消极规定的构成要件要素进行限制解释,可能(但不是必然)违反罪刑法定原则。例如,倘若将前述《刑法》第389条第3款规定的"被勒索"限制解释为"被严重胁迫的勒索",或者将其中的"没有获得不正当利益"解释为"没有实际获取不正当利益且没有得到获取不正当利益的许诺",就会不当扩大处罚范围,进而违反罪刑法定原则。但是,这并不意味着对消极规定的构成要件要素都不能作限制解释,更不意味着对消极规定的构成要件要素作限制解释就必然违反了罪刑法定原则。因为有利于被告不是刑法解释原则;存疑时有利于被告(In dubio pro reo)也仅适用于事实存在合理疑问的场合;当法律存在疑问或争议时,应当依一般的法律解释原则消除疑问,而非一概作出有利于被告人的解释。[①] 法律上的疑问是需要解释来消除的。人们在对某个法条进行解释时,可能同时使用多种方法,也可能在不同的场合使用不同的方法,而目的都是为了追求解释结论的合理性。当各种解释方法得出不同的解释结论时,最终起决定性作用的是目的论解释,而不是有利于被告。"因此当法律问题有争议时,依一般的法律解释之原则应对被告为不利之决定时,法院亦应从此见解。"[②]

不利于被告人的类推解释是违反罪刑法定原则的。但是,对消极规定的构成要件要素进行类推解释,则并不违反罪刑法定原则。如前所述,《刑法》第389条在规定了行贿罪的构成要件后规定:"因被勒索给予国

---

① 参见〔德〕Claus Roxin:《德国刑事诉讼法》,吴丽琪译,台湾三民书局1998年版,第145页。
② 同上。

家工作人员以财物,没有获得不正当利益的,不是行贿。"但是,《刑法》第164条在规定对非国家工作人员行贿罪时,没有做出类似规定。那么,当行为人因被勒索而给予公司、企业或者其他单位的非国家工作人员以财物,又没有获得不正当利益时,是否成立对非国家工作人员行贿罪呢?本书持否定回答。可以肯定的是,对非国家工作人员行贿罪的法益侵害性轻于行贿罪的法益侵害性,具有明显差异的法定刑就表明了这一点。既然因被勒索给予国家工作人员以财物,没有获得不正当利益的,不成立行贿罪,就没有理由认为,因被勒索给予非国家工作人员以财物,即使没有获得不正当利益的,也成立对非国家工作人员行贿罪。要为这种实质的解释寻找法律根据,就必须类推适用《刑法》第389条第3款。换言之,《刑法》第389条第3款的规定,应当类推适用于对非国家工作人员行贿的情形。

至于《刑法》第389条第3款关于"因被勒索给予国家工作人员以财物,没有获得不正当利益的,不是行贿"的规定,能否类推适用于《刑法》第391条的对单位行贿罪与《刑法》第393条的单位行贿罪,则是需要进一步讨论的问题。要解决这一问题,首先必须明确的是,《刑法》第389条第3款的理由。在本书看来,《刑法》第389条第3款主要是基于有责性减少。亦即,由于行为人是"被勒索"给予国家工作人员以财物,所以,合法行为(不给予国家工作人员以财物)的期待可能性减少。所以,在行为人对单位行贿或者在单位行贿的案件中,于没有获得不正当利益的前提下,就需要考虑期待可能性的有无与大小。在自然人被单位勒索的情况下,合法行为的期待可能性明显减少,而且与自然人被国家工作人员勒索相比,合法行为的期待可能性更为减少。因此,《刑法》第389条第3款的规定,应当类推适用于向单位行贿罪。在单位被勒索的情况下,能否期待单位不给予国家工作人员以财物,需要通过比较单位与国家工作人员的关系,作出具体判断。① 如果不能期待单位不给予国家工作人员以财物,也应类推适用《刑法》第389条第3款的规定。

---

① 一个强大的国家机关在面对一般国家工作人员的勒索时,当然能期待其不给予国家工作人员以财物。反之,一个弱小的单位在面对有重要职权的国家工作人员的勒索时,可能难以期待其不给予国家工作人员以财物。

第三章　不成文的构成要件要素

如所周知,刑法不可能将所有犯罪的一切构成要件要素,都完整地记述下来。虽然大多数构成要件要素都是由刑法明文规定的,但是,也有不少构成要件要素不是由刑法明文规定的,而是经由解释形成的。

一、不成文的构成要件要素的概念

如前所述,不成文的构成要件要素,虽然不是刑法条文明文描述的要素,但却是根据刑法条文之间的相互关系、刑法条文对相关要素的描述所确定的,成立犯罪所必须具备的构成要件要素。例如,我国《刑法》第264条没有对盗窃罪明文规定"非法占有目的"这一主观的构成要件要素,但刑法理论没有争议地认为,成立盗窃罪要求行为人主观上具有非法占有目的。非法占有目的就是盗窃罪的不成文的构成要件要素。

就一些具体犯罪而言,由于众所周知的理由或者其他原因,刑法并没有将所有的构成要件要素完整地规定于条文中,而是需要法官在适用过程中进行补充。例如,不真正不作为犯的义务来源、过失犯罪的结果预见可能性与结果回避可能性以及一些目的犯,刑法不可能没有遗漏地做出规定。在这种情况下,法官不得简单地认为"既然刑法没有规定,那就不是构成要件要素"。相反,应当考察:如果不承认不成文的构成要件要素,犯罪构成能否说明该行为的违法性与有责性达到了值得科处刑罚的程度?能否说明特定行为的违法性与有责性达到了适用某种法定刑(尤其是重法定刑)的程度?

根据刑法规定的犯罪构成要件及其关联性,增加不成文的构成要件要素时,一般不认为是补正解释。如上所述,"非法占有目的"是盗窃罪的不成文的主观的构成要件要素,但不宜认为这是一种补正解释。

需要注意的是,并非当一个构成要件中存在不成文的构成要件要素时,该构成要件就是所谓开放的构成要件;只有当某构成要件没有指示违法,因而需要在构成要件之外确定"专门的违法性特征"时,该构成要件才是开放的构成要件。换言之,在开放的构成要件的情形下,必须在违法性阶段寻找积极的违法性的基础。例如,《德国刑法》第240条第1款与第2款分别规定:"非法使用暴力或者以明显的恶害相威胁,强制他人为一定行为、容忍或者不为一定行为的,处三年以下自由刑或者罚金刑";"如果使用暴力或者以恶害相威胁迫使他人达到所追求的目的,被视为卑鄙的(verwerflich),该行为即是违法的"。根据威尔采尔(Welzel)的观点,上述第1款所规定的是强制罪的构成要件,只要实施了第1款规定的行为,就符合强制罪的构成要件。但是,符合第1款规定的行为,并不一定违法;或者说,目的的"卑鄙性"才为强制行为的违法性奠定了基础。目的的"卑鄙性"不是构成要件的要素,而是构成要件之外的违法性问题。

但本书认为,应当否认开放的构成要件概念。

首先,如果肯定开放的构成要件,就意味着否定构成要件的违法性推定机能,这是持违法类型说乃至违法责任类型说的学者都难以同意的。

其次,如果在构成要件之外寻找违法性的根据,必然损害构成要件的保障机能。因为开放的构成要件概念,要求司法人员在构成要件之外积极地寻求表明违法性的事实。这便意味着行为是否违法,要同时从构成要件之内与构成要件之外去寻找。然而,构成要件之外是没有法律规定的,完全由司法人员主观认定,这便不利于保障行为人的自由。

再次,开放的构成要件理论,实际上是将需要补充的构成要件要素,从构成要件转移到违法性中去,从而将其排除在故意的认识对象之外。但这并不妥当。例如,《日本刑法》第95条第1项规定:"当公务员执行职务时,对其实施暴行或者胁迫的,处三年以下惩役或者监禁。"该条虽然没有表述为"当公务员依法执行职务时",但妨害公务罪以所妨害的公务具有适法性为要件。事实上,妨害公务罪的成立,要求行为人认识到公务员的职务具有适法性。但主张开放的构成要件的人,实际上是将公务的"适法性"作为构成要件之外的违法要素,而不要求行为人认识。这显然不妥当。① 在我国,倘若将成立犯罪所要求的"情节严重"作为构成要件之外的违法要素,就不需要行为人认识。这显然不符合责任主义原则。例如,《刑法》第130条规定:"非法携带枪支、弹药、管制刀具或者爆炸性、易燃性、放射性、毒害性、腐蚀性物品,进入公共场所或者公共交通工具,危及公共安全,情节严重的,处三年以下有期徒刑、拘役或者管制。"最高人民法院2001年5月15日《关于审理非法制造、买卖、运输枪支、弹药、爆炸物等刑事案件具体应用法律若干问题的解释》第6条指出:"具有下列情形之一的,属于刑法第一百三十条规定的'情节严重':(一)携带枪支或者手榴弹的;(二)携带爆炸装置的;(三)携带炸药、发射药、黑火药500克以上或者烟火药1000克以上、雷管20枚以上或者导火索、导爆索20米以上的;(四)携带的弹药、爆炸物在公共场所或者公共交通工具上发生爆炸或者燃烧,尚未造成严重后果的;(五)具有其他严重情节的。"倘若行为人客观上携带了手榴弹进入公共交通工具,但行为人仅认识到自己携带了50克炸药进入公共交通工具,而没有认识到自己携带了手榴弹,根据开放的构成要件理论,行为人也成立《刑法》第130条规定的犯罪。但是,这明显不符合罪刑法定原则,也违反责任主义。反之,只要否认开放的构成要件理论,认为情节严重是构成要件要素,那么,只有当行为人认识到自己携带手榴弹进入公共交通工具时,才能成立《刑法》第130条规定的犯罪。

最后,就《德国刑法》第240条而言,所有为"卑鄙性"评价提供根据的要素或情节,应当作为符合构成要件的事实来评价,而不应在构成要件事实之外评价。② 所以,大体上可以说,只存在开放的刑罚法规,不存在

---

① 参见〔日〕山口厚:《刑法总论》,有斐阁2007年第2版,第34—35页。
② Vgl., Claus Roxin, Strafrecht Allgemeiner Teil, Band I, 4. Aufl., C. H. Beck 2006, S. 301.

开放的构成要件。

承认不成文的构成要件要素,并不意味着否认构成要件的法定性。在我国,犯罪构成虽然具有法定性①,但这绝不意味着任何构成要件要素都必须有刑法的明文规定。有的要素明显属于必须具备的要素,刑法可能省略规定;有的要素通过对部分要素的描述或相关条文的规定即可明确,毋需刑法的规定。

承认不成文的构成要件要素,并不违反罪刑法定原则。从形式上说,刑法分则条文不可能将所有犯罪的构成要件要素都完整地规定下来,有一些众所周知的要素,刑法为了实现简短的价值,而有意不作规定。换言之,在通过对其他构成要件要素的分析、通过与相关条文的比较,完全可以得知哪些是构成要件的要素的情况下,刑法可能有意省略对这种构成要件要素的规定。从实质上说,罪刑法定原则是为了限制司法权力。由于构成要件要素越多,符合构成要件的情形越少、处罚范围也越小,故在必要且合理的情况下增加构成要件要素,意味着限制刑法的处罚范围,因而意味着限制司法权力。② 正因为如此,国外刑法理论都承认不成文的构成要件要素。

---

① 我国刑法理论对犯罪构成的属性主要存在法律说与理论说的争议。其实,二者并非完全对立,只是侧重点不同。在笔者看来,犯罪构成或者构成要件的内容,当然是法律规定的,在此意义上说,犯罪构成就是法定的。明确这一点,有利于贯彻罪刑法定原则。德国、日本学者之所以认为构成要件具有罪刑法定主义的机能,原因就在于此。但是,以刑法规定的成立犯罪的条件为基本内容构建的犯罪构成学说,当然可谓理论。但是,我们不能因此认为,犯罪构成就只是一种理论,因为犯罪构成的要件就是刑法规定的。所以,仅将犯罪构成或构成要件视为一种理论学说的观点,为本书所不取。主张犯罪构成只是一种理论的冯亚东教授指出:"在规范与事实'穿梭往返'的过程中,司法者从具体案件事实出发寻找与之相匹配的法律条文,然后又回到案件的具体情节中来细细推敲事实与规范是否完全一致,如此适用规范是否能收到良好的社会效果。而这种在事实和规范中来回穿梭往返的过程有时费时颇久,尤其是在疑难案件中。为此,刑法理论家们便在事实与规范的两岸之间搭起一座桥梁——犯罪构成理论;有了桥梁,规范与事实之间的'穿梭往返'就如履平地,来去自如;既安全可靠,又方便快捷。"(参见冯亚东:《犯罪构成本体论》,载《中国法学》2007年第4期,第91页)其实,在规范与事实之间穿梭往返并不需要什么桥梁。因为认定犯罪的过程,就是将事实与规范的对应过程、类比过程。换言之,认定犯罪并不是先看事实是否符合犯罪构成,然后再判断事实是否符合刑法规范。与事实相对应的刑法规范,就是罪刑规范,罪刑规范中的假定条件(法律要件)就是构成要件(或犯罪构成)。

② 毫无疑问,不管是学理解释还是司法解释,都不应当随意在刑法规定之外添加构成要件要素(参见张明楷:《法益初论》,中国政法大学出版社2003年修订版,第391页)。

承认不成文的构成要件要素,也不意味着刑法分则规定的都是成文的构成要件要素。

德国学者耶赛克(Jescheck)教授和魏根特(Weigend)教授指出:"刑罚法规与其他所有的法命题一样,不是仅包含定义,而是由构成要件(Tatbestand)与赋予权利或负担义务的法效果(Rechtsfolge)组成。在构成要件中,一定事态作为法律上的重要特征而记述下来;如果符合构成要件,便发生法效果。"[1]日本学者大塚仁教授指出:"刑法以诸如'杀人的,处死刑、无期或者三年以上惩役'(第199条)这样的形式规定犯罪与刑罚的关系。即前半部分作为法律要件(juristischer Tatbestand)表示了一定的犯罪的要件;后半部分作为其法效果(Rechtsfolge;Rechtserfoig),限定了刑罚的种类与范围。"[2]这里的构成要件(实为保障构成要件或广义的构成要件[3])或者法律要件,相当于我国刑法理论所讲的基本罪状。那么,在大陆法系国家,法律要件或基本罪状所描述的特征或内容是否均为构成要件要素呢?

可以肯定的是,在德国、日本,法律要件或基本罪状的内容大都属于构成要件要素,但也不尽然。

首先,众所周知,在德国、日本等大陆法系国家,主流的犯罪论体系为构成要件符合性、违法性、有责性,此外还存在客观处罚条件。通常意义上的构成要件,是作为犯罪成立条件之一的构成要件,构成要件符合性只是成立犯罪的一个条件。因此,成立犯罪所必须具备的因素并不当然地包含在构成要件概念中。换言之,违法性要素、有责性要素以及客观处罚条件,尽管也可能是基本罪状描述的内容,但却不是构成要件要素。例如,《日本刑法》第220条规定:"非法逮捕或者监禁他人的,处三个月以上七年以下惩役。"日本刑法理论认为,其中的"非法"并不属于构成要件要素。如山口厚教授指出:"法文中的'非法',是由于存在基于法令的逮

---

[1] Hans-Heinrich Jescheck/Thomas Weigend, Lehrbuch des Strafrecht Allgemeiner Teil, 5. Aufl., duncker&Humblot 1996, S.49.

[2] 〔日〕大塚仁:《刑法概说(总论)》,有斐阁2008年第4版,第3页。

[3] 关于保障构成要件或广义的构成要件的含义,参见张明楷:《犯罪构成理论的课题》,载《环球法律评论》2003年秋季号,第262页以下。

捕、监禁属于适法行为的情况,为了确认一般的违法性要件而规定的(违法要素),其自身不是特别的构成要件要素。"①曾根威彦教授指出:"成立逮捕监禁罪,要求行为必须是'非法'地实施的。这是因为在社会生活上,在他人的自由行动对自己或者第三者并非理想之事的场合,逮捕监禁该他人属于适法的情形并不少见,所以,注意性地规定违法性的一般原则。在此意义上说,'非法'是违法要素,而不是构成要件要素。"②再如,《德国刑法》第 231 条规定:"参与斗殴,或者参与由数人实施的攻击,致他人死亡或重伤害(第 226 条)的,处三年以下自由刑或者罚金。"其中的"致他人死亡或者重伤害",虽然也是基本罪状规定的内容,但属于客观处罚条件,而非构成要件要素。③

其次,"构成要件是刑罚法规规定的行为类型,其具体内容是通过刑罚法规的解释决定的。因此,构成要件并不一定等同于刑罚法规的文言"。换言之,"并不是使行为成为犯罪的当罚的、可罚的要素,都属于构成要件要素;只有某犯罪中所固有的、类型的可罚的要素,才是构成要件要素"④。根据违法类型说的观点,只有表明违法行为类型的特征才属于违法构成要件要素。例如,《德国刑法》第 324 条第 1 款规定:"行为人无权限地污染水域或者不利地改变水域的性质的,处五年以下自由刑或者罚金。"其中的"无权限地"虽然是基本罪状明文描述的特征,但不是构成要件要素。因为污染水域的行为本身就侵害了法益,应视为典型的不法类型。所以,"无权限"的要素只是表明,如果污染水域的行为是基于官方的许可,则具有正当化的可能性。⑤ 再如,日本有许多学者认为,故意、过失只不过是非类型的心理状态,属于责任的类型,而非犯罪的类型,因

---

① 〔日〕山口厚:《刑法各论》,有斐阁 2005 年补订版,第 83—84 页。
② 〔日〕曾根威彦:《刑法各论》,弘文堂 2001 年第 3 版,第 49 页。
③ Wessels/Hettinger, Strafrecht Besonderer Teil/1, 25. Aufl. , C. F. Müller 2001, S. 88; Volker Krey , Strafrecht Besonderer Teil, Band 1,11. Aufl. , w. Kohlhammer 1998, S.146.
④ 〔日〕町野朔:《犯罪论の展开 I》,有斐阁 1989 年版,第 52 页、第 59 页。
⑤ Hans-Heinrich Jescheck/Thomas Weigend, Lehrbuch des Strafrecht Allgemeiner Teil, 5. Aufl. , duncker&Humblot 1996, S. 246.

而不属于构成要件要素。①

最后,还有学者认为,有些表述虽然出现在刑法分则条文中,但仅具有语感上的意义,而不具有实质内容。例如,日本学者泷川幸辰、木村龟二认为,《日本刑法》第220条所规定的"非法",仅具有语感上的意义,既不是构成要件要素,也不是特别的违法性要素。②

我国刑法分则条文中,也有一些表面上属于构成要件要素,实际上并无实质内容的表述。以渎职罪中的"舞弊"为例,我们可以将其分为两种情形:

第一种情形是,刑法分则条文没有规定具体的渎职行为,舞弊成为具有特定含义的、具体的渎职行为。属于这种情形的有《刑法》第405条与第418条。第405条规定:"税务机关的工作人员违反法律、行政法规的规定,在办理发售发票、抵扣税款、出口退税工作中,徇私舞弊,致使国家利益遭受重大损失的,处五年以下有期徒刑或者拘役;致使国家利益遭受特别重大损失的,处五年以上有期徒刑。""其他国家机关工作人员违反国家规定,在提供出口货物报关单、出口收汇核销单等出口退税凭证的工作中,徇私舞弊,致使国家利益遭受重大损失的,依照前款的规定处罚。"显然,其中的舞弊具有特定的、具体的内容,即不应发售发票而发售发票,不应抵扣税款的抵扣税款,不应退税的予以退税,如此等等。第418条规定:"国家机关工作人员在招收公务员、学生工作中徇私舞弊,情节严重的,处三年以下有期徒刑或者拘役。"同样,这里的舞弊具有特定的、具体的内容,即明知不合格而招收,或者故意拒绝招收应当招收的合格人员等,因而是构成要件要素。

第二种情形是,刑法分则条文规定了渎职行为的具体内容,"舞弊"充其量只是渎职行为的同位语,并不具有超出具体渎职行为之外的特别含义。换言之,舞弊只是对具体渎职行为的一种归纳与概括(绝大多数条

---

① 参见〔日〕町野朔:《犯罪论の展开Ⅰ》,有斐阁1989年版,第59页;〔日〕山口厚:《刑法总论》,有斐阁2007年第2版,第30页以下。
② 〔日〕泷川幸辰:《刑法各论》,日本评论社1933年版,第73页;〔日〕木村龟二:《刑法各论》,法文社1957年版,第62页。

文中的"舞弊"属于这种情形),而不是独立的构成要件要素。例如,就《刑法》第 401 条而言,"对不符合减刑、假释、暂予监外执行条件的罪犯,予以减刑、假释或者暂予监外执行",就是舞弊行为;并不是指在上述渎职行为之外,另有舞弊行为。再如,就《刑法》第 402 条而言,只要行政执法人员"对依法应当移交司法机关追究刑事责任的不移交",就应认定为舞弊。如行政执法人员长期将卷宗材料锁在保险柜而不移送司法机关的,就属于舞弊;并非只有伪造了虚假材料或者销毁了真实材料才属于舞弊。① 同样,就《刑法》第 403 条而言,国家有关主管部门的国家机关工作人员,"滥用职权,对不符合法律规定条件的公司设立、登记申请或者股票、债券发行、上市申请,予以批准或者登记",就属于舞弊行为;不可能在此之外另要求行为人实施其他舞弊行为。②

对此,可以与《刑法》第 399 条第 1 款的徇私枉法、徇情枉法进行比较。可以肯定的是,只要司法工作人员"对明知是无罪的人而使他受追诉、对明知是有罪的人而故意包庇不使他受追诉,或者在刑事审判活动中故意违背事实和法律作枉法裁判",就应认定为枉法;绝对不可能在上述行为之外另要求有其他枉法行为。第二种情形的徇私舞弊中的"舞弊",相当于徇私枉法中的"枉法"。所以,动植物检疫机关的检疫人员,"伪造检疫结果"就是弄虚作假的舞弊行为,不可能在此之外另要求有舞弊行为。

显而易见,在上述情形下,要求行为人除实施具体的渎职行为之外,另实施其他舞弊行为的观点,不仅会不当缩小渎职罪的处罚范围,而且会导致将数罪认定为一罪、将处断上的一罪认定为单纯一罪。以《刑法》第 414 条为例。如果在不履行法律规定的追究职责之外,另要求有其他"舞弊"行为,必然意味着放纵制售伪劣商品犯罪行为罪包含了伪造国家机关公文、证件等犯罪行为,从而导致将数罪当一罪处理。

不难看出,在上述情形下,要求行为人除实施具体的渎职行为之外,另实施其他舞弊行为的观点,反映出汉语字面含义法学的特点:解释者完

---

① 至于不移交刑事案件的行为是否符合"情节严重"的规定,则是另一回事。换言之,不可认为,只有在不移交刑事案件之外,另有其他舞弊行为才属于情节严重。
② 在这种情形中,也可以说"舞弊"只具有语感上的意义。

全按照法条的字面含义解释法律,将法条的字面含义等同于法律的真实含义。这是我国刑法解释学落后的根源之一。解释者应懂得:语言是不准确的,常常包含一些可能被误解的因素。刑法大多使用普通用语,同样不准确和容易产生歧义;即使刑法用语核心意义清楚,但向边缘扩展时,会导致外延模糊;至于如何确定外延,并不能从用语本身找到答案。许多刑法用语本身具有多义性,从用语本身无法确定应当采用哪一种或哪几种含义。语言中总是有一些多余的表达,并非字字是真理。所以,理解条文的字面含义,并不意味着理解了刑法的真实含义。刑事立法是将正义理念与将来可能发生的生活事实相对应,从而形成刑法规范;刑事司法是将已经发生的社会生活事实与刑法规范相对应,从而形成刑事判决。既然如此,解释者理所当然必须联系社会生活事实理解正义理念。不仅如此,活生生的正义还需要从活生生的社会生活中发现。即使解释者单纯根据法条文字得出的结论具有正义性,也只是一般正义;而刑法的适用除了实现一般正义外,还必须在具体的个案中实现个别正义。"通晓正义的诸方面,或者如果人们愿意,通晓自然法,是法律解释的一个必要的基础;解释犹如法律本身,也服务于正义,正义的各种原则表现在实在法的解释里。"①所以,作为解释者,心中当永远充满正义,目光得不断往返于刑法规范与生活事实之间;而不能大脑一片空白,目光仅往返于法条文字与汉语字典之间。解释者应知道:非正义的解释结论并不是刑事立法本身得出的,而是解释者得出的;所以,解释者应当反思自己的解释方法与观念,而不是批判刑事立法。事实上,在上述情形下,正是因为解释者没有将"舞弊"解释为同位语,而是解释为渎职行为之外的另一舞弊行为,才形成了不合理的解释结论,进而将该不合理结论归咎于刑法本身,批判刑法条文不应将"舞弊"规定为客观的构成要件要素。类似这种先从字面含义出发解释刑法条文、得出不正义的结论,再批判刑法条文不合理的现象,以及研究某法条的结局必然是批判该法条的现象,并不正常;刑法学界应尽力、尽快避免这种现象。

---

① 〔德〕H.科殷:《法哲学》,林荣远译,华夏出版社2003年版,第213页。

其实,刑法分则条文中的多余表述现象并不罕见。例如,《刑法》第133条规定:"违反交通运输管理法规,因而发生重大事故,致人重伤、死亡或者使公私财产遭受重大损失的,处三年以下有期徒刑或者拘役;交通运输肇事后逃逸或者有其他特别恶劣情节的,处三年以上七年以下有期徒刑;因逃逸致人死亡的,处七年以上有期徒刑。"其中的"发生重大事故"并不具有特别的含义,也可谓同位语,即只要违反交通管理法规,致人重伤、死亡或者使公私财产遭受重大损失,就应认定为发生重大事故;也可以说,"致人重伤、死亡或者使公私财产遭受重大损失",是对"发生重大事故"的解释性规定;并非在造成上述结果之外,另要求发生重大事故。① 再如,《刑法》第154条规定:"下列走私行为,根据本节规定构成犯罪的,依照本法第一百五十三条的规定定罪处罚:(一)未经海关许可并且未补缴应缴税额,擅自将批准进口的来料加工、来件装配、补偿贸易的原材料、零件、制成品、设备等保税货物,在境内销售牟利的;(二)未经海关许可并且未补缴应缴税额,擅自将特定减税、免税进口的货物、物品,在境内销售牟利的。"本条两项中的"擅自"并不具有特别的含义,只是同位语。易言之,凡是"未经海关许可并且未补缴应缴税额"就属于"擅自";如果行为符合了"未经海关许可并且未补缴应缴税额"的条件,就不可能要求行为另符合"擅自"要素。因此,成文的"擅自"并不是独立的构成要件要素。

二、不成文的构成要件要素的确定

确定不成文的构成要件要素,应当以构成要件要素的机能为根据。如果随意确定不成文的构成要件要素,在通常情况下,会不当缩小处罚范围;在例外情况下,也可能不当扩大处罚范围。在本书看来,只有符合下列两个条件之一,才能将某种要素确定为不成文的构成要件要素。

---

① 有的条文只规定造成事故,而不规定结果(如《刑法》第137条),有的条文只规定结果,而不规定造成事故(如《刑法》第139条),也说明了这一点。

(一) 所确定的不成文的构成要件要素,必须是表明违法性或者有责性的要素

因为构成要件要素要么表明行为的违法性,要么表明行为的有责性,不能表明行为的违法性、有责性的要素,原则上不应当成为构成要件要素;在刑法没有明文规定的情况下,更不可能成为不成文的构成要件要素。这里应当分清两种情形:

其一,如果不确定某种不成文的构成要件要素,行为的违法性与有责性不能达到值得科处刑罚的程度,就应当确定某种不成文的构成要件要素。这是因为,犯罪是值得科处刑罚的行为,如果某种行为的违法性与有责性没有达到值得科处刑罚的程度,就需要添加不成文的构成要件要素,使行为的违法性与有责性达到值得科处刑罚的程度。例如,《刑法》第177条规定的伪造、变造金融票证罪,虽然法条并没有将本罪规定为目的犯,但将使用或者行使的目的作为本罪的不成文的主观要件要素,是比较合适的。因为行为人不是为了使用而伪造、变造金融票证时,其伪造、变造的金融票证一般就不会置于流通领域,该行为就不足以侵害金融管理秩序。[①]

其二,如果不确定某种不成文的构成要件要素,行为的违法性与有责性不能达到适用相应的重法定刑的程度时,就应当确定某种不成文的构成要件要素。这是因为,刑法分则所规定的构成要件所表明的违法性与有责性,是和法定刑是相对应的。在刑法分则对性质相同或者相似的行为既规定了重罪(重法定刑),也规定了轻罪(轻法定刑)的情况下,如果成文的构成要件要素不能表明行为的违法性与有责性达到了重罪程度,就需要添加不成文的构成要件要素,使适用重法定刑的犯罪具有相应的严重违法性与有责性。例如,挪用公款的行为虽然在一定时间内甚至永久性地非法占有了公款,也具有可罚性,但是,从总体来说,倘若对挪用公款罪适用贪污罪的重法定刑,则明显违反罪刑相适应原则。换言之,为了

---

① 倘若行为人后来使用所伪造、变造的金融票证进行诈骗活动的,则触犯金融诈骗罪。这是另一犯罪行为。

坚持罪刑相适应原则,必须将挪用公款的行为排除在贪污罪之外。而要做到这一点,就必须为贪污罪确定一个不成文的构成要件要素,即非法占有目的。① 挪用资金罪与职务侵占罪的关系也是如此。

(二)倘若行为本身具有值得科处刑罚的违法性与有责性,但出于分类亦即类型化的需要,也可能确定不成文的构成要件要素

罪刑法定原则要求刑法对犯罪进行分类,如果一部刑法仅规定"犯罪的,根据情节轻重判处相应刑罚",就不可能贯彻罪刑法定原则。而对犯罪的具体分类,依赖于对构成要件要素的规定。所以,刑法理论完全可能为了分类确定不成文的构成要件要素。对此,也可以分为两种不同情形:

其一,虽然是为了类型化而确定的不成文的构成要件要素,但是,只要行为不具备这种构成要件要素,就不可能成立该罪。例如,后述诈骗罪的直接性要件,就属于诈骗罪的不成文的构成要件要素。倘若行为不具备直接性要件,就不可能成立诈骗罪,只能成立盗窃罪或者其他犯罪。

其二,虽然是为了类型化而确定的不成文的构成要件要素,但是,即便不具备这种构成要件要素,也能成立该罪。此即后述表面的构成要件要素。例如,《刑法》第241条所规定的收买被拐卖的妇女、儿童罪,并没有要求"不以出卖为目的",但如后所述,各种教科书都添加了"不以出卖为目的"的要素,旨在使其与拐卖妇女、儿童罪相区别。然而,在行为人故意收买了被拐卖的妇女、儿童的案件中,即便没有或者不能查明是否以出卖为目的,也能认定该行为构成收买被拐卖的妇女、儿童罪。所以,即便承认"不以出卖为目的"这一要素具有类型化的作用,它也不是成立收买被拐卖的妇女、儿童罪必须具备的要素。在此意义上说,不应当将"不以出卖为目的"确定为收买被拐卖的妇女、儿童罪的不成文的构成要件要素。根据本书的观点,刑法理论没有必要、也不应当确定这种表面的不成文的构成要件要素。

在某些情况下,确定一个不成文的构成要件要素,就可能同时实现为

---

① 但这并不是说,挪用公款罪不得以非法占有为目的。

违法性、有责性奠定基础和进行分类的目的。例如,盗窃罪中的非法占有目的,是不成文的构成要件要素。这一要素具有两个方面的机能:一是将不值得处罚的盗用行为排除在犯罪之外;二是区分盗窃罪与故意毁坏财物罪。例如,《德国刑法》第242条规定盗窃罪必须出于非法占有的目的,否则不成立盗窃罪;非法占有目的成为盗窃罪的主观的超过要素。日本刑法没有规定盗窃罪必须出于非法占有目的,于是刑法理论上出现了争议:少数人认为,盗窃罪的主观要件只要求有故意,此外不要求有非法占有目的;通说则认为,盗窃罪的主观要件除了需要故意外,还需要有非法占有(不法领得)目的。① 我国刑法没有规定盗窃罪必须出于非法占有目的,但刑法理论一直认为,盗窃罪的主观要件包括"非法占有的目的"②。本书对此予以赞同。首先,如果没有非法占有目的,就难以将盗窃罪与一般的不值得科处刑罚的盗用行为相区别。其次,即使将盗窃罪的故意解释为永久性地剥夺他人财产所有权,以便可以将一般盗用行为排除在外,但如果没有非法占有目的,就不可能区分盗窃罪与故意毁坏财物罪的界限。例如,行为人进入位于六楼的被害人家,搬出彩色电视机后,从五楼的楼梯窗户将电视机扔到楼下毁坏。如果没有非法占有目的的限制,就难以区分该行为是盗窃还是故意毁坏财物。因此,就盗窃罪而言,非法占有目的既奠定了处罚基础,也为分类进行了作用。

　　不成文的构成要件要素,虽然不是刑法的明文规定,但不能脱离刑法的规定予以确定。换言之,不成文的构成要件要素的确定,至少在刑法上具有间接的文理根据。这种间接的文理根据,是由刑法条文之间的关系(犯罪之间的关系)以及刑法条文对相关要素的描述确定的。例如,刑法分则第三章第五节规定了八种金融诈骗罪,但只是就集资诈骗罪、贷款诈骗罪与信用卡诈骗罪的部分类型规定了非法占有目的,于是不少人认为,既然刑法条文没有就其他金融诈骗罪规定非法占有目的,那么,其他金融

---

① 参见〔日〕中森喜彦:《不法领得の意思》,阿部纯二等编:《刑法基本讲座》第5卷,法学书院1993年版,第87页以下。
② 参见高铭暄、马克昌主编:《刑法学》(下编),中国法制出版社1999年版,第900页;高铭暄主编:《新编中国刑法学》(上册),中国人民大学出版社1998年版,第774页。

诈骗罪的成立就不以非法占有目的为要件。但这种理解具有片面性。事实上，在一些明显需要非法占有的目的，又不至于出现混淆罪与非罪、此罪与彼罪的场合，刑法分则条文往往并不明文规定非法占有目的。一方面，由于集资诈骗罪与非法吸收公众存款罪、擅自发行股票、公司、企业债券罪的客观方面相似乃至相同，需要规定前者"以非法占有为目的"；使用欺骗手段获得贷款，具有归还意图的现象并不罕见，但这种行为不值得作为贷款诈骗罪处罚，所以，需要规定贷款诈骗罪"以非法占有为目的"；善意透支的行为不具有可罚性，其与恶意透支的重要区别之一在于行为人是否以非法占有为目的，所以，对恶意透支行为需要规定"以非法占有为目的"。而金融诈骗罪中的其他犯罪不存在以上问题，故不需要明文规定。另一方面，集资诈骗罪、贷款诈骗罪与金融诈骗罪中的其他几种犯罪是性质相同的犯罪，只是手段与对象存在差异，既然前者要求以非法占有为目的，后者当然也需要以非法占有为目的；既然信用卡诈骗罪中的恶意透支要求以非法占有为目的，那么，信用卡诈骗中的其他行为类型当然也需要以非法占有为目的。由此可见，将"以非法占有为目的"作为票据诈骗、信用证诈骗、保险诈骗等罪的不成文的构成要件要素，也是以相关条文为根据的。

三、理论与司法的现状分析

我国的刑法理论与司法实践合理地确定了部分不成文的构成要件要素（最为典型的是承认非法占有目的是取得型财产罪的主观构成要件要素），但也存在两个方面的问题：一是对不成文的客观要素缺乏归纳；二是随意添加不成文的主观的超过要素。

（一）不成文的客观要素的归纳

我国刑法理论单纯按照刑法分则的表述归纳客观要素的现象比较普遍，而没有注意添加不成文的客观要素。以下略举几例。

1. 侵犯商业秘密罪

《刑法》第219条第1款与第2款分别规定:"有下列侵犯商业秘密行为之一,给商业秘密的权利人造成重大损失的,处三年以下有期徒刑或者拘役,并处或者单处罚金;造成特别严重后果的,处三年以上七年以下有期徒刑,并处罚金:(一)以盗窃、利诱、胁迫或者其他不正当手段获取权利人的商业秘密;……""明知或者应知前款所列行为,获取、使用或者披露他人的商业秘密的,以侵犯商业秘密论。"本条所规定的行为,即是《反不正当竞争法》第10条规定的侵犯商业秘密的行为。但是,成立侵犯商业秘密罪要求"给商业秘密的权利人造成重大损失"。然而,倘若行为人只是以不正当手段获取了权利人的商业秘密,既没有披露,也没有使用或者允许他人使用,权利人依然可以继续使用该商业秘密,那么,该行为就不可能给权利人造成重大损失。① 因此,《刑法》第219条第1款第1项规定的"以盗窃、利诱、胁迫或者其他不正当手段获取权利人的商业秘密"以及第2款规定的"获取……他人的商业秘密"并非可以导致重大损失的行为。易言之,只有当获取商业秘密的行为人使用、允许他人使用或者披露该商业秘密时,才可能导致权利人遭受重大损失。所以,单纯获取商业秘密的行为,并不是侵犯商业秘密罪的完整的实行行为,因而需要补充构成要件要素(实行行为)。显然,在行为人非法获得商业秘密、权利人并没有丧失商业秘密的情况下,"行为人使用、允许他人使用或者披露商业秘密"是侵犯商业秘密罪的不成文的构成要件要素。

例如,2003年10月至2005年9月间,被告人张某在K公司DMD事业部担任品质作业员。2006年4月,张某应聘进入B公司MBU事业组装部工作,担任品质部领班一职,并受命编制MRB(物料评审)文件。为完成这一工作任务,张某于2006年5月4日上午私下致电时任K公司MSEG-ICM部门企划生管员的好友王某,希望其帮忙提供K公司手机产品的来料质量标准系统文件和各种作业流程图作为参考。王某答应了这

---

① 在这种情况下,显然不能将商业秘密的研发成本或者商业秘密本身的价值认定为权利人的损失数额。

一请求并于当日下午 15 时 30 分开始,以自己的邮箱向被告人张某发送了《制程品管作业系统》等三份文件和相关的流程图、表格,最后一份文件由其下属员工杨某分三次发送。经鉴定,所传送的文件系统属于商业秘密,"其泄露给 K 公司造成直接经济损失 66 万元"。

某法院以《刑法》第 219 条第 2 款作为定罪依据,认为被告人"在应当知道他人提供的经营信息系他人违反约定或者违反权利人有关保守商业秘密的要求披露并允许被告人使用其掌握的商业秘密的情况下,仍获取他人的商业秘密",构成侵犯商业秘密罪。但是,本案中被告人张某的行为并不符合这一点。

根据《刑法》第 219 条第 1 款的明文表示,实施侵犯商业秘密的行为,并且"给商业秘密的权利人造成重大损失的",才可能构成犯罪。这说明,侵害结果是本罪的成立要件之一。如果行为人实施了第 219 条列举的行为,但并没有给权利人造成重大损失,是不可能构成犯罪的。

但是,有些行为虽然属于《反不正当竞争法》规定的侵犯商业秘密的行为,却不一定能使权利人造成重大损失。例如,单纯"获取"商业秘密的行为(获取权利人所拥有的唯一的商业秘密载体的情形除外),即使采用了盗窃、诈骗等不正当的方式,也并不一定能给权利人造成重大损失。知识产权、商业秘密这类无形财产不同于有形财产。对于有形财产,侵权人通过盗窃等不法方式取得之后,权利人就丧失了该有形财产,对该有形财产不具有现实支配和取得利益的可能性(虽然在民法上还是该物的所有权人)。但是,商业秘密则不同。在侵权人只是单纯地获取商业秘密的情况下,并没有使权利人丧失该商业秘密,权利人依然可以继续利用该商业秘密。因为商业秘密的价值体现于其在运用中所具有的竞争优势(背后是商业利益),如果不法获取商业秘密的人并不利用此商业秘密实施侵犯权利人的市场竞争优势的行为,就不能侵犯商业秘密的价值。所以,就侵犯商业秘密罪而言,在"获取"和"造成重大损失"之间,实际上存在一个不成文的构成要件要素——利用了该商业秘密。换言之,《刑法》第 219 条第 1 款规定的第一种类型的侵犯商业秘密罪的整个因果过程就是:行为人不法获取商业秘密——行为人利用或者通过第三者利用商业秘密——被害人遭受经济上的重大损失。如果不法获取商业秘密的人不通过披露、使用或者允许他人使用等后续方式去利用该商业秘密,一般不可能削弱权利人拥有的商业秘密的价值,其商业利益也不会受到损害。换言之,单纯获取权利人商业秘密的行为,通常并没有实现侵犯商业秘密罪的构成要件。本案被告人张某并没有利用其所获取的文件;他仅仅获取了 K 公司的部分文件,但是并没有将这些文件用于 B 公司的经营管理,而 B 公司也没有通过对这些文件的使用而获取利益。因此,张某并未实施足以造成权利人财产损失的实行行为,不成立侵犯商业秘密罪。①

2. 盗窃罪

我国现行刑法理论,一般仅根据《刑法》第 264 条的规定,将盗窃罪的客观要素归纳为"秘密窃取公私财物数额较大,或者多次盗窃"。然而,这一定义,既没有说明盗窃对象的属性,也没有说明行为与被害人意志的关系,更没有说明窃取的含义,导致难以正确处理盗窃罪与其他犯罪的关系,难以合理确定盗窃罪的处罚范围。

首先,对于刑法条文所定的"公私财物",既可能理解为"公私所有的财物",也可能解释为"公私占有的财物"。显然,盗窃罪的对象只能是"公私占有的财物",或者说,只能是他人占有的财物。其一,只要是自己占有的财物,即使属于他人所有,行为人也不可能对之实施盗窃罪。易言之,将自己基于职权、业务或者受委托占有的他人所有的财物(包括公共财物)据为己有的,应视主体身份与财产性质,认定为贪污罪、职务侵占罪或(普通)侵占罪,而不能认定盗窃罪。其二,脱离他人占有的财物(如遗忘物、埋藏物),不可能成为盗窃罪的对象。行为人将脱离他人占有的财物据为己有的,仅成立侵占罪,而不可能成立盗窃罪。即使行为人误将他人所有的遗忘物当作他人占有的财物而据为己有,也仅成立侵占罪。其三,即使是自己所有的财物,但只要由他人合法占有,就能成为盗窃罪的对象。例如,甲将自己的财物质押给乙之后,违反乙的意志窃回该质押物

---

① 在行为人单纯获得权利人的商业秘密之后,权利人得知商业秘密被泄漏时,可能停止先前研发或者其他投入,因而形成重大损失。这是否属于《刑法》第 219 条所规定的"给商业秘密权利造成重大损失",是值得研究的问题。但是,即使对此得出肯定结论,本案也不属于这种情形。

的,也成立盗窃罪。显然,只有将盗窃罪的对象限定为他人占有的财物,才能正确处理盗窃罪与侵占等罪的关系,才能合理确定盗窃罪的范围。所以,"他人占有"就是必须补充的客观要素。

其次,盗窃罪与诈骗罪一样,都是转移占有的犯罪。但是,盗窃罪与诈骗罪是一种对立关系。盗窃罪是违反被害人意志取得财物的行为,不要求被害人产生认识错误;反之,诈骗罪是基于被害人有瑕疵的意志取得财物的行为,被害人存在处分财产的认识错误与处分行为。人们习惯于简单地认为,盗窃罪是秘密窃取公私财物的行为;诈骗罪是虚构事实、隐瞒真相骗取公私财物的行为。于是,只要行为人实施了"骗"的行为,并取得了财物,便触犯了诈骗罪;诈骗罪与盗窃罪就产生了交叉。另一方面,为了合理地认定犯罪,刑法理论上提出了一些并不合理的区分标准。如主要手段是"骗"的,成立诈骗罪;主要手段是"偷"的,成立盗窃罪。或者说,根据起决定性作用的是偷还是骗,来区分盗窃与诈骗。但类似的说法,并没有为合理区分盗窃罪与诈骗罪提供标准。因为行为人为了盗窃,也可能对被害人实施欺骗行为。例如,被害人 B 密切注视着自己身边的财物,A 为了取得 B 的财物,谎称天上有飞碟,B 信以为真而仰视天空时,A 乘机将 B 的财物取走,逃之夭夭。A 取得 B 的财物的手段主要是"骗"还是"偷"呢?对这一问题的回答会因人而异。但可以肯定的是,在本案中,A 的行为只是违反了 B 的意志,而不是使 B 产生了处分财产的认识错误,因而只构成盗窃罪。所以,为了合理区分盗窃罪与诈骗罪,必须将"违反被害人意志"作为盗窃罪的构成要件要素。

此外,所谓窃取,实际上是指将他人占有的财物转移给自己或者第三者占有。一方面,盗窃行为必须破坏了他人对财物的占有关系;另一方面,盗窃行为必须建立一种新的占有关系。这一要求使得盗窃罪与故意毁坏财物罪相区别。故意毁坏财物罪,也可能破坏了他人对财物的占有关系,但并不建立新的占有关系,因而不成立盗窃罪。

或许可以认为,以上几点都是对《刑法》第 264 条所规定的"盗窃"一语的解释结论,而不是补充不成文的构成要件要素。不过,从刑法并无明文规定的角度来说,也可以认为上述几点(尤其是第一点)是解释者补充的不成文的构成要件要素。无论如何,仅将盗窃解释为"秘密窃取公私财物"是不够的。

3. 诈骗罪

我国《刑法》第266条对诈骗罪的构成要件规定得相当简单,刑法理论也没有充分归纳诈骗罪中的不成文的客观要素。本书在此仅以处分行为与直接性要件为例展开讨论。

(1) 处分行为

在国外刑法理论上,极少数学者认为,处分行为不是诈骗罪的构成要件要素。如日本有学者指出:"'处分行为'本身,并不是诈骗罪的独立成立要件,只不过可以作为确认'利益转移'的因果性契机。"[①]但日本刑法理论的通说与审判实践,都将处分行为作为诈骗罪的构成要件(以既遂为模式)要素。我国刑法理论虽然较少使用"处分行为"概念,但大都认为被害人必须"似乎自愿地交付财产",这便是处分行为。处分行为作为诈骗罪构成要件要素,并没有成文刑法的明文根据;通说之所以将它作为不成文的构成要件要素,主要是基于以下两个方面的理由:

首先,诈骗罪与敲诈勒索罪一样,以行为人基于他人有瑕疵的意思而取得财物或者财产性利益为构成要件要素。[②] 在诈骗罪中,受骗者的处分行为是在"欺骗行为"、基于欺骗行为引起"认识错误",与行为人"取得财产"之间起连接作用的要素。如果缺乏受骗者的处分行为,即使行为人取得了财产,也不能认定为"骗取"了财产。[③]

其次,在以受骗者的财产处分行为为构成要件要素这一点上,诈骗罪与违反被害人意思而取得财物的盗窃罪相区别。在以财物为对象的场合,由于诈骗罪的成立(既遂)要求受骗者基于认识实施财产处分行为,所以,盗窃罪与诈骗罪处于相互排斥的关系,而不会发生竞合。也因为如此,处分行为存在与否,成为区分诈骗罪与盗窃罪的关键。易言之,由于

---

① 〔日〕内田文昭:《刑法各论》,青林书院1979年第2版,第309页。
② 与此相对,盗窃罪、抢劫罪是违反被害人的意思夺取财物。如果认为抢劫罪的对象包含财产性利益,并认为,抢劫财产性利益的犯罪不要求被害人的处分行为,那么,财产处分行为就是诈骗罪与敲诈勒索罪的共通要件。
③ 参见〔日〕福田平:《刑法解释学の基本问题》,有斐阁1975年版,第204页。

处分行为这一要素,具有区分行为人是基于受骗者有瑕疵的意思取得财产,还是违反被害人的意思取得财产的机能,所以形成了如下关系:如果对作为诈骗罪要素的处分行为作狭窄的理解,盗窃罪的成立范围就宽;反之,如果对处分行为作宽泛的肯定,就扩大了诈骗罪的成立范围,进而盗窃罪的成立范围就相应地缩小。①

对于上述两方面的根据,也有学者提出异议。首先,关于处分行为的因果关系作用。持异议的学者指出:"即使没有处分行为,错误与损害之间也可能有因果关系。例如,通过欺骗行为使对方将注意力转移他处,从而乘机夺取财物时,就明显具有因果关系,但尽管如此,也不能认定为诈骗罪。"②其次,关于诈骗罪与盗窃罪的区别。持异议的学者指出,一方面,根据上述见解,在对象是财物的场合,处分行为的有无成为区分诈骗罪与盗窃罪的关键。但是,诈骗罪的对象不仅限于财物,而且可以是财产性利益。在对象为财产性利益的场合,处分行为要件成为区分有罪与无罪(因为在日本,盗窃财产性利益不成立盗窃罪)的基准。但是,在对象是财物的场合与对象是财产性利益的场合,不应当将处分行为要件的内容作不同的解释。③ 另一方面,以盗窃与诈骗竞合时在罪数论上难以处理为由,而不承认盗窃与诈骗可以竞合的观点,是存在疑问的。"在德国,诈骗与盗窃竞合时,多数见解认为是想象竞合。但是,在这种场合,由于实质上只有一个法益受侵害,故该见解存在疑问。如果认为是法条竞合,那么,以何种犯罪处断便成为问题。有学说认为,由于盗窃罪重于诈骗罪,故应以盗窃罪处断。但是,认为盗窃重于诈骗是没有理由的。像这样的在法条竞合时难以判断两个罪中的哪一个罪优先,从而排除适用另一

---

① 参见〔日〕井田良:《处分行为(交付行为)の意义》,载西田典之、山口厚编:《刑法の争点》,有斐阁 2000 年第 3 版,第 174 页。另一方面,在德国、日本、韩国等国,在以财产性利益为对象的场合,如果不存在受骗者的处分行为,并认为"盗窃财产性利益"不可罚,那么,处分行为的存在与否,就成为区分诈骗罪与盗窃财产性利益的不可罚行为的关键。如果对作为诈骗罪要素的处分行为作狭窄的理解,盗窃财产性利益的不可罚的范围就宽;反之,如果对处分行为作宽泛的肯定,就扩大了诈骗罪的成立范围,进而因盗窃财产性利益而不可罚的范围就缩小。

② 〔日〕林幹人:《诈欺罪における处分行为》,载芝原邦尔等编:《刑法理论の现代的展开——各论》,日本评论社 1996 年版,第 213 页。

③ 参见〔日〕林幹人:《刑法各论》,东京大学出版会 2007 年第 2 版,第 235 页。

罪的情形,也可能存在于其他场合。……不管怎么说,只有决定了盗窃、诈骗罪各自独立的成立范围后,才能明确两罪的关系。所以,认为只要行为成立盗窃罪它就不符合诈骗罪的成立要件的前提观点,是没有理由的。"①

那么,将处分行为作为构成要件要素的根据何在呢?持上述异议的学者指出:"处分行为要件,必须由诈骗罪固有的本质、目的提供根据。刑法规定诈骗罪是通过确保公正交易来保护财产。因此,仅仅基于错误产生财产损害还不足以成立诈骗罪,其间必须介入被害人(这里的被害人显然是广义的,包括并不属于被害人的受骗者——引者注)关于财产转移的意思决定。被害人因受欺骗而导致错误的结果——实际上不是自由的,作为自己的意识,必须具有自由地就财产处分作出决定的意识,必须基于这种意识转移财产。财产转移的意思毕竟是主观的内容,另一方面财产损害到底是客观的内容。处分行为要件作为连接这一主观的内容与客观的内容之间——不是错误与损害之间——的要素是必要的。"②

上述观点就通说的两个根据提出了异议,但并没有否认处分行为要件,而是提出了其他根据(以下在本问题范围内简称少数说)。本书认为,处分行为的要素作为既遂标志是必需的,而且上述几个方面的根据并不矛盾。

首先,处分行为并不只是单纯地在因欺骗行为而产生的认识错误与财产损害(或行为人取得财产)之间起连接作用,而且表明了认识错误的内容。因为处分行为是基于认识错误实施的,所以,认识错误的内容必须是关于处分财产或转移财产的认识错误,而不是一般意义上的认识错误。换言之,只有当行为人的欺骗行为使受骗者陷入或者继续维持处分财产的认识错误,并基于该认识错误处分财产,从而使行为人或第三者取得财产时,才可能成立诈骗罪的既遂。如果只是要求有处分行为,而不限定认识错误的内容,那么,要么不能划定诈骗罪与盗窃罪的界限,要么不能说

---

① 〔日〕林幹人:《詐欺罪における処分行為》,载芝原邦尔等编:《刑法理論の現代的展開——各論》,日本評論社1996年版,第214页。
② 同上书,第215页。

明诈骗罪的未遂。例如,行为人谎称被害人的女儿在马路上出车祸,乘被害人外出时取走其住宅内的财物。虽然其欺骗行为使被害人陷入了认识错误,但该认识错误的内容并不是处分财产;仅此便可以否认诈骗罪的成立。① 如果仅仅根据没有处分行为而得出不成立诈骗既遂的结论,那便意味着该行为可以成立诈骗未遂,但事实上并非如此。通说认为处分行为在认识错误与取得财产之间起连接作用,少数说认为处分行为在财产转移的意思与财产损害之间起连接作用。二者其实并不矛盾,只不过少数说说明了"认识错误"仅限于处分财产的认识错误。由此看来,如果受骗者的认识错误与财产处分无关,那么,即使其将财产交付给他人,也不能视为处分行为。例如,顾客隐瞒真实意思试穿西服时,售货员只是让顾客试穿而将西服交给顾客,即使顾客乘机穿着西服离开商店,其行为也不成立诈骗罪。因为售货员所产生的不是处分西服的认识错误,其让顾客试穿西服并不属于处分行为。由处分行为限定认识错误的内容,进而使处分行为连接认识错误与财产损害,也能充分说明诈骗罪的本质以及刑法规定诈骗罪的目的。

其次,确定一个犯罪的构成要件内容时,不可能不考虑该罪与相关犯罪的关系。尤其是当某种犯罪与另一犯罪事实上处于对立关系时,如果不考虑对立关系,就会混淆两种犯罪之间的关系。例如,假若在确定盗窃罪的构成要件内容时,不考虑其与诈骗罪的关系,就可以认为所有的诈骗都是盗窃罪的间接正犯,因为诈骗行为利用了不知情的受骗者或被害人。相反,人们在确定诈骗罪的构成要件内容时,必须考虑其与盗窃罪的关系:一方面,不要在诈骗罪与盗窃罪之间形成处罚空隙,使具有可罚性的行为游离于刑法规制之外;因为将值得处罚的行为排除在刑法规制之外,不利于实现刑法保护法益的目的。另一方面,也要避免诈骗罪与盗窃罪的竞合;因为将对立关系演变为竞合关系虽然可能减少处罚空隙,但不利于案件的处理,进而可能导致处罚不公平。例如,如果认为盗窃罪与诈骗

---

① 由于受骗者的认识错误与行为人的欺骗行为直接相关,在这种情况下,也可能认为行为人没有实施诈骗罪的欺骗行为。

罪之间存在竞合关系,那么,"这个看法会陷入困境。因为,不在构成要件上清楚地区分窃盗与诈欺,必然要面对竞合论处理上的难局。如果认为同时是窃盗与诈欺,那么,究竟是法条竞合,还是想象竞合?假如认为是法条竞合,要用什么标准决定哪一个法条必须优先适用?倘若认为是想象竞合,又该如何圆说:被破坏的法益只有一个?"① 稍有不当,就会违背刑法的正义理念。所以,通说为了避免诈骗罪与盗窃罪的竞合而将处分行为作为构成要件要素,也具有合理性。

最后,在德国、日本、韩国等国家,"在对象是财物的场合,处分行为的有无成为区分诈骗罪与盗窃罪的关键;在对象为财产性利益的场合,处分行为要素成为区分诈骗罪与无罪的基准",并无不当之处。处分行为在对象不同时所起的作用不同,是因为刑法的规定,即由于德国、日本、韩国等国刑法规定诈骗罪的对象可以是财物与财产性利益,而盗窃罪的对象只能是财物,所以,形成了上述局面,并不是因为通说对处分行为作了不同解释才形成上述局面。实际上可以作以下表述:在对象是财物的场合,处分行为的有无成为区分诈骗财物与盗窃财物的关键;在对象为财产性利益的场合,处分行为要件成为区分诈骗财产性利益与盗窃财产性利益的基准。如果刑法处罚盗窃财产性利益的行为,则处分行为要素在两种情况下都是区分诈骗罪与盗窃罪的基准;但由于德国、日本、韩国刑法不处罚盗窃财产性利益的行为,所以,在对象为财产性利益的场合,处分行为要素成为区分诈骗罪与非罪的基准。如前所述,本书主张财产性利益也可能成为盗窃罪的对象,所以,即使少数说的上述主张具有合理性,在我国肯定处分行为具有区分诈骗罪与盗窃罪的机能,也无不妥之处。

(2)直接性要件

德国刑法理论一般认为,处分行为必须是导致被害人财产损害的"直接"原因,即被害人的财产损害必须"直接"产生于处分行为。② 换言之,

---

① 林东茂:《一个知识论上的刑法学思考》,五南图书出版股份有限公司2003年增订3版,第204页。

② Cramer,in:Schönke/Schröder,Strafgesetzbuch,26. Aufl.,C. H. beck 2001,S. 2069.

必须是处分行为本身导致财物与财产性利益的直接转移。① 因为"在诈骗罪中,财物或者财产上利益的取得,限于基于被害人认识错误的行为,行为人'直接'取得的场合,而不包括行为人通过新的违法行为取得的情况。这种'直接性'要件虽然不是法律条文记述的要件,但为了合理地限定诈骗罪的成立范围而作为必要的要件,是德国的通说。不正乘车也可谓一例。A持有从甲车站至乙车站的车票和丙车站至丁车站的定期票,从甲车站上车至丁车站下车。② 有人认为,在这种场合,如果承认无意识的交付行为,那么,甲车站的入口管理人员,在A从甲车站入口处进入时,无意识地交付了将A从乙车站运输到丙车站的劳务,因而就劳务成立诈骗罪。但是,A是通过经过乙车站后仍不下车而继续乘车的行为取得劳务的。虽然通过甲车站的入口处进入车站内再进入列车内的行为,使上述行为更为'容易',但并不是'直接'通过这种行为取得劳务。因此,与是否承认无意识的交付行为没有关系,应当说就乙车站至丙车站之间的劳务不成立诈骗罪"③。

但是,也有学者反对将直接性作为处分行为的要素。因为"即使损害不是直接产生于处分行为,也可能成立诈骗罪。例如,在诉讼诈骗的场合,当作出处分行为的是法官,损害产生于执行官的强制执行时,可以说处分行为与损害之间介入了执行官的行为。再者,在不作为的处分行为具有处分意思的场合,可以说被害人的不作为与损害之间介入了行为人的行为,但没有理由否认诈骗罪的成立。反之,即使符合直接性的要件也不能直接承认诈骗罪的成立。例如,上门推销商品的人谎称单纯为了作

---

① 参见〔日〕山口厚:《刑法各论》,有斐阁2005年补订版,第251页。
② 这是日本刑法理论长期讨论并有争议的案件。为了便于我国读者理解,笔者将此案例略加说明。假如,一条地铁线路共26个站,票价依所乘坐的距离而不同,乘坐的站数越多票价越贵。行为人要从起点站A站到达终点站Z站,但是,行为人仅持有Y站至Z站的月票或年票(所谓定期票),于是便购买从A站到B站的车票,持该票进入A站乘车(按规定行为人应当购买从A站到达Y站的车票),到Z站时出示月票或车票出站,于是,从B站到Y站之间,就属于无票乘车。对此存在需要讨论的问题:谁是受骗者与财产处分者?行为人所骗取的是劳务本身,还是使对方免除了自己的债务?处分行为是否以处分意识为前提?这些问题又是密切联系的——引者注。
③ 〔日〕平野龙一:《犯罪论の诸问题(下)各论》,有斐阁1982年版,第333页。但平野龙一教授认为,行为人就免除交付车费的债务而言,仍然成立诈骗罪(同上,第340页)。

为已经上门推销过的证据而使他人在合同书上签名。在这种场合,既然合同书一开始就制作成功,其后推销者没有伪造,就符合了直接性的要件,但由于难以认定有处分意思,故在这种场合认定处分行为是有疑问的。直接性要件的理论根据也不明确,采用直接性要件存在诸多疑问"①。

本书认为,承认直接性要件对于区分诈骗罪与盗窃罪具有重要意义。德国刑法学者 E. Eschmidt 曾设想下例:A 与 X 一起乘火车旅行。在甲车站,A 欺骗 X 说"停车时间很长",使 X 临时下车,其间火车发车了。A 在下一站将 X 的财物拿下车后逃走。E. Eschmidt 指出,A 的行为应成立盗窃罪;如果认为诈骗罪的处分行为可以是无意识的处分行为,那么,A 的行为便成立诈骗罪,但这是不妥当的。其实,在这种场合,并不是处分行为有无意识的问题,而是财物已转移占有还是占有弛缓的问题。X 临时下车的行为,只是造成了对其财物的占有弛缓,并不是转移占有;A 只有通过新的夺取行为,才能取得财物的占有。所以,A 的行为不成立诈骗罪。② 正因为如此,日本学者山口厚教授指出:"关于该'直接性的要件',有见解认为其理论的根据不明确、采用该要件存在诸多疑问。虽然作为问题的提出值得充分考虑,但为了将'占有的弛缓'之后取得占有的行为认定为盗窃罪,这一要件仍然是必要的客观要件。"③

当然,不能机械地理解和认定"直接性要件"。直接性要件只是意味着行为人不必就受骗者的财产处分另实施一次违法行为,或者说在受骗者的财产处分行为与财产转移之间不得介入行为人的进一步的违法行为。④ 所以,就前述持反对意见的学者所列举的诉讼诈骗与受骗者的不作为处分之例而言,由于行为人在对方作出财产处分行为之后,不需要、事实上也没有实施另一违法行为便取得财产,所以,仍然符合直接性要件。再如,A 因为生活贫困没有生活费用而伪装犯罪被拘留,由拘留所为

---

① 〔日〕林幹人:《诈欺罪における处分行为》,载芝原邦尔等编:《刑法理论の现代的展开——各论》,日本评论社1996年版,第219页。
② 〔日〕平野龙一:《犯罪论の诸问题(下)各论》,有斐阁1982年版,第332页。
③ 〔日〕山口厚:《问题探究 刑法各论》,有斐阁1999年版,第149页。
④ Vgl., Cramer, in: Schönke/Schröder, Strafgesetzbuch, 26. Aufl., C. H. beck 2001, S. 2072.

其提供食物。德国法院判决 A 对拘留所提供的食物成立诈骗罪。在这种情况下，A 通过拘留所管理人员提供食物而取得食物，是否具有直接性似乎还存在疑问。但是，德国刑法理论认为，由于被拘留时当然提供食物，因此具有直接性，进而肯定该判决。① 反之，如果不符合直接性要件，就不能认定为财产处分行为。例如，行为人骗取他人的签名，然后再持此签名伪造文书行骗的，他人被骗签名的行为并非诈骗罪中的财产处分行为，骗取他人签名的行为与他人财产损失之间，缺乏直接性要件。②

直接性要件也不排除处分辅助者行为的介入。换言之，在处分行为与处分结果之间，可能介入处分行为者的辅助者的行为。例如，甲欺骗店主乙，旨在使乙处分财产，乙受骗后安排店员丙将财产交付给甲时，受骗者以及财产处分者为乙，丙不是财产处分者，只是财产处分者乙的辅助者。这种情形仍然符合直接性要件，因为甲没有通过欺骗行为以外的其他违法行为获得财产。

4. 包庇、纵容黑社会性质组织罪

根据《刑法》第 294 条第 4 款的规定，包庇、纵容黑社会性质组织罪，是指国家机关工作人员包庇黑社会性质的组织，或者纵容黑社会性质的组织进行违法犯罪活动的行为。问题是，成立本罪，是否要求国家机关工作人员利用职权、地位、影响等便利条件？

刑法之所以将国家机关工作人员包庇、纵容黑社会性质组织的行为规定为独立的罪名，就是为了惩罚实践中经常发生的国家机关的某些工作人员利用职权、地位、影响等对黑社会性质组织的保护、庇佑、放纵，充当"保护伞"，使其得以存续、壮大，持续危害社会的行为。就司法工作人员而言，利用职务便利中的"职务"，不要求是直接从事逮捕、审查起诉、审判的职务。行为人如果没有利用职务便利，只是将偶然听到的查禁黑社会性质组织的信息通知给黑社会性质组织或其成员，帮助其逃避查禁，事后也没利用职权对其予以包庇、纵容的，不成立本罪，但有可能成立其

---

① 参见〔日〕平野龙一：《犯罪论的诸问题（下）各论》，有斐阁1982年版，第333页。
② 参见蔡律师：《刑法分则》，台湾高点文化事业有限公司2001年版，第351页。

他犯罪(如窝藏罪)。所以,利用职权、地位、影响等便利条件属于本罪的不成文的构成要件要素。

(二)不成文的主观的超过要素的范围

我国的刑法理论与司法实践扩大了主观的超过要素的范围,对于许多故意犯罪,在刑法没有明文规定的情况下,动辄加上"以……为目的"或者其他主观要素。从处罚范围来说,随意添加目的因素既可能导致不当扩大处罚范围,也可能由于某种原因缩小处罚范围。从处罚实质来说,由于目的是主观因素,随意添加目的因素往往是为了在故意之外说明行为的反伦理性、行为无价值性,因而有悖于刑法的法益保护目的。其中,一种是理论上的随意添加,这种添加给司法实践造成误导;另一种是理论上并没有随意添加,而是司法实践随意添加。下面选择几例一并说明。

1. 强奸罪的奸淫目的

强奸罪没有疑问只能由故意构成,但我国以往的刑法理论却特别加上了"具有奸淫的目的"[①]。如果正确地表述了强奸罪的故意内容,是否加上"具有奸淫的目的"或许无关紧要。即如果将强奸罪的故意内容表述为"明知自己使用暴力、胁迫或者其他方法强行与妇女发生性交的行为违背妇女意志,会发生侵犯妇女性的不可侵犯权的结果,并且希望或者放任这种结果发生",实质上就包括了强行奸淫的目的。但是,由于刑法理论一直没有完整地表述强奸罪的故意,因而司法实践中仅以行为人主观上是否具有奸淫目的来认定强奸罪。但"奸淫目的"是外延较广的概念,行为人意欲通奸、未婚男子意欲与未婚女子发生性交的,都可谓"具有奸淫目的",于是导致扩大强奸罪的处罚范围。

例如,被告人李某(男,已婚)与邻居王某(女,已婚)关系较好。某日晚,天降大雨,李某喊王某收稻草,一进房,值打雷闪电,映现王某身穿裤

---

① 参见高铭暄主编:《刑法学》(修订本),法律出版社1984年第2版,第441页。但现在的教科书一般改变了这种说法,有的只说:"明知妇女不同意与其发生性行为,而强行与其发生性行为。"(高铭暄主编:《新编中国刑法学》(下册),中国人民大学出版社1998年版,第698页;高铭暄、马克昌主编:《刑法学》(下编),中国法制出版社1999年版,第826页)。

衩、背心熟睡。李顿起淫心,脱下裤子坐在床沿,扒拉一下王的肩膀,并叫王的名字。王醒来后拉开电灯,看到李没有穿衣裤,便说:"二哥,这是干什么?"李说:"二哥馋着呢!"王坐起后斥责说:"你不算人,叫人怎么说出口?"李"一看不行",赶快穿上裤子说:"你不同意就算了,二哥没出息,你别往外边说。"随即回家。某法院认定李某犯有强奸(未遂)罪,判处有期徒刑4年。理由是,李某具有奸淫的目的,只是由于意志以外的原因而未遂。实际上,李某是与王某"商量",说通了就发生性关系,说不通就算了;他只有通奸的意图,而没有强奸的故意;扒拉王某肩膀是为了与她商量,决非强奸的暴力行为。由此看来,在没有完整表述强奸罪故意内容的情况下,加上"具有奸淫的目的"这一要素,会导致司法机关将某些主观上只有通奸或者与妇女发生不正当性行为的意图,在拥抱、拉扯过程中,妇女表示不同意后便立即停止的行为,也当作强奸未遂来处罚,因而扩大处罚范围。

另一方面,要求强奸罪主观上"具有奸淫的目的"也可能在某些情况下缩小处罚范围。因为我国刑法理论一直认为,只有直接故意具有犯罪目的,间接故意不具有犯罪目的[①];结局,凡是要求"具有……目的"的犯罪都只能由直接故意构成,而不能由间接故意构成。据此,强奸罪不可能由间接故意构成。

但是,首先,刑法理论上作为主观的超过要素所讲的犯罪目的,显然不是指直接故意的意志因素,而是故意之外的一种主观心理内容。这种犯罪目的实际上可能分为不同情况:从与实行行为的关系来看:一类是行为人实施了实行行为就可以实现的目的,如在破坏生产经营罪中,只要实施了毁坏机器设备等行为,就可以实现泄愤报复或者其他个人目的;另一类是行为人实施实行行为后,还需要行为人或第三者实施其他行为才能实现的目的,如在走私淫秽物品罪中,仅仅走私还不能实现牟利或传播的目的,只有在走私之后贩卖或者传播,才能实现牟利或者传播的目的。德

---

① 参见高铭暄、马克昌主编:《刑法学》(上编),中国法制出版社1999年版,第221页以下。

国刑法理论称前者为断绝的结果犯(Kupierte Erfolgsdelikte),称后者为短缩的二行为犯(Verkummert Zweiaktige Delikte)。日本学者大塚仁则称前者为直接目的犯,称后者为间接目的犯。① 短缩的二行为犯的重要特点在于:第一个行为的结果与行为人实施第二行为的目的并不相同,因此,对第一个行为的结果的放任与对第二个行为的目的完全可以并存。刑法理论公认,间接故意犯罪的发生情形之一是,行为人为了实现另一犯罪目的,而放任此种犯罪结果的发生。之所以如此,是因为行为人的目的与其所放任的结果并非同一。这便可以佐证间接故意也可能成立目的犯的观点。即当目的犯的目的与其结果并不同一时,行为人完全可能在具有特定目的的同时,对结果持放任态度。例如,就违规制造枪支罪而言,行为人在具有非法销售目的的同时,完全可能对行为危害公共安全的结果持放任态度。将目的犯限定于直接故意犯罪,既可能是因为将目的犯中的目的内容狭窄地限定为犯罪结果,也可能是由于自觉或者不自觉地将目的犯的目的与直接故意的意志因素相混同。可见,随意加上"以……为目的",又将目的犯没有例外地限定为直接故意,就可能不当地缩小犯罪的成立范围。

事实上,要求强奸罪主观上"具有奸淫的目的"的观点,所注重的不是行为是否侵犯了妇女的性的不可侵犯权,而是行为人是否具有不正当目的。然而,只要行为人具有强奸的故意,客观上实施了强奸行为,不管行为人主观上出于何种动机与目的,都侵犯了妇女的性的不可侵犯权,应以强奸罪论处。例如,有的行为人是为了发泄性欲而强奸妇女,有的行为人是为了报复被害人或者其亲属而强奸妇女,有的行为人是为了与妇女结婚,造成既成事实而强奸妇女,这些都不影响强奸行为的性质。

2. 强制猥亵、侮辱妇女罪的内心倾向

根据以往的刑法理论,强制猥亵罪属于倾向犯。根据麦茨格(Mezger)的观点,所谓倾向犯,是指行为必须表现出行为人的特定内心倾向的犯罪,只有当这种内心倾向被发现时,才能认定其行为具有构成要件

---

① 参见〔日〕大塚仁:《刑法概说(总论)》,有斐阁2008第4版,第135页。

符合性。① 典型的倾向犯便是各种猥亵罪②,即只有当行为人实施的行为表现出行为人具有刺激或者满足性欲的内心倾向时③,该行为才符合猥亵罪的构成要件,才具有违法性。如果外表上属于猥亵行为,但行为人并没有刺激或者满足性欲的目的,则不符合猥亵罪的构成要件。麦茨格关于倾向犯的这种观点不仅被德国刑法理论与审判实践普遍采纳,而且也曾被日本学者与法官广为接受。但猥亵罪究竟是否属于倾向犯,即猥亵罪的成立在主观上除了要求行为人具有故意外,还应否要求行为人主观上必须出于刺激或者满足性欲的内心倾向,仍然是一个值得研究的问题。

我国旧刑法没有规定猥亵罪,现行刑法颁布后,许多论著实际上认为强制猥亵、侮辱妇女罪主观上必须出于刺激或者满足性欲的内心倾向。如有的教材指出:强制猥亵、侮辱妇女罪的动机是通过猥亵行为"寻求性的满足和下流无耻的精神刺激"④;有的教材指出:本罪"主观方面由直接故意构成,并且具有性刺激和性满足的目的"⑤。尽管两者分别将性刺激与性满足表述为强制猥亵罪的动机与目的,但具体内容与麦茨格所要求的内心倾向没有实质区别。

但是,这种要求猥亵罪出于刺激或者满足性欲的内心倾向的传统观点,还值得商榷。

先来看看日本的一个判例以及学者们对这个判例的批评。被告人以为自己的妻子甲女因为乙女(23岁)的诱导逃往东京方面,便于某日晚8时许来到乙女的住宅,对乙女说:"你真会骗我呀!我是不顾一切来报复你的。还有硫酸。我要将硫酸泼洒到你脸上,让你丑陋。"大约胁迫了乙女近两个小时。乙女请求被告人宽恕,但被告人为了采用拍摄乙女的裸

---

① 显然,倾向犯并不是说行为人具有某种犯罪的倾向时就是犯罪,也不是说犯罪的倾向本身是处罚的根据,而是说除了故意之外,行为反映出特定内心倾向时,才构成犯罪。或许这个概念容易引起误会,但已约定俗成,不必计较用语本身。
② 猥亵罪的概念一般包括强制猥亵罪、猥亵儿童罪与公然猥亵罪。
③ 这里的刺激或者满足性欲不仅包括刺激或者满足行为人的性欲,还包括刺激或者满足第三者的性欲。
④ 高铭暄、马克昌主编:《刑法学》(下编),中国法制出版社1999年版,第832页;高铭暄主编:《新编中国刑法学》下册,中国人民大学出版社1998年版,第703页。
⑤ 周道鸾、张军主编:《刑法罪名精释》,人民法院出版社2007年第3版,第431页。

体照片的方法进行报复,迫使畏惧中的乙女"裸体站立 5 分钟",然后拍下了乙女的裸体照片。日本钏路地方裁判所 1967 年 7 月 7 日的判决认为,强制猥亵罪的法益是对方的性的自由,不要求本罪必须出于兴奋、刺激或者满足性欲的倾向,行为人出于报复目的实施强制猥亵行为的也成立本罪,于是判处被告人 1 年的有期惩役。被告人上诉后,札幌高等裁判所于同年 12 月 26 日作出判决,认定被告人的行为侵害了被害人的性自由,成立强制猥亵罪,维持了原判。但被告人上告到最高裁判所后,最高裁判所于 1970 年 1 月 29 日作出判决,撤销原判,发回重审。最高裁判所指出:"成立刑法第 176 条前段的强制猥亵罪,要求其行为是在刺激、兴奋或者满足犯人的性欲这种性的意图支配下实施的;当胁迫妇女赤身裸体拍摄照片的行为,是出于报复、侮辱①或者虐待妇女的目的时,构成强要罪或者其他犯罪②,而不构成强制猥亵罪。"③

  这一判决虽然得到了佐伯千仞、大塚仁等人的赞同④,但遭到了平野龙一、内藤谦、町野朔、前田雅英等许多学者的反对。平野龙一教授认为,强制猥亵罪的法益是个人的性的自由,故只要行为人认识到自己实施的猥亵行为侵害了被害人的性的自由即可;即使并非出于刺激或者满足性欲的倾向,也完全可能侵害被害人的性的自由。⑤ 内藤谦教授指出:"强制猥亵罪以被害人的性的自由作为保护法益,因此,既然行为人实施了上述一定的客观行为(指上述判决所认定的行为——引者注),并且认识到

---

  ① 这里的"侮辱"是指侮辱人格、名誉的情况,即与我国《刑法》第 237 条规定的"侮辱"不是一个含义。
  ② 强要罪亦称强制罪,是指使用暴力,使他人实施没有义务实施的行为,或者妨害他人行使权利的行为。
  ③ 日本《最高裁判所刑事判例集》第 24 卷第 1 号,第 1 页。最高裁判所的上述判决虽然是多数法官的意见,但并非所有法官的观点,入江法官便持反对意见。他认为,成立强制猥亵罪,"只要求行为人认识到属于猥亵行为的事实而实施;……猥亵行为是损害普通人的性的羞耻心、违反善良的性道义观念的行为;某种行为是否属于猥亵行为,应当客观地依照社会一般观念,即站在普通人的立场,观察该行为本身,来作出决定。……刑法第 176 条的强制猥亵罪并不以出于兴奋、刺激、满足行为人(犯人)性欲的目的为必要。即使出于报复、侮辱、虐待的动机或者目的,也不妨害本罪的成立。"(见同判决所附的反对意见)。
  ④ 参见〔日〕佐伯千仞:《刑法讲义(总论)》,有斐阁 1984 年 4 订版,第 187 页;〔日〕大塚仁:《刑法概说(各论)》,有斐阁 2005 年第 3 版增补版,第 100 页。
  ⑤ 参见〔日〕平野龙一:《犯罪论的诸问题(下)各论》,有斐阁 1982 年版,第 307 页以下。

该行为(具有故意),即使是仅出于报复、侮辱、虐待的目的,也应认为成立该罪。"①町野朔教授提出:"既然行为人实施了明显侵害被害人的性的羞耻心的行为,侵害了性的自由这种保护法益,只要行为人对这种行为存在故意就成立强制猥亵罪。除此之外,没有任何理由要求行为人具有特别的心理。"②前田雅英教授写道:"除了要求认识到客观的构成要件要素以外,还要求有内心的倾向,就限定了处罚范围。但是,刑法第176条并没有以目的犯的目的的形式规定'猥亵倾向'。在行为人实施了足以使被害人产生性的羞耻心的客观行为,并且充分认识到了这一点的场合,在具有强制猥亵罪的法益侵害性、责任非难的同时,也满足了可罚性。行为是否侵害被害人的性的自由、感情,与行为人的主观没有关系,是客观地决定的。即使缺乏使责任升高的猥亵倾向,也没有理由否认其构成要件符合性。"③现在可以肯定的是,否认猥亵罪是倾向犯以及否认倾向犯概念的观点,在日本已成为通说。因此,后来的判例也否认了前述最高裁判所的观点。如行为人为了取得胁迫他人的把柄,迫使他人裸体进而拍摄他人的裸体照片。东京地方裁判所1987年9月16日的判决,认定该行为成立强制猥亵罪。④

　　要求强制猥亵、侮辱妇女罪主观上具有刺激或者满足性欲的内心倾向,或许有两个好处:一是有利于区分猥亵行为与非罪行为的界限。例如,医生出于治疗的必要,为妇女检查身体的行为,因为不是出于刺激或者满足性欲的目的,故不成立强制猥亵、侮辱妇女罪。二是有利于区分强制猥亵、侮辱妇女罪与《刑法》第246条规定的侮辱罪的界限。即如果是出于性的刺激或者满足的倾向强制侮辱妇女的,构成强制猥亵、侮辱妇女罪;如果单纯出于毁损名誉的意图,则构成《刑法》第246条的侮辱罪。尽管如此,本书仍然认为,强制猥亵、侮辱妇女罪与猥亵儿童罪的成立并不需要行为人主观上出于刺激或者满足性欲的倾向或目的(为了论述的方

---

① 〔日〕内藤谦:《刑法讲义总论》(上),有斐阁1983年版,第219页。
② 〔日〕町野朔:《刑法总论讲义案Ⅰ》,信山社1995年第2版,第187页。
③ 〔日〕前田雅英:《刑法各论讲义》,东京大学出版会2007年第4版,第121页。
④ 参见日本《判例タイムズ》1987年总第670号,第255页。

便,仅以强制猥亵、侮辱妇女为例)。

不要求行为人主观上出于刺激或者满足性欲的倾向,是因为即使没有这种倾向的行为也严重侵犯了妇女的性的不可侵犯权。刑法规定本罪是为了保护妇女的性的不可侵犯权,而不是保护公共秩序。刑法将该罪规定在分则第四章中就充分说明了这一点。但行为是否侵犯了妇女的性的不可侵犯权,取决于行为性质与结果。易言之,根据刑法的规定,如果行为人对妇女实施了强制猥亵行为,就侵犯了妇女的性的不可侵犯权。由于刑法对于猥亵行为的具体内容不可能做出详细规定,故什么是猥亵行为,只能根据社会的一般观念进行判断。在一定的社会条件下,如果某种行为使妇女产生了性的羞耻心,就应当认为这种行为侵犯了妇女的性的不可侵犯权。至于行为人主观上是否出于刺激或者满足性欲的倾向,则不能左右其客观行为是否侵犯了妇女的性的不可侵犯权。以强奸罪为例。行为人实施强奸行为,大体上都是为了刺激或者满足性欲,但根据刑法的规定,刺激或者满足性欲的目的,也不是强奸罪的主观要素。如前所述,有的行为人出于报复目的强奸妇女;有人为了报复他人,教唆第三者强奸妇女。这两种行为显然均构成强奸罪。因为行为人客观上实施了强奸或者教唆强奸的行为,侵犯了妇女的性的不可侵犯权;主观上认识到强奸行为违背妇女意志,并决意强奸或者教唆强奸。这说明,即使不是出于刺激或者满足性欲的倾向或目的,也完全可能侵犯妇女的性的不可侵犯权,因而构成强奸罪。强制猥亵、侮辱妇女罪也是如此。前述日本的判例所认定的事实,无疑侵犯了被害人性的不可侵犯权。既然如此,就没有理由否认其构成强制猥亵、侮辱妇女罪。况且,从规范意义上来理解,"强奸行为也是强制猥亵行为的一种,但由于刑法特别规定了强奸罪,理所当然认为强奸行为不属于强制猥亵罪的行为"[①]。也就是说,猥亵行为本来是包括强奸行为的,只是由于刑法对强奸罪有特别规定,所以才导致猥亵行为不包括强奸。在此意义上说,关于猥亵罪的规定与关于强奸罪的规定,实际上是普通法条与特别法条的关系。特别法条的适用以符合普通法条

---

① 〔日〕大塚仁:《刑法概说(各论)》,有斐阁2005年第3版增补版,第99页。

为前提,既然强奸罪并不要求刺激、满足性欲的内心倾向,反过来说明强制猥亵妇女罪也不要求刺激、满足性欲的内心倾向。

不要求行为人主观上出于刺激或者满足性欲的倾向,也完全可以从客观上区分是否猥亵行为,因而完全可以区分罪与非罪。"例如,是治疗行为还是猥亵行为,从外形上看就可以区别。如果完全是治疗行为,即使具有猥亵目的,也不应当处罚。反之,只要是明显损害性的羞耻心的行为,并且是对之有认识而实施行为,即使缺乏猥亵目的,也值得处罚。"①换言之,对于医生出于治疗的必要并征得妇女的同意而检查妇女身体的行为,不可能认定为强制猥亵、侮辱妇女罪;即使医生在检查妇女身体时具有刺激或者满足性欲的目的,也不可能将这种行为认定为强制猥亵、侮辱妇女罪。

不要求行为人主观上出于刺激或者满足性欲的倾向,也完全可以合理处理强制猥亵、侮辱妇女罪与侮辱罪的关系。对妇女的性的不可侵犯权的侵犯,也是对妇女人格与名誉的侵犯,但针对妇女而言,性的不可侵犯权的法益性质显然重于其他方面的人格与名誉,于是刑法对侵犯妇女的性的不可侵犯权的行为作了特别规定。因此,对侵犯妇女的性的不可侵犯权的强制猥亵、侮辱行为,不能仅认定为《刑法》第246条的侮辱行为。易言之,除强奸罪(包括普通强奸与奸淫幼女)之外,侵犯妇女的性的不可侵犯权的行为,就属于《刑法》第237条规定的猥亵行为,应认定为强制猥亵妇女罪。据此,不管出于什么动机与目的,不管在什么场所,强行剥光妇女衣裤的行为,都属于强制猥亵、侮辱妇女罪。② 例如,被告人杨某(男,37岁,农民)一日与侄子杨某某(16岁)在村口小河沟内捕鱼。同村妇女吕某在沟旁捞肥泥,杨某认为吕某的行为妨碍其捕鱼,便张口谩骂吕某。吕某十分气愤,便故意将淤泥溅在杨某及其侄子身上。杨某见状,便跑到岸边,揪住吕某上衣,并向吕某阴部猛击几拳。杨某见吕某骂

---

① 〔日〕前田雅英:《刑法各论讲义》,东京大学出版会2007年第4版,第121页。
② 对当众剥光男性公民衣裤的行为,理所当然只能认定为侮辱罪。因为刑法没有规定侵犯男子的性的不可侵犯权的犯罪,即刑法没有从侮辱罪中抽出强制猥亵男子的行为进行特别规定。既然没有特别规定,当然只能适用普通法条认定为侮辱罪。

声不止,随即从厕所里捞起大粪,涂在吕某嘴、脸及头发上。吕某边哭边骂,杨某威胁说:"再骂扒下你的裤子,拨下你的阴毛。"说着,唤来他家豢养的大公狗,杨某扒下吕某的裤子,叫狗扑在吕某的下身上,使其当众赤裸下身。吕某事后感到无脸见人,欲自杀未成。有人认为,杨某的行为构成侮辱罪,而不构成强制猥亵、侮辱妇女罪。理由主要是,杨某主观上没有追求性满足和性刺激的目的,行为所针对的是特定的妇女。① 根据本书的观点,杨某的行为构成强制猥亵、侮辱妇女罪。首先,同单纯侵犯人格、名誉的侮辱罪相比,杨某的行为更为严重,即除侵犯了吕某的人格、名誉外,更重要的是侵害了吕某的性的不可侵犯权,仅以侮辱罪论处显然会违反罪刑相适应原则。其次,根据这种观点,在本案中,因为杨某不是出于性的满足或者刺激、而是为了报复便认定为侮辱罪;如果杨某出于性的满足或者刺激便认定为强制猥亵、侮辱妇女罪。这显然是在行为性质、内容相同的情况下,根据行为人的主观目的与动机来区分此罪与彼罪,而这正是采取客观主义的刑法所力图克服的现象。② 再次,与主观因素相比,客观因素无疑容易认定。在根据客观因素完全可以合理处理强制猥亵、侮辱妇女罪与侮辱罪的关系,并且区分结果完全合理的情况下,理当以客观因素为标准进行处理。换言之,与其根据行为人是否具有性的满足与刺激目的来区分强制猥亵、侮辱妇女罪与侮辱罪的界限,不如根据行为是否侵害了妇女的性的不可侵犯权这一本质的、客观的标准来处理二者的关系。最后,强制猥亵、侮辱妇女罪是侵犯妇女性的不可侵犯权的犯罪,而不是破坏公共秩序的犯罪,故要求本罪必须针对不特定对象,是缺乏理由的。

不要求行为人主观上出于刺激或者满足性欲的倾向,并不意味着不要求行为人主观上具有故意,因而不会导致客观归罪。强制猥亵、侮辱妇女罪是故意犯罪,这是没有疑问的,但其故意内容应当根据客观违法构成要件的内容以及刑法关于故意的一般规定来确定。强制猥亵、侮辱妇女罪的客观违法构成要件,是以暴力、胁迫或者其他手段针对妇女实施损害

---

① 参见欧阳涛等主编:《易混淆罪与非罪、罪与罪的界限》,中国人民公安大学出版社1999年版,第207页以下。

② 参见张明楷:《新刑法与客观主义》,载《法学研究》1997年第6期,第93页以下。

其性的羞耻心、侵犯其性的不可侵犯权的行为。因此,如果行为人在实施该客观行为时,认识到被害人是妇女,认识到自己的行为是损害妇女的性的羞耻心、侵犯其性的不可侵犯权的行为,并且希望或者放任对妇女的性的不可侵犯权的侵害,就具有了本罪的故意。① 刺激或者满足性欲的内心倾向是一种"主观的超过要素",这种要素不是故意本身的内容,而是故意之外的一种主观内容,因此,不要求刺激或者满足性欲的内心倾向,并不等于不要求有犯罪故意,不会因此而导致客观归罪。

要求行为人主观上出于刺激或者满足性欲的倾向,会导致不当缩小或者扩大处罚范围。例如,前述日本判例所认定的事实,如果发生在我国,也没有人否认其有严重的危害性。在日本,即使要求行为人主观上出于刺激或者满足性欲的倾向,对该行为也可以认定为强要罪(或强制罪)。② 在我国,如果做出同样的要求,则因为刑法没有规定强要罪,而导致该行为无罪。③ 如此不当地缩小处罚范围,必然不利于保护法益,不能够得到国民的认同。另一方面,要求行为人主观上出于刺激或者满足性欲的倾向,在某些场合也可能因为行为人具有这种倾向,而将客观的、标准的治疗行为认定为猥亵行为,从而扩大处罚范围。

要求行为人主观上出于刺激或者满足性欲的倾向,会导致本罪与《刑法》第246条的侮辱罪的不平衡,而且有违反罪刑相适应原则之嫌。例如,甲为了羞辱损毁妇女的名誉,而当众剥光妇女衣裤。乙为了刺激或者满足性欲,而在没有第三者在场的情况下剥光妇女的衣裤。显然甲的行为对妇女法益的侵害远远重于乙的行为,对甲的处罚应当重于对乙的处罚。但如果认为强制猥亵、侮辱妇女罪是倾向犯,那么,由于甲主观上没有刺激或者满足性欲的倾向,只能认定为侮辱罪(以被害人告诉为前提),在"三年以下有期徒刑、拘役、管制或者剥夺政治权利"的法定刑内量刑。由于乙具有特定的内心倾向,被认定为强制猥亵、侮辱妇女罪,在

---

① 对于前述日本判例认定的事实,没有任何人否认行为人主观上具有强制猥亵的故意,日本最高裁判所否认成立本罪,并不是因为行为人没有强制猥亵的故意,而是因为没有刺激或者满足性欲的倾向。
② 日本裁判所最后对该行为以强要罪论处。
③ 由于该行为不具有公然性,故也不可能认定为侮辱罪。

"五年以下有期徒刑或者拘役"的法定刑内量刑。① 这是何等不均衡！不能不认为这违反了罪刑相适应原则。如果不要求行为人主观上出于刺激或者满足性欲的倾向，则甲的行为与乙的行为都构成强制猥亵、侮辱妇女罪，对于甲的行为适用《刑法》第 237 条第 2 款，在"五年以上有期徒刑"的法定刑内量刑，对于乙的行为适用同条第 1 款，在"五年以下有期徒刑或者拘役"的法定刑内量刑。这便使得对甲、乙的处罚协调，符合罪刑相适应的原则。

要求行为人主观上出于刺激或者满足性欲的倾向，是过于重视主观因素的表现。我国的刑法采取了客观主义态度。立足于客观主义的刑法，有利于发挥刑法的机能，有利于实现刑法的正义、合目的性与法的安定性的理念，有利于合理保护社会利益与个人利益，有利于合理对待犯罪化与非犯罪化，有利于合理区分刑法与道德，有利于合理处理刑事立法与刑事司法的关系。因此，刑法理论与司法实践应当将客观要素置于比主观要素更为重要的地位，在评价行为的违法性时，应采取客观的立场（客观的违法性论）；在区分此罪与彼罪时，应首先着眼于客观要素。具体到强制猥亵、侮辱妇女罪而言，行为是否侵害了妇女的性的不可侵犯权，要从客观行为着眼，看行为是否属于强制猥亵行为。至于行为是构成强制猥亵、侮辱妇女罪还是侮辱罪，也要从客观行为是否侵犯了妇女的性的不可侵犯权入手。至于行为人是否具有实施强制猥亵行为的故意，则是有无责任的问题。要求强制猥亵、侮辱妇女罪主观上必须出于刺激或者满足性欲的倾向的观点，实质上过于重视了主观侧面，过高地估计了主观内容所起的作用。过于重视主观因素的结果，常常是不考虑行为是否侵犯了法益，而只考虑行为人主观上有没有恶性。要求强制猥亵、侮辱妇女罪主观上出于刺激或者满足性欲的倾向，便忽视了行为是否侵犯了妇女的性的不可侵犯权，而只是考虑行为人主观上是否具有某种特定的恶性。

---

① 事实上，我国刑法理论上出现了这种不协调的观点。如有的教科书指出，为了"寻求性刺激和下流无耻的精神刺激"而"剪开妇女裙、裤""使其露丑"的行为，属于强制猥亵、侮辱妇女罪；而"为了羞辱被害人，而当众强行剥光其衣服示众"的行为，则构成侮辱罪（参见高铭暄主编：《新编中国刑法学》下册，中国人民大学出版社 1998 年版，第 702 页、第 724 页；高铭暄、马克昌主编：《刑法学》（下编），中国法制出版社 1999 年版，第 831 页、第 852 页）。

我们不可低估这种观点的缺陷。

　　要求行为人主观上出于刺激或者满足性欲的倾向,可能是来源于对客观事实的归纳。但是刑法学是规范学而不是事实学,什么样的因素是构成要件,只能根据刑法的规定来确定;即使是不成文的构成要件要素,也要根据刑法的相关规定、条文之间的关系来确定;而不能根据已经发生的事实来确定,也不能根据所谓"人之常情"来确定。例如,抢夺罪的成立,并不以"乘人不备"为前提,即使现实所发生的抢夺案例都表现为乘人不备,我们也不能认为"乘人不备"是抢夺罪的构成要件要素。何况,犯罪现象极为复杂,任何人也不能担保不会出现"乘人有备"的抢夺案件。强制猥亵、侮辱妇女罪也是如此。刑法并没有将"出于刺激或者满足性欲的倾向"规定为主观要素;如前所述,从犯罪本质来看,不具有这种倾向的行为也侵犯了妇女的性的不可侵权;从本罪与其他犯罪的关系来看,不要求这种内心倾向也不会导致罪与非罪、此罪与彼罪区分上的困难。在刑法没有明文规定这种内心倾向,事实上也没有必要具有这种内心倾向的情况下,当然不能将其理解为主观要素。即使绝大多数行为人主观上都有刺激或者满足性欲的倾向,但这也只是事实现象,而不是法律规定。况且,实践中完全可能出现非出于刺激或者满足性欲的内心倾向的强制猥亵行为。前述日本的案例就充分证实了这一点。我国也出现过类似的案件。例如,被告人韩某(男)与被害人吕某(女)系邻居。1983年春和1984年夏,吕家盖新房时,两家曾因宅基地问题发生过口角,韩某即产生对吕某进行报复之念。1984年8月13日晚11时许,韩乘吕的丈夫不在家,从吕家的西屋窗孔钻入室内,进入吕睡觉的东屋,乘吕熟睡之机,用被子蒙住吕的头部,对吕实施拧大腿、抠阴部等猥亵行为。吕醒后叫骂,吕的孩子亦被惊醒大声哭叫。韩又将吕家箱子上的一个铝制汤匙塞入吕的阴道后逃跑。本案在当时以流氓罪论处,并没有以侮辱罪论处。[①]再如,行为人为了使17岁的被害妇女怀孕,强行向被害人阴道注射精液。

　　[①] 参见王运声主编:《刑事犯罪案例丛书(流氓罪)》,中国检察出版社1993年版,第312页。

虽然行为人并非出于刺激或者满足性欲的目的,但也应认定其行为构成强制猥亵妇女罪。

以上分析表明,不把握法益侵害的犯罪本质,随意添加主观的超过要素,会造成诸多混乱现象。

3. 非法拘禁罪、刑讯逼供罪的主观动机

新旧刑法都规定了非法拘禁罪,新《刑法》第 238 条第 4 款还特别规定,国家工作人员利用职权犯非法拘禁罪的,从重处罚。从理论上看,没有任何人对非法拘禁罪提出主观的超过要素,但在司法实践上,对国家工作人员利用职权犯非法拘禁罪的,如果不是出于某种卑鄙的个人动机,往往难以认定为非法拘禁罪。超期羁押便是如此。① 超期羁押,一般是指在刑事诉讼中,有关办案机关与办案人员依法对犯罪嫌疑人、被告人采取刑事拘留、逮捕强制措施后,羁押时间超过刑事诉讼法规定期限的行为。超期羁押的非法性至为明显。暂时撇开宪法、刑法而论,超期羁押行为最明显、最直接地违反了刑事诉讼法关于拘留、逮捕期限的规定。当国家机关以适用法律的名义,利用国家机器剥夺公民的人身自由时,其对公民人身权利侵害的普遍性、严厉性,远远超过普通公民的侵害行为。从人身自由被剥夺的程度来看,被超期羁押的犯罪嫌疑人、被告人均被关押于戒备森严的看守所,其人身自由被彻底剥夺。从时间上看,超期羁押的期限少则几个月,多则几年,有的甚至十几年、二十几年。这两点足以说明超期羁押行为的法益侵害程度。不仅如此,在许多情况下,超期羁押比司法机关将无罪错判为有罪的危害性有过之而无不及。在无罪错判为有罪的情况下,被错判的人能够预测自己何时可以获得自由,因而他总是抱有重获自由的希望;他还可以通过立功等表现,获得减刑或者假释。而超期羁押至何时为止,被羁押者根本无法预测,或者说,他根本不知道自己何时可以获得自由。被羁押者的自由依赖于有关机关与办案人员将案件查明,但事实上,各种证据随着时间的流逝而失散、湮灭,他获得自由的可能会

---

① 倘若认为超期羁押的行为成立滥用职权罪,则如后所述,在滥用职权罪的认定方面也存在类似问题。

越来越小、希望越来越渺茫。既然刑事立法、刑事司法与刑法理论皆认为司法工作人员故意将无罪错判为有罪具有严重的危害性,并因此追究刑事责任,那么,就没有理由否认超期羁押的违法性与有责性。旧中国 1935 年刑法第 125 条规定:"有追诉或处罚犯罪职务之公务员,为下列行为之一者,处一年以上七年以下有期徒刑:一、滥用职权为逮捕或羁押者。……因而致人于死者,处无期徒刑或七年以上有期徒刑,致重伤者,处三年以上七年以下有期徒刑。"1936 年"最高法院"上字第 3652 号指出:"刑法第一百二十五条第一项第一款之滥权羁押罪,不仅指羁押之始具有滥用职权之违法情形,即先以合法原因羁押,而其后原因消灭,复以不法意思继续关押者,仍属滥权羁押,不能解免前项罪责。"①这一判旨明确指出,超期羁押构成滥用职权羁押罪。连旧中国都能做到的有利于保障公民人身自由的事情,新中国没有理由做不到,更没有理由不做到。

可是,长期以来,对超期羁押行为未能追究刑事责任;这反过来又成为超期羁押现象严重的原因,造成恶性循环。之所以未能追究超期羁押的刑事责任,原因也是林林总总,如对超期羁押的危害性认识不足,犯罪主体不易确定,超期羁押太普遍因而担心打击面过大,如此等等。但其中的一个重要原因是,人们习惯于认为,超期羁押不是为了谋取私利,而是为了打击犯罪即为公,所以不宜追究刑事责任。显然,在决定行为是否成立犯罪时,这种观念主要考虑的是行为人主观上是利他动机还是利己动机,出于利他动机超期羁押的,不成立犯罪;出于利己动机非法关押他人的,是自私自利的表现,可能成立犯罪。然而,根据刑法的目的与非法拘禁罪的构成要件,出于打击犯罪的动机而超期羁押的行为,也是犯罪行为。因为不管行为人是出于打击犯罪的动机超期羁押,还是出于报复等个人目的关押他人,其行为本身对被害人人身自由的侵害程度没有任何改变。我们不能说,如果行为出于打击犯罪的动机,其行为对被害人人身自由的侵害程度就轻微得多;反之,则严厉得多。不仅如此,从法益侵害

---

① 转引自许玉秀主编:《学林分科六法:刑法》,台湾学林文化事业有限公司 2001 年版,第 263 页。

程度上考虑,利用国家机器剥夺公民人身自由的行为,比普通公民剥夺他人人身自由的行为,有过之而无不及。诚然,行为人的主观内容影响其非难可能性的程度,但是动机只是导致行为人实施犯罪的主观原因,它只能从一个侧面说明行为人的非难可能性。为公的动机不可能使行为的法益侵害性减少,也不可能导致非法拘禁罪的责任缺失。据此,可以得出以下结论:在刑法没有规定动机是犯罪构成要件的情况下,动机的内容不影响行为对法益的侵犯性质与程度,也不导致有责性的缺失,因而不影响定罪;即使善良的动机、利他的动机也不例外。

现行刑法与旧刑法都规定了刑讯逼供罪,但都没有对本罪规定主观的超过要素,具体地说都没有要求行为人出于利己的动机。然而事实上却存在这样的做法:如果刑讯逼供行为出于尽快破案等良好动机,则不认定为犯罪;只有当行为人出于报复等卑鄙动机时,才追究刑事责任。对这种做法稍作分析就会发现,它主要考虑行为人主观上是利他动机还是利己动机,出于利他动机实施刑讯逼供时,由于行为人没有获取私利的意图,所以无罪;出于利己动机时,则是自私自利的表现,所以有罪。显然,它没有站在法益主体的角度考虑问题,没有从保护法益的角度得出结论。如果坚持贯彻法益侵害说,不难发现出于利他动机的刑讯逼供行为也是犯罪行为。因为不管行为人是出于利他动机还是利己动机,刑讯逼供行为对被害人人身权利的侵犯没有任何改变,我们不能说,行为人出于利他动机时,其刑讯逼供行为对被害人人身权利的侵犯程度就轻微得多;反之,则严厉得多。由此可见,刑讯逼供罪的成立,并不以具有特定的动机为前提。

4. 寻衅滋事罪的主观动机

寻衅滋事罪只能由故意构成,故意的内容需要根据《刑法》第 14 条的规定以及客观要素的内容予以具体化。本书对此不展开说明。这里讨论的是,本罪是否需要出于特定动机?换言之,本罪是否在故意之外另要求特定的主观要素?

最高人民法院、最高人民检察院 1984 年 11 月 2 日《关于当前办理流氓案件中具体应用法律的若干问题的解答》指出:"在刑法上,流氓罪属于妨害社会管理秩序罪。流氓罪行虽然往往使公民的人身或公私财产受到损害,但它的本质特征是公然蔑视法纪,以凶残、下流的手段破坏公共秩序,包括破坏公共场所的和社会公共生活的秩序。"由于寻衅滋事罪是从流氓罪中分解出来的,故上述司法解释的内容依然影响了人们对现行刑法中的寻衅滋事罪的解释。例如,有学者指出:"寻衅滋事罪的罪责形式是故意,这里的故意,是指明知是寻衅滋事行为而有意实施的主观心理状态。应当指出,寻衅滋事罪在主观上必须具有寻求精神刺激、填补精神空虚的流氓目的。"①有的教科书指出:"本罪的主观方面为故意。本罪的犯罪目的与动机较为复杂,有的是以惹是生非来获得精神刺激,有的是用寻衅滋事开心取乐,有的是为了证明自己的'能力'和'胆量'等等。"②还有论著提出:"本罪的本质特征是,公然蔑视国家法纪和社会公德,故意用寻衅滋事,破坏社会秩序的行为,来寻求精神刺激,填补精神上的空虚。……行为人具有寻求精神刺激、发泄不良情绪、耍威风、取乐等流氓动机,并在此动机的支配下实施了寻衅滋事行为,表明了行为人主观上具有公然向社会公德挑战向社会成员应共同遵守的社会秩序挑战的故意,……行为人在流氓动机的支配下,实施寻衅滋事行为,达到某种精神上的满足,这种通过寻衅滋事行为所要达到的精神满足,就是本罪的犯罪目的。"③笔者也曾指出:"主观上的流氓动机与客观上的无事生非,是本罪的基本特征,也是本罪与故意伤害罪、抢劫罪、敲诈勒索罪、故意毁坏财物罪的关键区别。"④但现在看来,这种观点值得反思。

要求寻衅滋事罪主观上具有流氓动机,或许有利于区分寻衅滋事罪与非罪、相关犯罪的界限。尽管如此,本书仍然认为,成立寻衅滋事罪并不需要行为人主观上出于流氓动机。

第一,所谓"流氓动机"或者"寻求精神刺激"是没有具体意义,难以

---

① 陈兴良:《规范刑法学》(下册),中国人民大学出版社 2008 年第 2 版,第 823 页。
② 高铭暄、马克昌主编:《刑法学》,北京大学出版社、高等教育出版社 2007 年第 3 版,第 609 页。
③ 王作富主编:《刑法分则实务研究》(中),中国方正出版社 2007 年第 3 版,第 1280—1281 页。
④ 张明楷:《刑法学》,法律出版社 2003 年第 2 版,第 812 页。

被人认识的心理状态,具有说不清、道不明的内容,将其作为寻衅滋事罪的主观要素,并不具有限定犯罪范围的意义。凡是随意殴打他人的,都可以判断为出于流氓动机。凡是强拿硬要公私财物的,也都可以评价为寻求精神刺激。所以,将流氓动机作为寻衅滋事罪的主观要素,不能像人们所想象的那样起到区分罪与非罪、此罪与彼罪的作用。况且,要求寻衅滋事罪出于流氓动机,是旧刑法时代的观念(因为旧刑法将寻衅滋事规定为流氓罪的一种表现形式)。可是,现行刑法并没有流氓罪,解释者大脑中也不应再有流氓罪的观念,故不应将流氓动机作为寻衅滋事罪的主观要件要素。①

第二,之所以认为"流氓动机"不是寻衅滋事的主观要素,是因为即使没有这种流氓动机的行为也可能严重侵犯寻衅滋事罪的保护法益。因为行为是否侵犯了公共秩序与他人的身体安全、行动自由、名誉以及财产,并不取决于行为人主观上有无流氓动机。在公共场所,出于流氓动机殴打他人,与出于报复动机殴打他人,对于他人身体安全与公共场所秩序的侵犯没有任何区别。出于流氓动机强拿硬要,与因为饥饿而强拿硬要,对他人财产与社会生活安宁的侵害没有任何区别。既然不是出于流氓动机的行为,也完全可能侵犯寻衅滋事罪的保护法益,那么,要求行为人出于流氓动机,就是多余的。

第三,不将流氓动机作为寻衅滋事罪的主观要素,也完全可以从客观上区分是否寻衅滋事行为,因而完全可以区分罪与非罪、此罪与彼罪。例如,故意造成他人轻伤的,就是伤害行为;多次殴打他人没有造成伤害的行为,就不是伤害行为,而是随意殴打他人的行为。以足以压制他人反抗的暴力、胁迫手段取得他人财物的,是抢劫行为;以轻微暴力强行索要他人少量财物的,是强拿硬要行为;如此等等。

第四,不要求行为人主观上出于流氓动机,并不意味着不要求行为人主观上具有故意,因而不会导致客观归罪。寻衅滋事罪是故意犯罪,这是

---

① 虽然不可否认,寻衅滋事罪是从旧刑法的流氓罪中分解出来的,但这并不意味着仍然应按流氓罪的观念解释寻衅滋事罪。倘若永远按照旧刑法解释现行刑法,就意味着现行刑法对旧刑法的修改毫无意义。换言之,如果沿革解释优先,必然导致刑法的修改丧失意义。

没有疑问的,但其故意内容应当根据客观构成要件的内容以及刑法关于故意的一般规定来确定。倘若以寻衅滋事罪的客观构成要件内容为根据,就不可能将流氓动机作为故意内容。所以,流氓动机是一种"主观的超过要素",这种要素不是故意本身的内容,而是故意之外的一种主观内容,因此,不要求流氓动机,并不等于不要求有犯罪故意,不会因此而导致客观归罪。

第五,要求行为人主观上出于流氓动机,导致一些具体案件不能得出妥当结论。

例如,2004年5、6月间,被告人吕某在湖南省长沙市公交车上卖唱乞讨,并认识了同样在公交车上卖唱乞讨的车某、刘某。2005年2月中旬,吕某提出:春节前后有很多农民工乘火车,利用外出务工人员胆小怕事的心理,到农民工相对集中的旅客列车上去卖唱乞讨,由他和车某负责唱歌、要钱,刘某负责望风、保管钱款,大家态度凶蛮些可以赚更多的钱,要到的钱三人平分。于是,三人分别于2月23日、28日先后来到江西信丰县,登记住宿在信丰县先锋宾馆。2005年3月2日凌晨,吕某、车某、刘某来到信丰火车站。5时许,潢川开往深圳的2013次旅客列车途经并停靠该站。三人撬开车窗,不顾车上旅客阻止,强行爬入该次列车2号车厢。上车后,吕某对车窗边阻止其上车的旅客大声斥骂。而后,按事先分工,由刘某前往车厢连接处负责望风、保管要来的钱款,吕某、车某分别挂拐杖假扮残疾人对旅客唱歌、讨钱。吕某让一位旅客让出座位后,站在座位上叫喊"我们兄弟不是小偷,今天来给大家献唱了,大家把钱准备好,装睡的,都给我醒醒,不然把你整醒,就对不起了",然后和车某一起挥舞拐杖、用拐杖使劲敲击车厢地板。随后,车某唱歌,吕某以收取听歌费为名,从2号到5号共四节车厢向旅客索取一元、二元不等的零钱。对部分不给钱的旅客,吕某、车某就用拐杖敲击地板,催着要钱。吕某还用头撞向一位不愿给钱并假装睡觉的旅客,辱骂一番后才离去。当日6时许,列车乘警接到报案后,在5至6号车厢连接处将被告人抓获。第一审法院对三被告人以抢劫罪论处,第二审法院改判为强迫交易罪。之所以没有认定为寻衅滋事罪,就是因为行为人不具有流氓动机。但本书认为,一、二审法院的判决均不妥当。

首先,本案不成立抢劫罪。抢劫罪的成立,要求暴力、胁迫或者其他手段达到足以压制他人反抗的程度,抢劫既遂的成立,要求暴力、胁迫或者其他手段已经压制了被害人的反抗,但本案并非如此。

其次,本案不成立强迫交易罪。表面上看,先卖唱后强行收费的行为,符合了强迫交易罪的构成要件。其实不然。强迫交易罪,属于侵害公平竞争、平等交易的经济秩序的犯罪。但本案客观存在的行为方式及其发生的时间与地点表明,其严重扰乱了公共场所秩序,而不是侵害了公平竞争、平等交易的经济秩序。从社会的一般经验考察,类似本案中的所谓卖唱,并不是在出卖商品或者提供服务,只是乞讨财物的手段或者索要财物的借口。所以,不能认为本案行为人是在强迫他人购买商品或者强迫他人接受服务。一方面,如果说卖唱是出卖商品或者提供服务,那么,听了歌而不给钱的人,就逃避了债务。这明显不妥。另一方面,如果将本案行为评价为强迫交易,那么,不法分子在抢劫前、敲诈勒索前先唱几句、哼几声,然后使用暴力、胁迫等方式索要财物的,就都有可能被认定为强迫交易罪,这显然不当。

最后,本案成立寻衅滋事罪。(1)从犯罪本质考察,本案行为的实质正是侵害了公共场所秩序,侵犯了乘客在列车上的正常活动与财产。(2)本案完全符合寻衅滋事罪的违法构成要件,即强拿硬要公私财物,且情节严重。(3)本案完全符合寻衅滋事罪的责任构成要件,因为行为人对自己行为的内容、社会意义与危害结果具有认识,且希望结果发生。否认本案构成寻衅滋事罪的最大理由在于,寻衅滋事罪的行为人必须出于满足耍威风、取乐等不正常的精神刺激或者其他不健康的心理需要,而本案行为人以前曾从事卖唱乞讨活动,此次也属卖唱行为,没有流氓动机。但本书不同意这种观点。虽然本案被告人并无流氓动机,但其行为严重侵害了寻衅滋事罪的保护法益。在此基础上,只要行为人对自己的行为扰乱公共场所秩序具有认识与希望或者放任态度,就具备了寻衅滋事罪的主观故意。

总之,在现行刑法之下,不能凭空要求寻衅滋事罪出于流氓动机。随意添加动机是当前刑法理论与司法实践的重大缺陷之一,值得反思。①

5. 伪证罪的心理过程

伪证罪被认为是表现犯的适例。所谓表现犯,是指行为反映了行为人的内部的、心理的经过或者状态的犯罪;对这种犯罪的认定,必须将外部的事实与行为人的主观心理过程进行比较,否则不可能判断其构成要件符合性与违法性。据此,在判断证言是否"虚假"时,必须采取主观说,即证人应当将自己的记忆与实际体验原封不动地予以陈述,对证人证言的真实性、可靠性的判断是法官的任务。因此,按照自己的记忆与实际体验陈述的,即使与客观事实不相符合,也不是虚假的;反之,不按照自己的记忆与实际体验陈述的,即使与客观事实相符合,也是虚假的。② 例如,乙于某日晚10时实施杀人行为,目击证人甲看错了手表,在内心中形成了"某人于晚上9时杀人"的记忆。甲接受乙的亲属的贿赂后,在向法庭作证时,违反自己的记忆,向法官声称自己于晚上10点看见有人杀人,旨在使乙有不在场证据。甲的证言虽然完全符合客观事实,但主观说依然认为甲的行为成立伪证罪。

可是,主观说难以被人接受。因为证言是否虚假,应以证人陈述的内容与客观事实是否相符合为标准进行判断。只有违背客观事实的证言,才可能妨害司法活动。如果联系主观方面考虑,虚假应是违反证人的记忆与实际体验且不符合客观事实的陈述。如果违反证人的记忆与实际体验但符合客观事实,就不可能妨害司法活动,不能认定为伪证罪;如果符合证人的记忆与实际体验但与客观事实不相符合,则行为人没有伪证罪的故意,不可能成立伪证罪。例如,行为人将耳闻的事实陈述为目睹的事实,如果所陈述的事实与客观事实相符合,则不宜认定为虚假陈述;反之,

---

① 最高人民法院2006年1月11日《关于审理未成年人刑事案件具体应用法律若干问题的解释》第8条规定:"已满16周岁不满18周岁的人出于以大欺小、以强凌弱或者寻求精神刺激,随意殴打其他未成年人、多次对其他未成年人强拿硬要或者任意损毁公私财物,扰乱学校及其他公共场所秩序,情节严重的,以寻衅滋事罪定罪处罚。"显然,这样的规定,并不是定义寻衅滋事罪,也不是限制寻衅滋事罪的成立条件,只是列举可能成立寻衅滋事罪的情形。换言之,这一规定并没有将出于其他动机随意殴打其他未成年人、多次对其他未成年人强拿硬要或者任意损毁公私财物,扰乱学校及其他公共场所秩序,情节严重的行为,排斥在寻衅滋事罪之外。

② 参见〔日〕大塚仁:《刑法概说(各论)》,有斐阁2005年第3版增补版,第608页。

行为人将耳闻的事实陈述为目睹的事实,且所陈述的事实与客观事实不相符合,则应认定为虚假陈述。因此,伪证罪不是表现犯;表现犯的概念也没有存在的必要。①

6. 滥用职权罪的主观动机

旧刑法没有规定滥用职权罪,导致部分滥用职权的行为以玩忽职守罪论处、部分滥用职权的行为没有受到刑法的制裁,于是人们呼吁增设滥用职权罪,新刑法也增设了此罪。但是,新刑法施行以来,却有许多滥用职权行为没有受到刑事责任追究。请看下列诸例②:公安人员为了完成罚款任务,非法关押妇女,强迫没有卖淫的妇女承认卖淫事实,交待嫖娼者姓名,导致妇女自杀身亡或重伤;本地司法人员动用武器阻止外地法官执行案件,导致发生法律效力的判决长期不能执行;司法人员利用职权、徇私舞弊,管辖不该由本地管辖的案件;检察人员在收费站逃费冲岗后,又以"妨害公务"为名强行带走收费站工作人员,并围攻在场记者;乡政府领导决定乱收费、乱摊派,致使一个乡的农民一年之内多上交几百万元,在农民提起行政诉讼状告乡政府后,又强迫农民撤诉;有关领导乱设建设基金,并且自立名目,加价征收各种建设基金,然后挪用建设基金用于非建设基金项目;某市领导强迫市民购买本地生产的商品(如香烟)或产品(如小麦),并以商品折抵工资,给市民造成重大损失;有关单位截留税款、罚没收入,用于建楼堂馆所,致使国家利益遭受重大损失;有的地方党政领导组织下级实行地区封锁,遇到外地化肥等产品入境,动辄打人砸车,给对方造成重大损失……

应当认为,上述行为都符合滥用职权罪的构成要件。然而,对于类似上述符合滥用职权罪构成要件的行为,司法机关都没有追究行为人滥用职权罪的刑事责任。主要原因之一是,这些滥用职权的人主观上都是出于利他(单位乃至国家)动机,而不是出于利己动机。换言之,在司法实

---

① 参见〔日〕山口厚:《刑法总论》,有斐阁 2007 年第 2 版,第 97 页。
② 这些案例是笔者根据有关报道概括的,其中有的案例涉及数罪名,但只要涉及滥用职权罪的,笔者都列入其中,旨在说明司法实践中存在着擅自在主观要件中增添主观的超过要素的现象。

践中,利己动机基本上成为滥用职权罪的不成文的构成要件要素。显而易见,这种做法,违反刑法保护法益的目的,不利于遏止滥用职权行为,不利于建设法治国家。

不注重归纳客观要素中的不成文要素,却随意添加不成文的主观要素,是重视主观而忽视客观的表现,也可谓是主观主义刑法理论的表现。

第四章　规范的构成要件要素

规范的构成要件要素的发现,使贝林的行为构成要件论发生动摇,使"构成要件是违法类型"的命题得以成立。不可否认的是,刑法分则不可能仅规定记述的构成要件要素,但必须承认的是,与记述的构成要件要素相比,规范的构成要件要素的确有损害构成要件的罪刑法定主义机能的危险。所以,研究规范的构成要件要素的相关问题,具有重要意义。

一、规范的构成要件要素的一般概念

界定规范的构成要件要素,意味着说明规范的构成要件要素与记述的构成要件要素的区别,但刑法理论对此并没有形成完全一致的观点。

麦茨格起初根据确定构成要件要素时,法律对法官所要求的认识方法、判断活动的性质,区分记述的构成要件要素与规范的构成要件要素:立法者以日常用语对客观事实作出一义的记述时,法官对于要素的对应物(客观事实)只需要进行事实判断(Tatsachenurteil)、知觉的、认识的(erkenntnismaessig-kognitive)活动即可确定的要素,是记述的构成要件要素。与此相对,立法者并不是记述单纯的事实关系,而是采用极为概括性的表述,因而只提供了空白评价,法官在适用时,需要规范的评价活动(normativ-wertende Tätigkeit)、补充的价值判断(ergänzendes Werturteil)的要素,则是规范的构成要件要素。① 后来,麦茨格在其教科书中略微修改了以前的说法,认为记述的构成要件要素是在任何意义上都不要求法官评价的要素。亦即,对于记述的构成要件要素虽有解释的必要,但在解释上没有任何争议,在认定事实是否符合构成要件时,不需要法官的个人评价;规范的构成要件要素,是需要填充的构成要件要素,即法官仅仅根据刑法条文的表述还不能确定,只有进一步就具体的事实关系进行判断与评价才能确定的要素。这种判断与评价,既可能是基于法官的自由裁量,也可能需要基于道德、礼仪、交易习惯等法以外的规范。② 根据麦茨格的理论,在规范的构成要件要素的场合,社会一般人的情绪的价值评价或者生理的、心理的反应,只不过是法官的价值判断的资料,法官将其作为资料基于自身的道德意识进行补充性的价值判断。

根据是否需要法官行使自由裁量权来区分二者的观点,与麦茨格的上述理论大体相同。如格因胡特(Grünhut)认为,描述客观行为,说明外界的事实经过的构成要件要素,是事实的构成要件要素(die faktischen Tatbestandsmerkmale)或记述的构成要件要素;这种要素只需要法官进行事实的确定与单纯的比对(涵摄),只需要"纯粹的认知活动",只需要考虑逻辑结论的计算可能性。与此相对,规范的构成要件要素是需要法官的价值判断的要素,是法官具有自由裁量余地的构成要件要素。③

但是,这类定义存在疑问。首先,将规范的构成要件要素的本质,概括为"需要法官的规范的、主观的评价的要素","需要法官补充的价值判断的要素","需要法官自由裁量的要素",不免使构成要件符合性的判断混入法官主观的评价,从而导致法官判断的恣意性。其次,上述定义以新康德学派的二元论为根据。但是,这种观点对立地把握价值与存在,使价值外部性地附着于存在。④ 于是,构成要件只具有形式的内容,因而必须

---

① Vgl., Mezger, Vom Sinn strafrechtlicher Tatbestände, Festschrift für Träger, 1926, S. 214ff.
② Mezger, Strafercht Allgenmeiner Teil, Ein Studienbuch, 5. Aufl., Beck'sche Verlagsbuchhandlung, 1954, S. 89.
③ Grünhut, Begriffsbildung und Rechtsanwendung im Strafrecht, Tübingen 1926, S. 5ff.
④ 参见〔日〕田中久智:《规范的构成要件要素の研究》,载《法政研究》1965年第31卷第5、6合并号,第448页以下。

在构成要件外就违法性进行伦理的判断，进而导致以刑罚制裁那些实质上不值得科处刑罚的行为。事实上，刑法总是将值得科处刑罚的犯罪行为类型化为构成要件，故构成要件不可能成为价值中立的概念；换言之，因为立法者认为一定类型的行为具有当罚性才制定罪刑规范，故构成要件是当罚行为的类型。既然如此，立法者在描述构成要件时，必然对符合构成要件的行为进行实质的评价。正如德国学者罗克辛(Claus Roxin)所说，所有的刑法规范都命令公民实施一定行为或者禁止公民实施一定行为；这些规定同时也对违反规范的行为进行了评价：它们至少在原则上是需要谴责的。当立法者在刑法中规定了盗窃、敲诈勒索等行为时，他们并不是这么想的："我在一个段落中描写了一个法律值得注意的行为，但我不想发表我的看法，我不肯定我所描述的行为是好的还是不好的；我的描写只是说明，这些行为不是无足轻重的，它要么是合法的，要么是违法的。"事实上，立法者在想："我描写的这些行为是社会无法忍受的，我要对这些行为进行谴责；所以我要通过构成要件规定这些行为并惩罚它们。"① 而上述定义，使构成要件与对符合构成要件的事实的评价相分离，进而使构成要件丧失应有的意义。不仅如此，即使采取方法二元论，相对于犯罪事实而言，构成要件也是非现实的价值世界。构成要件对于犯罪构成事实是一个概念形成过程，其中必然存在评价过程。

　　第二次世界大战前的威尔采尔认为，所有的构成要件要素都是记述的要素。根据威尔采尔的观点，充满价值的存在先于一切理论与概念。在立法者、法官和学者架构概念之前，已经存在成型的、有意义内涵的现实世界。所谓概念形成，就是对已成型的现实加以描述。所有关于生活素材的法律概念，都是描述性的概念。这些概念不能创造现实，只是对先于概念而存在的现实的理解。被描述、被理解的对象并不是价值中立的现象，而是存在于具体价值关系中的现实。换言之，客观存在的现实是一种有价值关系的现实。② 构成要件要素在本质上是一种存在关系的东

---

① Claus Roxin, Offene Tatbestande und Rechtspflichtmerkmale, Walter de Gruyter & Co. 1970, S. 171.
② 参见许玉秀：《犯罪阶层体系及其方法论》，台北春风煦日论坛2000年版，第93页。

西,立法者、法官、学者架构法律概念,不是对无定型的素材的方法论的加工,只是发现已经形成的、充满价值的现实世界,因而是对一定的已经形成的存在的记述。在此意义上说,所有的法律概念都是"记述的概念"。①

但第二次世界大战后,威尔采尔基于自然法的思想,对战前的观点进行了反省,就规范的构成要件要素提出了如下看法:刑法中的构成要件,记述了人在一定的社会生活中的态度;构成要件所表述的行为事实,并非没有意义的自然科学的实在,而是具有社会生活意义的世界的一个片断。因此,构成要件中的行为事情,常常是充满了社会意义的生活事实,是在社会生活中具有特别意义与机能的事实关系。但是,"在社会生活中具有特别意义与机能的生活事实"中,存在两类不同要素:一类是像"人"、"物"、"动产"、"杀害"等可以凭感觉认识的要素;另一类是像"他人的"物、"文书"、"淫秽物品"等凭感觉只能认识其非本质的部分,只有通过精神的理解才能认识其本质部分的要素。前者称为记述的构成要件要素,后者称为规范的构成要件要素。例如,对于"文书"这一要素,凭感觉只能认识纸和墨,但"文书"不是仅由纸与墨组成,而是具有特定的记载内容与证明机能,只有通过精神的理解,才能认识其记载内容与证明机能。概言之,在威尔采尔看来,规范的构成要件要素的本质,是"只有通过精神的理解才能获得其内容的要素",而记述的构成要件要素,则是"只要通过感觉的理解就可以获得其内容的要素"。② 现在不少学者采纳威尔采尔第二次世界大战后的观点。例如,平野龙一指出,规范的构成要件要素"是不能进行感觉的理解,只能进行精神的理解的要素"③。

在本书看来,以麦茨格为代表的观点,是侧重于从法官判断的角度得出的结论;以战后威尔采尔为代表的观点则是侧重于从行为人认识的角度得出的结论。换言之,威尔采尔主要从法官如何理解规范的构成要件要素,以及如何判断事实是否符合规范的构成要件要素的角度,区分记述

---

① Welzel, Naturalismus und Wertphiosophie im Strafrecht, Deutsches Druck-und Verlagshaus 1935, S. 41ff.
② 参见〔日〕田中久智:《规范的构成要件要素の研究》,载《法政研究》1965 年第 31 卷第 5、6 合并号,第 466 页以下。
③ 〔日〕平野龙一:《刑法总论 I》,有斐阁 1972 年版,第 168 页。

的要素与规范的要素。威尔采尔、平野龙一等人主要从故意的成立角度作出了区分：在记述的构成要件要素的场合，只要行为人对事实具有感觉的理解，就可能成立故意；但在规范的构成要件要素的场合，仅对事实具有感觉的理解还不成立故意，只有进行精神的理解才可能成立故意。所以，罗克辛说："对故意论而言，二者的区别在于，记述的要素要求一种感性的认识，相反，规范的要素要求一种精神上的理解。"① 当然，感觉的理解与精神的理解的区别，不一定是明确的。

恩吉施（Engisch）认为，记述的要素所描述的是可以感觉到的经验的事实，而规范的要素是只有与规范世界相关联才能想象或理解的既存（Gegebenheiten）。规范的要素与记述的要素的区别不在于是否与价值有涉，而在于对其认识与理解，是否以法律的、伦理的或者其他文化领域的规范为逻辑前提。② 罗克辛也赞成恩吉施的观点，他说："作为用语问题，如果要实际区分规范的要素与记述的要素，那么就应当像恩吉施所说的那样，'那些只有以规范作为逻辑前提才能认识、才能思考'的要素，才具有规范性的特征。"③例如，故意杀人罪中的"杀"与"人"都是记述的要素，法官与行为人不借助任何规范，就能认识到向被害人的胸部开枪射击的行为是"杀人"。但是，行为是否侵犯了"公私"财产，需要以民法规范为逻辑前提进行判断，行为人所贩卖的是否"淫秽"物品，需要以文化规范为逻辑前提进行判断，这便是规范的要素。应当认为，这种界定与区分是成立的。换言之，理解规范的要素以及判断事实是否符合规范的要素，需要以一定的规范作为逻辑前提。④ 但不可否认的是，这种观点只是提供了形式的区分标准，并没有说明规范的构成要件要素的实质，也没有说明何种规范的要素以何种规范为逻辑前提。

---

① Claus Roxin, Strafrecht Allgemeiner Teil, Band I, 4. Aufl., C. H. Beck 2006, S. 308.
② 参见〔德〕卡尔·恩吉施：《法律思维导论》，郑永流译，法律出版社 2004 年版，第 134 页以下。
③ Claus Roxin, Strafrecht Allgemeiner Teil, Band I, 4. Aufl., C. H. Beck 2006, S. 309.
④ 当然，对作为逻辑前提的规范，需要作广义理解。这种"规范"不仅包括法规范，而且包括其他社会规范；不仅包括狭义的社会规范，而且包括社会的一般观念与经验法则；不仅包括成文的规范，而且包括不成文的规范。

众所周知,规范的构成要件要素的发现与承认,与"构成要件是违法类型"的认识相关联。贝林主张行为构成要件论,认为构成要件是价值中立的,是纯粹的评价对象;而对于对象的评价则属于违法性阶段的事情,构成要件要素与违法要素不得相混淆。所以,贝林不承认规范的构成要件要素。麦耶(M. E. Mayer)认为,构成要件要素基本上是描述性的,凭感性的知觉就很容易理解(如"自然人"、"物品"等),因而不包括在违法性阶段才进行的评价。但是,麦耶发现了规范的构成要件要素,在他看来,如果构成要件中包含了规范的构成要件要素,就意味着构成要件包含了一种事先判断部分违法性的评价。例如,转移"他人"物品的行为,就侵犯了他人的财产权。① 这种规范的要素不只是显示违法性的要素,而是为违法性提供根据的要素,因而属于违法性领域(属于违法性的要素)。但是,这种规范的要素同时也是(不真正的)构成要件要素,因为法律将其规定为故意的认识对象。② 此后,麦茨格进一步肯定了规范的构成要件要素,得出了构成要件是违法性的存在根据的结论。他指出:"立法者设置构成要件的行为,……直接包含了对违法性的宣告,包含了对作为特殊类型化的不法提供不法的基础。立法者通过形成构成要件创设了特殊化的违法性。行为的构成要件符合性,绝不是(特别的)违法性的单纯认识根据,而是其真正的存在根据。构成要件符合性虽然使行为成为违法的行为,但不是构成要件符合性本身,而是构成要件符合性与不存在特别的不法阻却事由相结合,使行为成为违法行为。"③现在,规范的要素不仅得到普遍承认,而且其数量远远超出了人们原来的想象。从上述对构成要件的认识过程可以看出,一旦肯定构成要件是违法性的存在根据(即符合构成要件的行为就是违法行为——具有违法阻却事由的除外),那么,构成要件就必然包含了评价要素,而评价要素正是规范的构成要件要素。

---

① 盗窃自己的财物的行为,不可能成立盗窃罪;只有盗窃"他人的"财物的行为,才成立盗窃罪。但何谓"他人的"财物,需要根据相关的法规范尤其是民法规范确定,因而"他人的"这一要素,被公认为规范的构成要件要素。

② Vgl., Claus Roxin, Strafrecht Allgemeiner Teil, Band I, 4. Aufl., C. H. Beck 2006, S. 282ff.

③ Mezger, Vom Sinn strafrechtlicher Tatbestände, Festschrift für Träger, 1926, S. 126.

既然如此,就需要在与违法性的关联上理解规范的构成要件要素。

犯罪的本质是侵害法益,构成要件所记载的是侵害法益的违法类型。但是,在使用语言表述构成要件(要素)时,至少会发现三种不同情形。

第一,只要描述了某种事实,就能肯定该事实是侵害法益的违法事实,一般不会对之发生分歧。例如,《刑法》第232条、第234条所表述的构成要件分别为"故意杀人"、"故意伤害他人身体",符合该构成要件的行为,就侵害了他人生命、身体,因而具有违法性。在这种情况下,立法者能够对侵害法益的事实作出具体描述。换言之,法条所描述的事实,就是侵害法益的事实,不需要使用价值关系的概念与评价概念。法官的判断重点是事实是否符合构成要件,而不是借助于其他规范评价符合构成要件的事实是否侵害法益。这种不需要借助其他规范评价就能直接表明法益侵害事实的要素,属于记述的构成要件要素。

第二,如果单纯地在构成要件中描述事实,该描述就会同时包含侵害法益的违法行为与不侵害法益的正当行为,因而不能使构成要件成为违法性的存在根据。所以,立法者在表述构成要件时,既要描述一定的事实,又要使用价值关系的概念或评价概念,从而将没有侵害法益的合法行为排除在构成要件之外。例如,倘若刑法将妨害公务罪的构成要件描述为"以暴力、威胁方法阻碍国家机关工作人员执行职务",那么,以暴力、威胁方法阻碍国家机关工作人员非法执行职务的行为,也成为符合妨害公务罪构成要件的行为。可是,该行为并没有侵害法益(公务),必须将其排除在构成要件之外。于是,立法者将本罪的构成要件表述为"以暴力、威胁方法阻碍国家机关工作人员依法执行职务"。这样,以暴力、威胁方法阻止国家机关工作人员非法执行职务的行为,就不是符合妨害公务罪构成要件的行为;反之,符合上述构成要件的行为,就必然侵害了公务。然而,国家机关工作人员执行职务的行为是否"依法",需要法官根据相关法律进行评价、判断。又如,倘若《刑法》第237条只是描述猥亵行为的各种客观表现形式(如表述为"触摸妇女身体"、"与妇女接吻"、"接触妇女阴部"等),而不使用"猥亵"概念,必然不能准确地涵盖各种猥亵行为,尤其会过多地包含正当行为。一旦《刑法》第237条使用了"猥亵"概念,就可以将正当行为排除在猥亵行为之外。然而,何谓"猥亵",又需要法官根据社会的一般观念作出评价、判断。

第三,倘若单纯地在构成要件中描述事实,就不可能囊括全部值得科处刑罚的法益侵害行为,必须使用价值关系的概念或评价概念,使值得科处刑罚的法益侵害行为涵盖在构成要件中。例如,根据《刑法》第116条的规定,破坏交通工具罪属于危害公共安全的犯罪。一方面,《刑法》第116条不可能详尽地描述各种危害公共安全的破坏行为。另一方面,倘若《刑法》第116条详尽地描述各种危害公共安全的破坏行为,那么,其结局要么遗漏部分值得作为破坏交通工具罪处罚的行为,要么包括了不值得作为破坏交通工具罪处罚的行为(与上述第二种情形存在交叉)。例如,毁坏汽车窗户玻璃的行为,不会危害公共安全,但毁坏飞行中的航空器窗户玻璃的行为,必然危害公共安全。所以,如果《刑法》第116条将"毁坏交通工具窗户玻璃"描述为破坏交通工具罪的一种类型,那么,并不危害公共安全的毁坏汽车窗户玻璃则被包含在破坏交通工具罪之中,这显然不妥当。可是,倘若构成要件中没有"毁坏交通工具窗户玻璃"的描述,则遗漏了危害公共安全的毁坏飞行中的航空器窗户玻璃的行为。所以,要想在构成要件中没有遗漏地描述破坏交通工具且危害公共安全的行为,是完全不可能的。于是,《刑法》第116条规定:"破坏火车、汽车、电车、船只、航空器,足以使火车、汽车、电车、船只、航空器发生倾覆、毁坏危险的",成立破坏交通工具罪。换言之,只有"足以使火车、汽车、电车、船只、航空器发生倾覆、毁坏危险"的破坏交通工具的行为,才具有特定的、作为破坏交通工具罪处罚的违法性。于是,法官会将毁坏飞行中的航空器窗户玻璃的行为认定为破坏交通工具罪,而不会将毁坏汽车窗户玻璃的行为认定为破坏交通工具罪,从而避免了详尽描述构成要件行为的缺陷。但是,由此产生了另外的问题:在何种情况下,破坏交通工具的行为具有上述危险?这便需要法官根据经验法则进行评价、判断。

在上述第二、三种情形下,由价值关系的概念或评价概念所表述的构成要件要素,就是规范的构成要件要素。在规范的构成要件要素的场合,立法者不能或者难以对侵害法益的事实作出具体的客观描述,必须借助价值关系的概念或评价概念,使构成要件成为违法行为类型。法官不仅需要判断案件事实是否符合构成要件,而且需要以特定的违法性为导向,以某种规范为前提理解构成要件要素和评价案件事实。

例如,《刑法》第347条所规定的贩卖毒品罪的构成要件要素是贩卖毒品,对"贩卖"、"毒品"的理解,以及对客观事实是否符合这些要素的判断,都只需要一般的认识活动与基本的对比判断就可以得出结论,而且,只要得出肯定结论,就一定存在特定的法益侵害,故"贩卖"、"毒品"属于记述的构成要件要素。反之,《刑法》第363条规定的贩卖淫秽物品牟利罪中的"淫秽"物品,只有经过法官的规范评价才能认定。一方面,法官必须以特定的违法性为导向理解"淫秽";另一方面,法官必须按照社会的一般观念判断某种物品是否属于淫秽物品。可以认为,在记述的构成要件要素的场合,立法者已经对其描述的事实作出了评价;在规范的构成要件要素的场合,立法者只是提供了评价的导向,或者说只是赋予了价值的形式,而具体的评价需要法官根据一定的标准完成。

应当承认的是,规范的构成要件要素与记述的构成要件要素的区分具有相对性,二者并不存在绝对明确的界限。例如,故意杀人罪中的杀"人"、盗窃罪中的"财物",一直被认为是记述的构成要件要素,但随着脑死亡概念的产生,已经脑死亡但心脏还在跳动的A是不是"人",随着财产关系的复杂化,何种价值、何种形式的物才是盗窃罪中的"财物",也在一定程度上需要解释者与司法人员的评价的、规范的理解。① 正因为如此,沃尔夫(E. Wolf)认为,即使是纯粹的描述性概念,其边缘地带也是规范性的;构成要件是价值要素与存在要素的组合,完全是一种规范的形象。换言之,所有的构成要件要素都具有规范的性质,故所有的构成要件要素都是规范的要素。②

但是,也不能因此完全否认规范的构成要件要素与记述的构成要件要素的区别。诚然,"人"、"财物"都是需要解释的概念,但是,一旦对人

---

① 参见〔日〕町野朔:《刑法总论讲义案I》,信山社1995年第2版,第115页。
② E. Wolf, Die Typen der Tatbestandsmaessigkeit, Ferdinand Hirt In Breslau 1931, S. 51ff.

的出生与死亡采取了独立呼吸说与脑死亡说,法官认定被告人是否杀了"人"就不存在难题;一旦对"财物"采取了有体性说或者管理可能性说,法官认定被告人是否盗窃了"财物",也不存在困惑。但是,在构成要件要素为"淫秽"、"猥亵"、"不正当"、"危险"等场合,"纵然有明确的定义,即使将确定的解释作为前提,而某种事实是否与之相符合,也还需要法官的判断"①。所以,规范的要素与记述的要素存在重要区别,只不过这种区别具有相对性。一方面,两者的界限并不明确,因而其区分是相对的;另一方面,以往的记述的要素,现在可能成为规范的要素,反之亦然。

规范的要素只是意味着构成要件中的某个或者某些要素具有规范性,故规范的要素不同于不成文的构成要件要素。当然,不成文的构成要件要素,也可能具有规范性质,因而同时也是规范的要素。例如,《刑法》第314条规定:"隐藏、转移、变卖、故意毁损已被司法机关查封、扣押、冻结的财产,情节严重的",构成犯罪。显然,只有对司法机关"依法"查封、扣押、冻结的财产实施上述行为,才宜认定为犯罪。所以,"依法"既是不成文的构成要件要素,也是规范的构成要件要素。但二者不是等同关系,只是交叉关系。

规范的要素与记述的要素之分,不等于不确定的要素与确定的要素之分。"许多不确定的概念也属于描述性概念。因此,绝对不是所有的不确定概念同时是'规范性的'。"②

表述规范的构成要件要素的用语既可能是日常用语(普通用语),也可能是法律用语,如"危险"可谓日常用语,但其表述的是规范的构成要件要素。反之,法律用语也可能是对客观事实的记述。所以,日常用语与法律用语的区别,并非记述的要素与规范的要素的区别。

规范的要素与一般条款(或概括条款)具有关联性。一般条款,是指像"违背良知"、"违背善良风俗"之类的,用以表达一般性内容,以便尽可能涵盖较多的构成事实的概念。一般条款具有高度的抽象性,因而被认

---

① 〔日〕团藤重光:《チャタレ一裁判の批判》,载《中央公论》1957年第6期,第52页。
② 〔德〕卡尔·恩吉施:《法律思维导论》,郑永流译,法律出版社2004年版,第134页。

为具有相当的不明确性,在适用上需要法官进行具体化。大体而言,一般条款都属于规范的要素①,但规范的要素并非均属一般条款。

二、规范的构成要件要素的基本分类

对规范的要素进行分类,有助于对规范的要素的理解与判断。由于对规范的要素存在分歧,故对规范的要素的分类也缺乏定论。

麦茨格起初将规范的构成要件要素分为如下四类:一是法律的评价要素,即立法者要求法官参照刑法以外的法的评价或者法的概念的构成要件要素,如"他人的"物、"狩猎权"、"未成年人"、"商人"、"公务员"、"货币"、"财产"、"律师"等。二是一般文化的、社会的评价要素,即要求参照法律以外的伦理的、社会的、经济的等一般文化的性质的评价的构成要件要素,如"淫秽"、"侮辱"、"损害"、"泄愤"等;三是量的评价要素,即为了确定界限,法官必须进行量的评价的要素,如"公然"、"微薄的价值"、"毁损"、"持有武器"、"放火"、"残废"等;四是主观的评价要素,即完全由法官基于主观裁量完成必要的评价的构成要件要素,但麦茨格没有就此举例。② 然而,麦茨格的上述分类存在疑问。首先,量的评价要素与社会的评价要素不一定是并列关系,换言之,量的评价要素只是社会的评价要素的一部分。因为量的评价要素(如是否属于"公然"、"微薄的价值"等)也需要根据社会的一般观念进行评价。其次,不应当存在完全由法官基于主观的裁量进行评价的构成要件要素,否则会导致法官的恣意判断。最后,如后所述,客观上存在需要根据经验法则进行评价的规范的构成要件要素(如"危险")。

库耐特(Kunert)将规范的构成要件要素分为四类:一是价值要素

---

① 也有少数学者认为,一般条款未必属于规范的构成要件要素,如"造成他人生命危险"的规定属于一般条款,虽然需要判断"危险"的有无,但与价值判断无关,所以不是规范的构成要件要素(Vgl. ,Theodor Lenckner, Wertausfuellungsbeduerftige Begriffe im Strafrecht und der satz "nullum crimen sine lege",JuS 1968,S. 250)。但本书认为,"危险"、"危险性"等属于规范的构成要件要素。

② Mezger, Vom Sinn strafrechtlicher Tatbestände, Festschrift für Träger, 1926, S. 225ff.

(die Wertmerkmale),即记述了自然的要素(如行为或者文书)以及对该自然要素附加了社会共同体的情绪的价值态度的要素,如"淫秽物品"。二是考量要素(die Abschaetzungamerkmale),即必须参照社会的一般人的量的评价结果的要素,如"微薄的价值"、"法外的金额"等。与价值要素一样,作出决定性的量的评价的不是法官,而是当事人所属的社会的一般人的世界观。三是意义要素(die Sinnmerkmale),这种要素是记述了"历史发展过程中所形成的作为文物而存在的形成物"、"在文明或者文化的状态中具有其客观的现实存在基础的社会的、客观的意义形成物",如"住宅"、"公务员"、"律师"、"有价证券"、"货币"、"法院"、"婚姻"、"他人的财物"等。四是认识的判断要素(Merkmale kognitiver Beurteilung),如"危险"、"虚假的陈述"等。① 其实,库耐特分类中的前两类,都可以归入社会的评价要素,如同他本人所言,考量要素与价值要素一样,法官必须根据一般人的世界观作出判断。此外,库耐特分类中的第三类,既包括了法律的评价要素(如"公务员"、"律师"、"他人的财物"),也包含了部分社会的评价要素(如"住宅")。

平野龙一将规范的构成要件要素分为四类:第一类是纯粹的法律概念,如妨害公务罪中的公务的"合法性";第二类是与价值有关的概念,如"虐待"、"猥亵";第三类是具有社会意义的概念,如"文书"、"住宅";第四类是伴随事实判断的概念,如"危险"。② 耶赛克(Jescheck)与魏根特(Weigend)将规范的构成要件要素分为三类:一是本来的法的概念,如"文书"、"财产上的利益"、"扶养义务"等;二是价值关联的概念,如"卑鄙的动机"、"违反善良风俗"等;三是意义关联的概念,如"侵害人格尊严"、"性行为"等。③ 但是,价值关联的概念与意义关联的概念,也未必有明显的界限。

格因胡特将规范的构成要件要素分为特殊的法律规范的概念与一般

---

① K. H. Kunert,Die normativen Merkmale der Strafrechtlichen Tatbesttaende,Walter de Gruyter 1958,S. 92ff.
② 参见〔日〕平野龙一:《刑法总论 I》,有斐阁 1972 年版,第 168 页。
③ Hans-Heinrich Jescheck/Thomas Weigend,Lehrbuch des Strafrechts. Allgemeiner Teil,5. Aufl.,Duncker & Humblot 1996,S. 270.

的法律规范的概念。前者是指,与实定的规范秩序的思维形成物有关的概念,对此,法官要在刑法以外的其他法领域寻求刑法所要求的价值判断标准,如"他人的"财物;后者是指,法规期待法官基于一般的生活经验、非法律的评价、世界观发表意见的要素,如"猥亵"行为。① 这一分类无疑是成立的,但有必要对一般的法律规范的概念作进一步区分。

对规范的构成要件要素的区分,应当有利于法官理解与判断规范的构成要件要素,有利于法官判断行为人对规范的构成要件要素的认识。基于这种区分目的以及我国刑法分则的规定,本书倾向于将规范的构成要件要素分为以下三类:

一是法律的评价要素,即必须根据相关的法律、法规作出评价的要素,如第277条中的"依法",第306条中的"辩护人"、"诉讼代理人",第435条中的"滥伐",许多条文中的"国家工作人员"、"司法工作人员"、"公私"财产、"不符合……标准"等。法官在判断案件事实是否符合构成要件要素时,必须以相关的法律、法规作为评价依据。其中的法律、法规,主要是指其他法律、法规的关联性规定(也可能包括刑法中的解释性规定)。例如,判断行为主体是否国家工作人员时,需要以《刑法》第93条以及相关法律(如公务员法)的规定为依据;判断行为是否妨碍国家机关工作人员"依法"执行公务时,必须以国家机关工作人员执行职务所依据的相关法律、法规规定的职务要件为依据;判断行为是否属于"滥伐"林木,应当以森林法为根据作出判断。一般来说,法律的评价要素,是规范的构成要件要素中较为容易判断和认定的要素。

二是经验法则的评价要素,即需要根据经验法则作出评价的要素。《刑法》第114条中的"危险方法"、"危害"公共安全,第116条中的"危险",第137条中的"降低"等属于这一类。这类规范的构成要件要素,需要以一定的事实为根据,同时以生活经验、因果法则为标准作出评价,而不是以一般人的感觉、观念为标准进行评价。例如,行为是否具有公共危险,不是根据一般人的感觉进行判断,而是根据经验法则作出评价。由于

---

① Grünhut, Begriffsbildung und Rechtsanwendung im Strafrecht, Tübingen 1926, S. 7.

经验法则不是成文的,故对于经验法则的评价要素的判断与认定,难于法律的评价要素。

三是社会的评价要素,即需要根据社会的一般观念或社会意义作出评价的要素。《刑法》第 234 条中的"特别残忍",第 237 条中的"猥亵",第 263 条中的"淫秽物品",第 245 条中的"住宅",第 280 条中的"公文"、"证件",第 166 条的"明显高于"、"明显低于"以及许多法条中的"较大"、"巨大"、"严重"、"特别严重"、"恶劣"、"特别恶劣"等,都属于这一类。显然,社会的评价要素,是规范的构成要件要素中最难以判断和认定的要素。

三、规范的构成要件要素的立法取舍

法治在刑法领域表现为罪刑法定,明确性是罪刑法定原则的实质要求。将明确性视为罪刑法定原则的实质侧面之一,是保障国民自由、限制国家权力的基本要求,而刑法的明确性首先要求的是构成要件的明确性。

但是,人们一直认为,"规范性概念经常是特别高度不确定,并因此产生许多制定法适用中的不确定性,同时还有非肯定和相对不受拘束性的例子。……规范性概念本身遗憾地不是'单义的'"①。换言之,表述规范的构成要件要素的概念,都是价值关系的概念或评价概念,具有不同价值观的人对于规范的构成要件要素存在不同的解释,这为法官的恣意裁量留下了令人不安的空间。这种不明确性导致两方面的后果:一是不利于国民预测自己的行为性质与后果,二是不利于限制法官的自由裁量权。而保障国民的预测可能性与限制法官的自由裁量权,刚好是罪刑法定原则的思想基础之一——自由主义(或尊重人权主义)的要求。正因为如此,贝林所主张的作为犯罪类型轮廓的构成要件,只是"纯记述性的",而不包含任何价值判断的内容;其目的旨在使构成要件明确,排除司法人员

---

① 〔德〕卡尔·恩吉施:《法律思维导论》,郑永流译,法律出版社 2004 年版,第 134—135 页。

对构成要件的恣意性介入,从而彻底实现罪刑法定主义的机能。①

诚然,"构成要件的明确性是人们所期望的,因而要求尽可能采用记述的构成要件要素。……但是,要想一概不使用规范的构成要件要素则是不可能的"②。这不仅因为规范的构成要件要素的不可避免性,而且因为其具有一定的积极意义。③

规范的构成要件要素有利于表述违法类型。虽然规范的构成要件要素没有记述的构成要件要素明确,但规范的构成要件要素并不等同于不明确的构成要件要素。罪刑法定原则要求实行成文法主义,因而只能用文字表述构成要件。可是,"词句并不构成小小的水晶石,以其坚硬的外形把词句所隐含的内容与所有别的分离开来。在边缘地带,所有的词句都是模糊难懂的"④。即使是描述性语言,也不可避免地存在模糊之处。数字概念被认为是最明确的,但是,数字的计算也非易事。例如,1996 年(闰年)2 月 29 日出生的人,是 2010 年 3 月 1 日已满 14 周岁,还是 2010 年 3 月 2 日已满 14 周岁? 这是难以回答的问题,只能根据刑事政策、刑法与刑事诉讼法的基本原则得出结论。其实,问题并非仅在于用语是否明确与是否模糊,更重要的在于刑事立法采用的表述是否符合法条的特定目的。"有限的表现手段与无限的事态之间,原本就不能有'一对一的对应关系',所以,语言和(后述的)文字的不明确性,在原理上是不可避免的。但是,另一方面,不可忽视的是,不明确性赋予了语言的伸缩性、融通性的事实。像'大的'、'小的'、'好的'、'恶的'这样高度不明确的语言,一旦与其他语言组合使用时,通过文脉就变得相当明确,所以,我们可以根据当时的具体目的,赋予不明确的语言以必要程度的明确性,并进行有效的使用。由于语言(与认识意识相关)是思考与传达信息的工具,因

---

① 参见〔日〕山火正则:《构成要件の意义と机能》,载阿部纯二等编:《刑法基本讲座》第 2 卷,法学书院 1994 年版,第 5 页。
② 〔日〕町野朔:《刑法总论讲义案 I》,信山社 1995 年第 2 版,第 115 页。
③ 我国的刑事立法体例,没有认识到规范的构成要件要素的问题与实质,只是从粗疏与具体方面考虑,结局是,将原来的一个犯罪构成分解成为诸多的犯罪构成,而诸多犯罪构成中避免不了诸多的规范的构成要件要素,从而导致刑法适用更为困难。
④ 〔美〕安·塞德曼、罗伯特 B. 塞德曼:《法律秩序与社会改革》,时宜人译,中国政法大学出版社 1992 年版,第 166 页。

此,所要求的明确性程度是随着使用目的不同而变化的。像木匠、外科医生根据其需要分别使用各种精确的刨子、手术刀一样,我们通常应当选择最能适合达到目的程度的明确的语言,不必要的高度的明确性,与不充分的明确性一样,反而妨碍目的的实现。"① 所以,当规范的构成要件要素,比记述的构成要件要素更能实现表述违法类型的目的时,立法者理当采用规范的构成要件要素。

规范的构成要件要素有利于实现犯罪成立条件的实质化。犯罪成立条件实质化的趋势相当明显,从形式化向实质化发展的作为义务理论,从形式的违法性概念向实质的违法性概念发展的违法论,从心理的责任概念向规范的责任概念发展的责任论,都表明了这一点。实质化的趋势必然使得构成要件符合性的判断实质化,即并不是依据定义式、形式化、固定性标准进行判断,而应当根据实质的一般原则(如利益衡量、目的理论)进行判断。一方面,构成要件是违法行为类型,立法者表述构成要件的目的,就是将特定的违法行为类型记载于法条中。因此,在采用记述的要素只能设置形式的标准时,必须借助规范的要素设立实质的标准;在采用记述的要素必然导致包含了不值得处罚的行为乃至合法行为时,必须使用规范的要素;在采用记述的要素不能囊括全部值得科处刑罚的违法类型时,必须借助规范的要素。另一方面,随着国民物质生活、精神生活水平的提高,由刑法所保护的法益范围越来越宽泛,不再局限于生命、身体、财产等范围固定、轮廓清晰的法益,而是包括其他诸多方面的自由与权利。但是,一些法益可能没有清晰的轮廓,立法者难以使用纯粹记述的概念作出规定,只得采用规范的要素。②

采用规范的构成要件要素是调和一般正义与个别正义的需要。刑法是正义的文字表述。正义是排除恣意的,故正义在原则上表现为一般正义(generalisierende Gerechtigkeit),但将一般正义适用于各个具体的事态

---

① 〔日〕碧海纯一:《新版法哲学概论》,信山社2000年全订第2版补正版,第123页。
② Vgl., Theodor Lenckner, Wertausfuellungsbeduerftige Begriffe im Strafrecht und der satz "nullum crimen sine lege", JuS 1968, S. 252ff. 法益有无清晰的轮廓与法益是否值得刑法保护,是性质不同的问题。

时,常常反而出现不正义的结果。于是,产生了与一般正义相对的个别正义(individualisierende Gerechtigkeit)的概念。一般正义与个别正义虽然都是正义,却相互矛盾,前者会带来冷酷与僵硬,后者会导致恣意与不公平。所以,一方面要以实现一般正义为原则,另一方面要以个别正义为补充。① 记述的要素有利于实现一般正义,规范的要素则有利于实现个别正义。换言之,"形式、抽象性、一般性以及概念性是对于法律的形成完全不可缺少的,否则法将没有所谓的等同对待,也将没有正义存在。如果人们在其中不保证将始终变动的生活关系的独有性及特殊性在法律的发现过程中引入,那么纯粹从法律规范演绎出来的'正义'将会是一种'永久的、重复相同的'僵化机械论,一种自动化——或者是电脑的——'正义',一种非人性的'正义'"②。例如,"有关猥亵物品之认定,本来就应该属于具体个案之价值判断,而并不是裸露了身体哪一部位的图画就一定属于猥亵物品,也不是身体哪一部位没有裸露的图画就一定不是猥亵物品。假使立法者在立法上果真以纯粹描述的方式而予以一一列举,那么恐怕会引发更大的问题,亦即,极有可能造成应该是属于猥亵物品的却没有规定,不应属于猥亵物品的却符合规定之情形,这样的结果才是真的不公平不合理,反而无法体现实质的正义"③。再如,对于财产犯罪、贪污贿赂犯罪,以确定的犯罪数额作为定罪量刑的标准,反而有损刑法的正义性。④ 相反,以数额较大、数额巨大、数额特别巨大等作为定罪量刑的标准,则不存在损害个别正义的缺陷。所以,数字虽然是最明确的,但可能是最损害正义的。

采用规范的构成要件要素是犯罪类型化的要求。分则所规定的构成要件并不是简单地对犯罪的分类,而是对犯罪的类型化。类型是指事物

---

① 参见〔日〕团藤重光:《法学の基础》,有斐阁1996年版,第222页以下。
② 〔德〕亚图·考夫曼:《法律哲学》,刘幸义等译,台湾五南图书出版有限公司2001年版,第122页。
③ 吴耀宗:《德国强制罪可非难性条款与明确性原则》,载《法学丛刊》1998年第42卷第4期,第126页。
④ 刑法以确定的犯罪数额为标准规定贪污罪、受贿罪的刑罚幅度所导致的不能实现个别正义的弊端,已充分表现出来。

或存在本质的概括表现。犯罪类型,是概括犯罪成立要件的整体的认知形象。① 因为正义要求对相同的犯罪作相同的处理。如果没有类型化,只是将某种具体生活事实作完整的描述,那么,由于不存在完全相同的具体生活事实,构成要件就不可能起到大前提的作用。如果不对犯罪进行类型化,则意味着任何一种具体的犯罪都是不相同的;对任何一种具体的犯罪都作不同的处理,结局反而没有正义可言。所谓类型化,意味着根据事物的本质对犯罪进行类型化;构成要件作为一种违法类型,它并不穷尽具体的经验性材料,而是对经验性材料有所选择,抓住重要的和有特点的社会事实,对无关紧要的细微差别忽略不计。所以,类型化意味着将现象的多样性和复杂性归纳为具有一定概括水平的、具有一组特征的聚合体,从而使得现实发生的案件与类型具有可比较性、可涵摄性。易言之,构成要件所规定的是抽象的现实,它不是描写个案的全部情节,而是仅仅突出一系列一般的且重要的要素。唯有如此,刑法规范才能适用于数目不定的、个案形态不一的案件,因而面对十分不同的个人和个案形态,也能够符合平等对待的思想。这种类型化对语言和思维的力量提出很高的要求。亦即,"法律语言需要一些话语用于各种抽象的、高于一切个别现象的概念;它首先从日常生活中吸取这些话语,然后进一步发展它们,使之具有技术的含义"②。正因如此,刑法分则条文总是以抽象的用语、规范的要素表述具体犯罪类型。规范的构成要件要素,使犯罪类型具有开放性,它虽然有一个固定的核心,但没有固定的界限。即使立法者当初根本没有想象到的事实,经过解释也可能完全涵摄在规范的构成要件要素中;或者相反。

规范的构成要件要素使刑法简短且适应社会变化。成文刑法具有普遍性,必须以较少的文字网罗极为复杂的犯罪;另一方面,成文刑法必须适应不断变化的社会生活。这使得规范的构成要件要素不可避免。正如德国学者魏德士所言:"法律调整的生活事实多种多样,无法穷尽。反之,

---

① 〔日〕梅崎进哉、宗冈嗣郎:《刑法学原论》,成文堂1998年版,第81页。
② 〔德〕H. 科殷:《法哲学》,林荣远译,华夏出版社2002年版,第176页。

出于各种原因,法律条文和法律信条的数量则尽可能精简而且具备条理性。法律所调整的事实的无限性与法律规范数量的有限性要求之间的辩证关系或者说矛盾必然在语言上产生如下结果:成文法规范必须包含普遍的、一般化的评价标准。尤其是在需要调整大范围的生活事实或者案件类型时,上述矛盾就更加明显。解决上述矛盾的手段很多,例如使用不确定的法律概念(unbestimmte Rechtsbegriffe),如'适当的'、'相应的'、'过失'、'重大疏忽';又如使用一般条款(Genenralklauseln),如'重大事由'、'诚实信用'、'善良风俗'、'公平裁量'。可见,在立法过程中必须有计划地使用不确定的法律概念和一般条款,换言之,概念的'不确定性'(Unbestimmtheit)是预料之中的事。通过这种方式,就能够为相应的法律规则确立比较大的适用范围和裁量空间,法律也因此具备了灵活性(Elastizität)。借助于法律概念的这种'开放性(Öffenheit)'和不确定性,既可以将法律适用于新的事实,又可以适用于新的社会与政治的价值观。"[1]大体而言,上述不确定的法律概念和一般条款,便是规范性概念,在刑法分则中便属于规范的构成要件要素。

尽管规范的构成要件要素不可避免,而且具有积极意义,但这绝对不意味着由规范的构成要件要素取代记述的构成要件要素。虽然记述的概念也可能因为其边缘模糊而具有不明确性,但大体而言,记述的要素比规范的要素明确,前者更能有效地限制法官的权力,保障国民的自由。所以,采用记述的要素可以使特定的违法行为类型化时,就不应采用规范的要素。因此,在什么样的情况下采用规范的构成要件要素,以及如何设置规范的构成要件要素,就成为重要问题。

首先应当肯定的是,应当尽可能减少规范的构成要件要素;另一方面,在必须采用规范的构成要件要素时,需要采取相应的立法措施,使规范的构成要件要素更为明确。于是,规范的构成要件要素的立法取舍,实质上成为判断刑法规范是否明确以及如何实现构成要件的明确性的问题。

---

[1] 〔德〕伯恩·魏德士:《法理学》,丁小春、吴越译,法律出版社2003年版,第87—88页。

显然，对刑法规范的明确性，很难设定一般的基准。德国学者许逎曼（Schünemann）教授根据明确性程度，按照递减的顺序将法律概念分为四类：一是数的概念，这类概念具有绝对的明确性；二是分类概念，即以在整个社会中广泛且一致的应用为基础的分类性概念，记述的构成要件要素属于这一类；三是机能概念，即通过事物的相同的社会性机能而构建的概念，规范的构成要件要素属于这一类；四是纯粹的价值概念即一般条款（如善良风俗、违背良知等）。许逎曼教授认为，前三种概念是容许使用的，只是第四类概念存在不明确的问题。但是，立法又不可能绝对排斥纯粹的价值概念，就例外情形而言，即使采用纯粹的价值概念而由法官自由裁量，也不损害权力分立与一般预防原理，并不违反罪刑法定原则。由前三类概念提供了轮廓的整体构成要件，与立法者确实认为当罚的中心领域相比较，当罚的事例没有达到50%时，立法者便没有尽到明确规定当罚的通常情形的义务；反之，达到或者超过了50%时，便具有明确性。[①]

在刑法上，由纯粹的价值概念所表述的要素就是规范的构成要件要素，许逎曼教授承认纯粹价值概念的不明确性。虽然许逎曼教授认为除此之外的规范的要素与记述的要素都是明确的，但事实上并非如此。因为如前所述，即使是记述的概念，也可能因为边缘模糊而不具有明确性。刑法对构成要件的表述，一方面要保障国民的预测可能性，实现刑法的安定性，另一方面，要使值得科处刑罚的特定违法行为成为犯罪。所以，必须在法的安定性与实质的正义性之间进行调和，难以采取量化标准。从正义的观念出发，即从确保适正处罚的观念出发，必须使用价值关系的概念或评价概念，而且对法的安定性的危险尽可能限于最小程度时，就是允许的。[②]

另一方面，记述的概念与规范的概念，都可能存在不明确的部分，所以，只能将明确性原则理解为最大限度的预测可能性。根据前述对规范

---

① 参见〔德〕许逎曼：《无法律即无刑罚？》，载许玉秀、陈志辉编：《不移不惑献身法与正义——许逎曼教授刑事法论文选辑》，台北春风煦日论坛2006年版，第26页以下。

② Vgl., Theodor Lenckner, Wertausfuellungsbeduerftige Begriffe im Strafrecht und der satz "nullum crimen sine lege", JuS 1968, S. 252.

的构成要件要素的分类,可以采取如下原则:(1)如果使用记述的要素就能够准确地表述特定的违法类型,就不应使用规范的要素;(2)如果使用记述的要素不能准确地表述特定的违法要素,就允许使用法律的评价要素,从而使构成要件表述特定的违法类型;(3)如果使用法律的评价要素不能准确地表述特定的违法要素,就允许使用经验法则的评价要素,从而使构成要件表述特定的违法类型;(4)如果使用经验法则的评价要素不能准确地表述特定的违法要素,就允许使用社会的评价要素,从而使构成要件表述特定的违法类型。

从具体层面而言,本书提出以下意见:(1)一个构成要件不能完全由规范的要素组成,只能在记述的基础上使用规范的要素。(2)在必须采用规范的要素时,应当添加适当的记述的要素对规范的要素作出限定。换言之,"规范的构成要件要素的导入虽然是不可避免的要求,但应当限于必要最小限度内,必须通过附加具体的'记述',使立法者的意思明确化。例如,对于'公然实施猥亵行为的'构成要件,附加具体的场合、时间、对方等'记述'就是理想的"[①]。(3)在采用规范的构成要件要素时,如果可以通过解释使规范概念明确化的,可以在刑法中作出解释性规定。[②] 解释性规定应当有利于克服规范的构成要件要素的缺陷,所以,解释性规定不能大量使用规范性概念,否则反而不利于法官理解规范的构成要件要素;解释性规定必须具有针对性与有用性,即针对规范性概念作出解释,使法官能够通过解释性规定,正确理解和判断规范的要素。[③] (4)在必须采用规范的构成要件要素时,如果可以通过例示性规定使规范概念明确化,便应在刑法中作出例示性规定。如后所述,在将"情节严重"规定为构成要件要素时,可以例示几种严重的情节。例示法并不损害刑法的安定性。法官要将现实案件与法条例示的行为相比较,判断现实案件是否与法条例示的行为相类似。

[①] 〔日〕内田文昭:《刑法概要》(上卷),青林书院1995年版,第162页。
[②] 当然,如果解释性规定不起作用,则不宜作出解释性规定,如对"情节严重"就不可作出解释性规定。
[③] 例如,现行刑法关于司法工作人员的解释性规定,就比关于国家工作人员的解释性规定更有用。

四、规范的构成要件要素的司法判断

　　许多法官抱怨刑法不明确,在很大程度上是因为他们面对规范的构成要件要素时,难以作出妥当的司法判断。因为在记述的构成要件要素的场合,只要对构成要件作出合理解释,就可以将事实与构成要件相对照,从而得出案件事实是否符合构成要件的结论。但在规范的构成要件要素的场合,即使对构成要件作出合理的解释,依然需要法官根据一定的标准、观念判断案件事实是否符合构成要件。因此,法官对规范的构成要件要素的判断能力,成为检验法官是否具有法律素质的基本标准。由于规范的构成要件要素一般存在于违法构成要件中,所以,本节所称的规范的构成要件要素,也仅限于规范的违法构成要件要素。

　　对于规范的构成要件要素,必须以特定的违法性为导向进行判断。

　　采用规范的构成要件要素,是为了使构成要件成为真正的违法类型。所以,解释者必须以违法性为导向解释规范的构成要件要素。不可否认,根据罪刑法定原则,对构成要件的解释不能超出刑法用语可能具有的含义。但是,就规范性概念而言,几乎不可能直接根据用语本身得出结论。规范的构成要件要素,是难以甚至不可能从字面含义发现刑法的真实含义的要素。所以,形式的解释既行不通,也没有用。在规范的构成要件要素的场合,法官必须善于实质的解释,使符合客观构成要件的行为具有值得科处刑罚的法益侵犯性,使符合构成要件的行为与具有违法性的行为一体化。例如,《刑法》第 245 条规定:"……非法侵入他人住宅的,处三年以下有期徒刑或者拘役。"非法侵入住宅罪的客观构成要件所包含的几乎都是规范的要素。我们不能认为,这一规定包含了不值得科处刑罚的一切擅自进入他人住宅的行为。例如,自来水公司的职员甲没有经过住宅人乙的同意,以平和方式进入乙的住宅查看水表。从形式上看,这一行为也符合了《刑法》第 245 条的文字表述,但不能认为该行为符合《刑法》第 245 条规定的客观构成要件,因为该行为不值得科处刑罚。换言之,我们只能将值得科处刑罚的非法侵入住宅的行为,解释为符合《刑法》第

245条规定的客观构成要件的行为。这种做法所面临的问题可能是:实质的解释会因人而异,如何选择正确的结论?可能受到的诘难是:既然刑法没有规定"情节严重",解释者为什么实际上加入了"情节严重"的要素?或许合理的解释目标、解释目的的确立以及解释方法的正确运用,可以消解这些疑问。而且,与先对客观构成要件进行形式的解释,然后在客观构成要件之外寻求违法性的做法相比,对客观构成要件进行实质的解释要好得多。另一方面,采取形式的解释也不能解决这些问题,因为形式的解释也会因人而异,而且在形式的解释后再作实质的违法性判断时,也必然因人而异。肯定构成要件的实质性,并不在于否认构成要件的形式的性格。因为既然构成要件要确保刑法的安定性,发挥罪刑法定主义的机能,它就必须具有形式的性格,从而使实质的考察限定在形式的范围之内。

对于规范的构成要件要素,还必须根据规范的构成要件要素的不同类型,分别以相应的规范为逻辑前提进行判断。

第一,对于法律的评价要素,法官必须将相关的法律、法规的规定作为逻辑前提,从而判断案件事实与规范的构成要件要素的符合性。例如,甲以暴力妨碍警察逮捕他人的行为,是否成立妨害公务罪?这涉及警察的行为是否具有合法性的问题,必须以刑事诉讼法的相关规定为根据,判断警察的行为是否"依法"执行逮捕。再如,乙吸收多人资金用于办养猪厂的行为,是否成立非法吸收公众存款罪?这涉及如何理解吸收存款的问题,需要根据商法的相关规定作出判断。

在判断法律的评价要素时,法官不仅要了解相关法律、法规的基本含义,还要了解相关法律、法规的目的,同时要把握相关法律、法规与刑法条文的目的差异,避免得出不合理的结论。例如,《刑法》第345条第2款规定了滥伐林木罪,其中的"滥伐"便属于规范的构成要件要素,需要以森林法规为逻辑前提作出判断。但是,滥伐林木罪是一种特定的违法类型,法官不能将森林法规中的滥伐行为都作为刑法上的滥伐林木罪处理。例如,甲承包了一片山地,在山上种植树木。某日,甲在未办理林木采伐许可证的情况下,雇用乙帮其砍伐一株枯死的马尾松,乙明知甲未办理林木采伐许可证,仍携带工具帮甲将该马尾松(6立方米)砍倒。根据森林法和相关行政法规,凡采伐林木,包括采伐火烧迹地木、枯死木等自然灾害毁损的林木,都必须申请林木采伐许可证,并按照林木采伐许可证的规定进行采伐。未申请林木采伐许可证而擅自采伐林木数量较大的,属于盗伐或者滥伐林木。但是,刑法关于滥伐林木罪的规定,是为了保护森林资源。既然马尾松树已死,就不能作为森林资源保护。换言之,甲、乙的行为虽然在森林法上属于滥伐林木,但该行为并没有发生《刑法》第345条第2款所欲禁止的侵害森林资源的结果。因此,甲、乙的行为不成立任何犯罪。①

第二,对于经验法则的评价要素,法官必须按照经验法则进行评价。但经验法则是无法穷尽的,而且经验法则是具体的,不是抽象的,法官只能就案件具体事实,以相应的经验法则为标准作出判断。例如,行为是否"降低"了工程质量标准,需要根据工程建设的经验法则进行判断。再如,行为是否具有公共危险,需要根据生活经验法则进行判断。

法官面对经验法则的评价要素时,不能依照一般人的观念进行判断,更不能按照行为人的观念进行判断。但我国的刑法理论与司法实践在这方面存在许多问题。例如,发生侵害法益的紧迫"危险"是未遂犯的构成要件要素,"危险"是经验法则的评价要素;而将不可罚的不能犯作为可罚的未遂犯处理,就是因为将经验法则的评价要素作为社会的评价要素处理了,因而不合适。实际上,客观行为是否具有侵害法益的紧迫危险,应以行为时存在的所有客观事实为基础,站在行为时,根据客观的因果法则进行判断;而不是一般人认为有危险,该行为就肯定有危险;更不是行为人认为有危险,该行为就一定有危险。例如,甲以为硫磺可能致人死亡,便以杀人故意使他人食用硫磺。即使一般人也可能认为硫磺会致人死亡,但按照经验法则得出的结论是,硫磺不可能致人死亡。既然如此,就应认为甲的行为没有产生致人死亡的危险,因而不成立故意杀人的未遂犯。

第三,对于社会的评价要素,法官要根据社会的一般观念或社会意义

---

① 倘若该树不属于被告人所有,则被告人的行为构成普通盗窃罪,而非构成盗伐林木罪。

进行判断。这是最难以判断的一类要素。首先必须肯定的是,"规范的构成要件要素的确定,虽然在终局上由裁判官判断,但不可忽视的是,裁判官应当将证人、鉴定人等的判断作为资料,代表一般市民对之进行'确认',决不是通过裁判官自己的恣意判断来'创设'它"①。易言之,在社会的评价要素的场合,"法官受法律的约束在于,立法者不允许法官作出完全个人主观的评价,而是以存在法官应当遵从的一般的社会—伦理的评价为前提"②。例如,何谓"淫秽"物品,法官不能根据自己的个人观念进行判断,而应根据社会的一般观念进行判断。再如,行为人是否侵入了"住宅",要根据被害人当地的居住情景和一般人对住宅的观念进行判断。除此之外,法官需要特别注意以下几点。

首先,每位法官的成长经历、生活体验、阅读范围、政治地位等都会融入自己的观念,进而对规范的构成要件要素的判断产生影响。而法官的经历、体验等不会与一般人的经历、体验完全相同。因此,法官要熟悉一般人的观念,尤其要了解自己的特殊经历对自己观念的影响,了解自己的观念不同于他人观念的原因。例如,在欧美国家生活多年并受其价值观影响的人,在回国后当法官时,要把握自己的观念与当下中国一般人观念的差异及其产生的原因,不能以欧美人的观念为标准判断社会的评价要素。

其次,法官要善于通过考察案件事实的社会影响,了解一般人的观念。日本学者井上正治曾指出,"淫秽"之类的构成要件要素,是以作品(物品)是否对社会产生影响即是否兴奋、刺激性欲、是否引起性的羞耻心这种社会意义为内容的。而且,作品的"社会的影响"、"社会的意义"是作为事实存在于社会的。因此,在判断某种作品是否属于淫秽作品之前,必须确定该作品对社会产生了何种影响。只有确定了作品的社会影响,才能确定作品是否属于刑法上的淫秽作品。对作品的社会影响的确定,不是法解释与法适用的内容,而是属于事实的认定。这种社会意义的

---

① 〔日〕内田文昭:《刑法概要》(上卷),青林书院1995年版,第162页。
② Hans-Heinrich Jescheck/Thomas Weigend, Lehrbuch des Strafrechts. Allgemeiner Teil, 5. Aufl. , Duncker & Humblot 1996, S. 130.

确定,是对作为事实而存在的意义的认识,而不是价值判断。① 井上的观点具有合理性,其旨在限制法官的自由裁量权,使价值判断建立在事实判断的基础之上。例如,在条文规定了情节"严重"、情节"恶劣"这类规范的要素时,了解行为的"社会影响",了解社会一般人对行为的反应,就有助于法官作出合理的判断。当然,法官要查明的是,一般人是否在了解真相的基础上发表看法。媒体的看法不等于一般人的看法,媒体的渲染导致一般人的误解也不属于"社会的影响"。更为重要的是,不能将一般人的伦理判断作为法官的法律判断的根据与标准。

再次,法官要善于合理地妥协。一切法律制度都是无数力量综合作用的结果。"司法过程是一种妥协,一种矛盾与矛盾之间、确定性与不确定性之间、崇尚书面文字的拘泥字义与破坏规律及有序的虚无主义之间的妥协。"② 因此,"法律思维不是完全以系统为中心,它更多的是以问题为中心。占据绝对优势的不是一个来自于系统中的形式的、逻辑推导(演绎),而是辩论的方法。事实上,绝大多数新的解释法律思维的学说认为法律思维是一个辩论性的,在正方和反方之间衡量的裁决理由模式"。"通过这些辩论交换,法官作为中立方可以做出一个理由充分的决定。"③ 由于社会的评价要素是需要根据社会的一般观念或社会意义进行判断的要素,在社会生活中处于不同地位、具有不同经历的人,会从不同的角度理解规范的要素。所以,法官需要倾听各种不同的声音,斟酌各种不同的观点,吸收各种观点的长处,避免各种观点的缺陷,实现合理的妥协。只有合理的妥协,才能最大限度地做到根据社会的一般观念判断规范的要素。

最后,要注意社会一般观念的变化,注重运用当代的社会标准,善于采取同时代的解释。时代的发展,社会的变化,必然引起一般人价值观念的变化。在理解和判断社会的评价要素时,应以当时的一般观念为标准

---

① 〔日〕井上正治:《批评家の忘れた盲点》,载《判例评论》1957年第9号,第4—5页。
② 〔美〕本杰明·N.卡多佐:《演讲录 法律与文学》,董炯、彭冰译,中国法制出版社2005年版,第31页。
③ 〔德〕N.霍恩:《法律科学与法哲学导论》,罗莉译,法律出版社2005年版,第145—146页。

进行评价,而不能以过去的、陈旧的观念为标准。例如,什么行为属于"猥亵"行为,何种作品属于"淫秽"物品,既不能按照法官个人的道德见解作出判断,也不能按以往的观念得出结论,而是必须根据当代的社会标准作出判决。因为对猥亵、淫秽的判断标准一直在发生变化。"1959 年所认为的淫秽和 1859 年的淫秽之间有巨大差距,这一点难道可以怀疑吗?对于根据不同的作品产生的不同的效果判断其是否可被归于淫秽的看法发生了变化,这种变化导致了上述的差距。"① 情节是否严重、是否恶劣,也没有固定不变的标准。过去属于情节严重、恶劣的,现在可能属于情节不严重、不恶劣,反之亦然。

由上可见,对规范的构成要件要素的判断,并不是完全委任于法官自由的、主观的裁量;相反,面对规范的构成要件要素,法官的判断受法律、经验法则和社会一般观念的拘束。

五、规范的构成要件要素的主观认识

根据责任主义原则,成立犯罪不仅要求行为侵害了法益,而且要求行为人对侵害法益的事实具有非难可能性。依照我国《刑法》第 14 条关于故意犯罪的规定,在故意犯罪的情况下,行为人必须明知犯罪客观方面的构成事实,并且希望或者放任这种事实的发生。但是,客观要素可以分为记述的要素与规范的要素。于是产生了以下两个问题:成立故意犯罪时,是否要求行为人认识到规范的要素?② 如何判断行为人已经认识到了规范的要素?例如,就贩卖淫秽物品牟利罪而言,是否要求行为人认识到自己所贩卖的是淫秽物品?如果行为人客观上贩卖的是淫秽物品,而主观上却认为是艺术作品时,应当如何处理?

关于前一问题,在国外刑法理论与审判实践上存在不同看法与做法。

---

① 〔美〕约翰·莫纳什、劳伦斯·沃克:《法律中的社会科学》,何美欢等译,法律出版社 2007 年版,第 128 页。
② 如后所述,所谓认识到"规范的要素",实际上是指认识到"符合规范的要素的事实的社会意义"。

例如,日本最高裁判所1957年3月12日就散布淫秽物品罪指出:"关于刑法第175条之犯罪(散布、贩卖、公然陈列淫秽物品的犯罪——引者注)的犯意的成立,只要认识到存在有问题的记载和认识到在散布、贩卖它就可以了,不要求认识到存在有关记载的文书是否具备该条所规定的淫秽性。即使认为不具备刑法第175条所规定的淫秽性而贩卖文书,但如果客观上具有淫秽性,就应认定为法律错误,而不阻却犯意的成立。"①德国以前的判例也曾经将妨害公务罪中的被害人执行职务的合法性要素(规范的要素)视为客观的处罚条件,不要求行为人对此有认识。而威尔采尔的见解是,虽然不要求行为人有认识,但至少要求有认识的可能性。这实际上是一种折中的观点。②但是,德国与日本有更多的判例持相反的见解。③现在,国外刑法理论几乎没有例外地认为,故意的成立要求行为人认识到规范的构成要件要素。例如,德国学者指出:"故意必须与客观构成要件的所有要素相结合。……当认识内容属于记述的构成要件要素时,行为人必须理解事实的意义内容;当认识内容属于规范的构成要件要素时,以行为人认识到要素的完全意义为要件。"④再如,日本学者平野龙一教授在分析了规范的构成要件要素的概念与种类后指出:"无论如何,要成立故意,就必须对这些规范要素具有认识。"⑤又如,大塚仁教授指出:"特别是关于规范性构成要件要素,有认识其意义的必要。例如,为了能够说具有贩卖猥亵文书罪(第175条)的故意,行为人必须认知自己贩卖的文书是'猥亵的'文书这种刑法的意义。"⑥

---

① 日本《最高裁判所刑事判例集》第11卷第3号,第997页。
② 参见〔日〕平野龙一:《刑法总论Ⅰ》,有斐阁1972年版,第171—172页。
③ 参见 Hans-Heinrich Jescheck/Thomas Weigend, Lehrbuch des Strafrechts. Allgemeiner Teil, 5. Aufl., Duncker & Humblot 1996 介绍的德国法院判例, S.219;另参见日本最高裁判所1951年8月17日的判决,日本《最高裁判所刑事判例集》第5卷第9号,第1789页;日本东京高等裁判所1955年4月18日判决,日本《高等裁判所刑事判例集》第8卷第4号,第325页;日本东京高等裁判所1960年5月24日判决,日本《高等裁判所刑事判例集》第13卷第5号,第335页。
④ Hans-Heinrich Jescheck/Thomas Weigend, Lehrbuch des Strafrechts. Allgemeiner Teil, 5. Aufl., Duncker & Humblot 1996, S.218.
⑤ 〔日〕平野龙一:《刑法总论Ⅰ》,有斐阁1972年版,第169页。
⑥ 〔日〕大塚仁:《犯罪论的基本问题》,冯军译,中国政法大学出版社1993年版,第191—192页。

本书持肯定说。就故意犯罪而言，行为人必须认识到规范的要素，否则不成立故意犯罪。理由在于：(1)"没有责任就没有刑罚"(责任主义)，这是近现代刑法的一个根本原理。科处刑罚具有对行为人进行非难、谴责的意义，而不同于治疗疾病；既然如此，就要求行为人具有非难可能性；这种非难可能性便是责任。责任分为故意责任与过失责任，追究行为人的故意责任，要求行为人认识到了其实施的是符合构成要件（包括规范的要素）的法益侵害事实；否则，便缺乏故意犯罪的非难可能性，不能追究其故意责任。例如，如果行为人以为自己进入的是商店，而没有认识到自己进入的是他人的"住宅"，就不具有非法侵入住宅的故意，无论如何也不成立非法侵入住宅罪。再如，根本不识外文的人客观上贩卖了淫秽的外文小说，如果他没有被告知为淫秽物品，自身也没有认识到是淫秽物品，就不能认定为贩卖淫秽物品牟利罪。(2)与上一点相联系，客观构成要件规制故意的认识内容与意志内容。成立犯罪的故意，要求行为人认识到符合客观构成要件的事实。大体可以认为，故意是对符合客观构成要件的事实的认识、容认，即客观构成要件的内容，就是故意的认识内容与意志内容。而规范的构成要件要素，一般存在于客观构成要件中。既然成立故意要求认识到符合客观构成要件的事实，当然就要求认识到符合构成要件中的规范要素的事实。(3)规范的要素与记述的要素没有质的差异，既然成立故意犯罪，要求行为人对记述的要素具有认识，那么，就没有理由不要求行为人对规范的要素具有认识。(4)判断行为人是否认识到了规范的要素，的确存在困难，甚至可能导致部分人逃避应有的刑罚制裁。但这是对行为人是否认识到了规范的要素的判断问题，不能以判断困难为由否定认识的必要性。

故意的成立，并不只是要求行为人认识到单纯的客观事实。换言之，在故意犯罪中，行为人对自己行为的认识，并不只是对外部行为的物理性质的认识，而是对行为的社会意义的认识。例如，行为人向他人头部开枪时，只有认识到该行为是"杀人"行为时，才能评价为"明知自己行为的内容与社会意义"。换言之，对行为内容与社会意义的认识，实际上是对刑法所欲禁止的实体的认识。只有对行为的社会意义具有认识，才能说明行为人具有非难可能性。

就符合记述的构成要件要素的事实而言,行为人在认识到单纯事实的同时,就能认识行为的社会意义,进而认识行为的实质违法性乃至形式违法性。例如,行为人在认识到自己向他人胸部开枪时(单纯事实的认识),必然认识到这是杀人行为(社会意义的认识),进而认识到杀人行为是侵害他人生命的恶的行为(实质违法性的认识),甚至认识到其行为是符合《刑法》第232条的行为(形式违法性的认识)。但是,就符合规范的构成要件要素的事实而言,行为人在认识到单纯事实的同时,却不一定能够认识到行为的社会意义,因而不一定认识到行为的实质违法性。例如,行为人认识到自己在贩卖某种书画(单纯事实的认识),却不一定认识到自己贩卖的是淫秽物品(社会意义的认识),因而不一定认识到行为的法益侵犯性。① 再如,行为人认识到自己毁灭了印有文字的纸张,却不一定认识到自己毁灭了国家机关公文。这是因为规范的构成要件要素是需要根据法律法规、经验法则或者一般人的价值观念做出判断的要素;但行为人可能没有认识到作为逻辑前提的法律法规,行为人的价值观可能不同于法律、法规的价值取向或者不同于一般人,行为人可能没有认识到作为判断基础的事实,因而得出了不同结论。

就规范的要素而言,一方面,由于对单纯事实的认识不等于对事实的社会意义的认识,所以,如果行为人仅认识到了单纯的事实,还不能肯定其认识到了规范的要素。另一方面,由于表述规范的构成要件要素的是规范性概念,所以,行为人完全可能没有认识到规范性概念的法律意义。例如,行为人可能不认识刑法所规定的"淫秽"二字,也不理解刑法上的"淫秽"概念的规范意义。所以,倘若只有当行为人认识到了"淫秽"概念的规范意义时,才认定其认识到行为的社会意义,才以故意犯罪论处,就会不当缩小处罚范围。换言之,就故意犯罪而言,不能要求行为人像法学家或者法官那样理解规范的要素。② 于是,外国学者提出了后述"外行人

---

① 参见〔日〕前田雅英:《刑法总论讲义》,东京大学出版会2006年第4版,第230页以下。
② 否则,只有具备良好的法律知识的人才能成立故意犯罪,这显然不合适。

领域的平行评价"的理论。不过,这一理论针对的主要是社会的评价要素。

本书认为,就法律的评价要素而言,只要行为人认识到作为评价基础的事实,一般就能够认定行为人认识到了规范的要素。例如,只要行为人认识到自己的财产处于国家机关管理、使用、运输中,就应认定行为人认识到了该财产属于公共财产(参见《刑法》第91条第2款)。又如,只要行为人认识到警察持逮捕证逮捕嫌疑人,就可以认定行为人认识到了警察在"依法"执行职务。再如,不真正不作为犯中的作为义务,属于规范的构成要件要素。行为人认识到了自己的作为义务,才成立不作为犯罪。但是,只要行为人对产生作为义务的事实(根据)具有认识,就应认定其对作为义务有认识。譬如,只要甲明知自己的幼女掉入河中,就可以认定其对作为义务具有认识,其能够救助却不救助的行为成立故意犯罪。如果甲误以为掉入河中的是与自己无关的乙的幼女,因而没有救助的,则因为缺乏规范的构成要件要素的认识,而不成立故意犯罪。另一方面,只要甲明知自己的幼女掉入河中,即使其误以为自己没有救助义务的,也应认为其对作为义务具有认识,应肯定故意的成立。

就经验法则的评价要素而言,只要行为人认识到了作为判断基础或者判断资料的事实,原则上就应当认定行为人认识到了符合规范的构成要件要素的事实。例如,只要行为人认识到了自己的行为会使大量的对象物燃烧,或者认识到火势会蔓延到其他对象物,就能肯定行为人认识到自己的行为会"危害公共安全"。再如,只要行为人认识到自己所破坏的是正在使用中的公共汽车的关键部位(如刹车等),就可以肯定其认识到了自己的行为"足以使汽车发生倾覆、毁坏危险"。同样,只要行为人认识到自己破坏的是正在使用中的轨道上的枕木,就可以认定其明知自己的行为"足以使火车发生倾覆、毁坏危险",因而具有破坏交通设施罪的故意。

问题在于社会的评价要素。德国学者麦茨格在宾丁之后发展和完善的"行为人所属的外行人领域的平行评价"理论,一直得到普遍承认和适用。该理论认为,在规范的构成要件要素的场合,不要求行为人了解规范概念的法律定义,只要行为人以自己的认识水平理解了具体化在规范概念中的立法者的评价即可。① 换言之,对行为的社会意义的认识,不要求以刑法上的规范概念进行认识,只要认识到规范概念所指示的与犯罪性相关的意义即可;还可以说,只要行为人的认识内容与规范概念的实质相当即可。② 据此,当一般人将刑法上的淫秽物品理解为不能公开的黄色物品时,只要行为人认识到自己所贩卖的是一般人所指的不能公开的黄色物品,那么,行为人就具有贩卖淫秽物品的故意。也有学者认为,在这种场合,法官对于行为人的语言必须"理念化",对于法律的语言必须"一般化",或者说,法官必须使行为人的日常语言世界与刑法的专业语言世界相联系,穿梭于民众的语言与法律的语言之间,从而进行判断。③ 例如,当一般人使用"毛片"表述淫秽光盘时,只要行为人认识到自己所贩卖的是"毛片",就可以肯定行为人认识到了自己所贩卖的是淫秽光盘,因而成立故意犯罪。

在本书看来,在行为人不明知"淫秽"的法律概念,不确定其贩卖的是"淫秽"物品,但认为其贩卖的是黄色物品、下流物品、毛片,客观上贩卖的确实是淫秽物品时,可以适用"外行人领域的平行评价"理论,认定行为人认识到了自己贩卖的是淫秽物品。上述解释已经能够说明这一点。再如,当行为人不明知《刑法》第237条的"猥亵"的规范意义,却认识到自己实施的是"占妇女便宜"的行为时,也能认定行为人具有猥亵妇女的故意。但是,还存在另外的情形:行为人不认为其贩卖的是淫秽物品,也不认为其贩卖的是黄色物品、下流物品,甚至认为是具有科学价值的艺术作品,但认识到一般人可能将其贩卖的物品评价为淫秽物品,客观上贩卖的确实是淫秽物品时,难以用"外行人领域的平行评价"理论进行归责。本书认为,在这种情况下,由于规范的构成要件要素(社会的评价要素)需要根据一般人的价值观念或者社会意义进行精神的理解,所以,

---

① Hans-Heinrich Jescheck/Thomas Weigend, Lehrbuch des Strafrechts. Allgemeiner Teil, 5. Aufl., Duncker & Humblot 1996, S. 295.
② 参见〔日〕町野朔:《刑法总论讲义案Ⅰ》,信山社1995年第2版,第225页。
③ Arthur Kaufmann, Rechtsphiosophie, C. H. Beck 1997, S. 129ff.

应根据行为人在实施其行为时所认识到的一般人的评价结论,判断行为人是否具有故意。换言之,即使行为人自认为其贩卖的不是淫秽物品,也不是黄色物品、下流物品,甚至认为是具有科学价值的艺术作品,但只要行为人认识到了一般人会认为其贩卖的为淫秽物品,且事实上也是淫秽物品,就可以认定行为人认识到了自己所贩卖的是淫秽物品,进而成立故意犯罪。

第五章　客观的超过要素

客观的超过要素,是笔者制造的一个概念。近几年来,虽然有学者赞成这一概念,但也有不少学者反对这一概念。这一概念的提出,原本是以四要件体系为背景或前提的。倘若采用以违法与责任为支柱的三阶层或者两阶层体系,这一概念是否具有存在的余地,是值得进一步讨论的问题。

一、现实问题

责任主义并不意味着故意犯罪的行为人必须认识到所有的客观要素。事实上,有些客观要素并不需要行为人认识。在德国、日本刑法理论体系中,哪些属于故意必须认识的客观构成要件要素,哪些不属于故意必须认识的客观处罚条件,是相当清楚明了的。但在我国,由于犯罪构成是成立犯罪的唯一法律依据,成立犯罪所必需的一切要素都被纳入犯罪构成。于是,相当于德国、日本刑法中的客观处罚条件的要素,在我国也成为犯罪构成要件的客观要素。这便增加了解决问题的难度。

例如,《刑法》第129条规定:"依法配备公务用枪的人员,丢失枪支不及时报告,造成严重后果的,处三年以下有期徒刑或者拘役。"据此,本罪的客观要件包含三个要素:一是丢失了公务用枪;二是不及时报告;三是造成了严重后果。显然,行为人主观上必须认识到公务用枪已经丢失,认识到应当及时报告而不及时报告。那么,对造成严重后果是否需要有认识呢?是否必须具有希望或放任严重后果发生的心理态度呢?概括起来说,丢失枪支不报罪在主观上是故意还是过失呢?人们的回答并不统一,有人主张是故意①,有人主张是过失②,还有人认为既可能是过失,也可能是间接故意。③ 认为是故意的人主要考虑的是不及时报告的行为,认为是过失的人主要考虑的是造成严重后果的事实。但是,行为与结果都是故意的认识内容,如果只考虑其中一点,显然不能得出适当结论。然而,果真统一考虑行为人对行为与结果的认识时,就会发现难以得出适当结论,这正是形成争论的原因。此外,在刑法没有明文规定的情况下,认为一个具体犯罪既可以是过失也可能是故意的观点,也存在不妥之处。因为根据《刑法》第14条与第15条的规定,如果认定某种犯罪出于故意,那么,当刑法没有明文规定过失可以构成该罪时,就不能认为该罪的主观要件包含过失,否则便违反罪刑法定原则与责任主义;一人犯罪既可以出于故意也可以出于过失的观点,导致在刑法没有明文规定的情况下,故意犯罪与过失犯罪的法定刑相同,也有悖罪刑相适应原则。此外,认为"刑法分则条文规定的某些具体犯罪只能由间接故意构成,不能由直接故意构成"的观点,也值得商榷。因为直接故意与间接故意虽然存在区别,但二者在法律上的地位却是相同的;既然间接故意都能成立,直接故意更能成立;事实上也不存在"某种行为出于直接故意时成立此罪、出于间接故意时成立彼罪"的情况。④ 因此,必须进一步探讨主观故意与客观要素的关系。

又如,修改前的《刑法》第186条第1款与第2款分别规定的违法向关系人发放贷款罪与违法发放贷款罪,行为人就行为而言显然是故意的;

---

① 参见张穹主编:《刑法适用手册》,中国人民公安大学出版社1997年版,第498页。
② 参见高铭暄、马克昌主编:《刑法学》,北京大学出版社、高等教育出版社2007年第3版,第400页;邓又天主编:《中华人民共和国刑法释义与司法适用》,中国人民公安大学出版社1997年版,第189页;何秉松主编:《刑法教科书》(下卷),中国法制出版社2000年版,第711页;周振想:《刑法学教程》,中国人民公安大学出版社1997年版,第344页。
③ 参见叶峰主编:《刑法新罪名通论》,中国法制出版社1997年版,第34页。
④ 也不可轻易说:"某种犯罪只能由直接故意构成,不能由间接故意构成。"因为在刑法分则中,凡是由故意构成的犯罪,刑法分则条文均未排除间接故意;当人们说某种犯罪只能由直接故意构成时,只是根据有限事实所作的归纳,并非法律规定。

但就结果而言,认定为故意似乎不妥当。于是有人认为本罪由故意构成①;有人认为本罪由过失构成②;有人认为本罪既可以是过失,也可以是间接故意③;有人认为本罪对行为是故意的,对结果是过失的。④ 其他许多条文都存在类似问题。⑤ 这些条文所规定的犯罪的共同点是,行为人明显出于故意实施犯罪行为,但对于刑法明文要求发生的结果却不是出于故意,而且法定刑一般比较低。如何认识这些犯罪的各种客观要件的性质以及主观故意的内容,成为目前亟需解决的难题。

再如,《刑法》第 264 条将"多次盗窃"规定的盗窃罪的一种类型。于是,存在这样的问题:是否要求行为人认识到自己已是多次盗窃?根据最高人民法院 1997 年 11 月 4 日《关于审理盗窃案件具体应用法律若干问题的解释》,"对于一年内入户盗窃或者在公共场所扒窃三次以上的,应当认定为'多次盗窃',以盗窃罪定罪处罚"⑥。例如,A 与 B 各自已经在公众场所实施了二次扒窃行为,后来在一年内又都分别于公共场所实施扒窃行为。如果说"多次"盗窃是构成要件的客观要素,行为人必须认识到这一要素,那么,就必然出现以下局面:倘若 A 记得自己曾经实施了二次扒窃行为,进而认识到自己已经是一年内第三次在公共场所扒窃,那么,他便具备相应的主观要素,因此成立盗窃罪;倘若 B 不记得(忘记)自己已经实施过二次扒窃行为,进而误认为自己是第一次或第二次在公共场所实施扒窃行为,那么,他便不具备相应的主观要素,所以不成立盗窃

---

① 参见陈兴良:《刑法疏议》,中国人民公安大学出版社 1997 年版,第 325 页;周振想:《刑法学教程》,中国人民公安大学出版社 1997 年版,第 421 页。
② 参见刘家琛主编:《新罪通论》,人民法院出版社 1996 年版,第 238 页。
③ 参见张穹主编:《修订刑法条文实用解说》,中国检察出版社 1997 年版,第 244 页;杜发全主编:《新刑法教程》,西北大学出版社 1997 年版,第 445 页。
④ 参见赵秉志主编:《新刑法教程》,中国人民大学出版社 1997 年版,第 522 页。
⑤ 如《刑法》第 168 条、第 187 条、第 189 条、第 330 条、第 331 条、第 332 条、第 334 条、第 337 条、第 338 条、第 339 条、第 403 条、第 405 条、第 406 条等。
⑥ 这一解释虽然较为明确,但有形式化、绝对化之嫌。本书认为,是否构成"多次盗窃",首先要考虑行为是否可能盗窃数额较大的财物,行为人是否具有犯盗窃罪的故意,其次要综合考虑行为的时间、对象、方式,以及已经窃取的财物数额等。例如,行为人以窃取数额较大财物为目的,多次盗窃的财物接近数额较大的标准,即使超过一年,也宜认定为盗窃罪。再如,在夜不闭户的乡村,即使行为人三次以上入户小偷小摸,也不宜认定为盗窃罪。又如,每次只在超市盗窃一支圆珠笔,没有取得数额较大的意图,即使短期内三次以上盗窃的,也不能认定为盗窃罪。

罪。大概没有人会赞成这一结论。因为这一结论意味着记忆力的强弱可以直接决定是否成立犯罪:记忆力强的,可能构成犯罪;记忆力弱的,可能不成立犯罪。如果要得出 A、B 都成立盗窃罪的结论,那么,就只能认为,虽然要求行为人具有"盗窃"的故意,但不要求行为人认识到"多次"盗窃。然而,如果不对此作出合理解释,就会被认为违反了责任主义。

二、思 考 过 程

笔者提出客观的超过要素概念,由来于主观的超过要素与客观的处罚条件概念的启示。

(一)"主观的超过要素"概念的启示

众所周知,在大陆法系国家刑法理论中,起初由贝林倡导的构成要件理论认为,构成要件只包含客观的、记述的要素,而不包括主观的、规范的要素(行为构成要件论),而且构成要件与违法性没有直接联系。但后来发现,有些行为如果离开了行为人的主观要素,便不能判断其是否符合构成要件;再者,刑法分则有不少条文明文规定了主观要素。于是,德国刑法学者赫格拉(August Hegler)提出,目的犯中的目的虽然只要存在于行为人的内心即可,但它不是责任要素,而是构成要件要素与违法要素。例如,根据德国刑法的规定,伪造货币罪必须出于"行使的目的",因此,如果行为人不是出于行使的目的伪造货币的,其行为便不符合伪造货币罪的构成要件,不具有违法性。麦茨格进一步认为,除了目的犯以外,倾向犯中的行为人的内心倾向、表现犯中的行为人的心理过程或状态,都是构成要件要素,也是违法要素。①

可以肯定的是,在三阶层或者两阶层体系中,构成要件的客观要素规制着故意的内容。如就故意杀人既遂而言,其客观要素是杀人行为致人死亡,与此相对应,故意内容是认识到自己的行为会致人死亡,并且希望

---

① 以上参见〔日〕大塚仁:《刑法概说(总论)》,有斐阁 2008 年第 4 版,第 134—136 页。

或者放任这种死亡结果。但是,目的犯中的目的、倾向犯中的内心倾向、表现犯中的心理过程,则不要求存在与之相对应的客观事实,只要存在于行为人的内心即可。例如,德国、日本刑法规定的伪造货币罪都要求行为人主观上"以行使为目的",但客观上又不要求行为人已经行使了所伪造的货币,因此,"以行使为目的"就是超过构成要件客观要素范围的主观要素,德国学者赫格拉将它称为超过的内心倾向(Uberschiessende Innentendenz)①,也称为主观的超过要素。以我国的刑法规定为例,行为人以牟利或者传播为目的走私淫秽物品时,只要具有走私淫秽物品的故意,客观上实施了走私淫秽物品的行为,即使客观上没有实现牟利与传播的目的,甚至导致行为人的利益亏损,也不影响走私淫秽物品罪的成立。这种不要求存在与之相对应的客观事实的牟利与传播目的,就是主观的超过要素。

既然存在超出客观要素的主观要素,那么,有无可能存在超出故意认识内容的客观要素呢?大陆法系国家刑法理论以及我国的刑法理论几乎公认,成立故意伤害(致死)罪,虽然要求客观上发生死亡结果,却不要求行为人主观上对死亡有认识。于是,死亡结果成为超出故意认识内容的客观要素。问题是,能否在结果加重犯之外,也承认这种超出故意认识内容的客观要素(客观的超过要素)呢?例如,能否认为《刑法》第129条所规定的"造成严重后果"也是一种客观的超过要素,因而不需要行为人认识,进而将丢失枪支不报罪确定为故意犯罪呢?

(二)"客观处罚条件"概念的启示

众所周知,德国、日本三阶层体系,只是一个通行的一般性的提法。在一些情况下,行为具有构成要件符合性、违法性与有责性时,并不能据此处罚行为人,还要求具备刑法所规定的一定的处罚条件。换言之,虽然

---

① 少数学者认为,之所以称为超过的内心倾向,是因为它超出了故意的认识范围(参见〔日〕大谷实:《刑法讲义总论》,成文堂1994年第4版,第150页)。实际上,由于故意的认识内容是构成要件的客观要素,故超出了故意的认识范围的内容,也就是超出了构成要件客观要素范围的内容。

成立犯罪时,原则上就可能对行为人发动刑罚权,但在例外情况下,刑罚权的发动,不仅取决于犯罪事实,而且取决于刑法所规定的其他外部事由或者客观条件。这种事由或条件称为客观处罚条件(objektive Bedingung der Strafbarkeit;condizione obiettiva di punibilita,也称为客观的可罚条件或处罚条件)。① 例如,《德国刑法》第 283 条前 5 款规定了破产罪的罪状与法定刑,其第 6 款规定:"行为人仅于停止支付或就其财产宣告破产程序或宣告破产之申请由于程序欠缺而被驳回时,始加以处罚。"据此,行为符合该条前 5 款的规定时,便构成犯罪,但只有符合第 6 款时,才能处罚。第 6 款所规定的便是客观处罚条件。再如,《日本刑法》第 197 条第 2 款规定:"将要成为公务员或仲裁人的人,就其将来担任的职务,接受请托,收受、要求或者约定贿赂,事后成为公务员或者仲裁人的,处五年以下惩役。"据此,将要成为公务员或仲裁人的人,只要就其将来所担任的职务,接受请托,收受、要求或者约定贿赂的,就成立事前受贿罪。但是,只有在行为人事后成为公务员或仲裁人时,才能处罚。"事后成为公务员或者仲裁人"就是客观处罚条件。②

　　大陆法系国家刑法理论起先承认的这些客观处罚条件,与行为本身没有直接关系,通常是第三者行为的结果③,因此,与行为人的故意内容没有任何关系。后来,这种客观处罚条件的内容或范围似乎扩大了。德国近数十年来的刑法改革,运用了不少客观处罚条件。这种立法现象,受到了学者们的称赞。特别是一些行为的结果也被认为是客观处罚条件。例如,《德国刑法》第 227 条规定:"互殴,或因数人共同攻击,致人于死或重伤(第 224 条)时,参加互殴或攻击者,若其参加并非完全无过失时,处三年以下自由刑或者并科罚金。"德国刑法理论认为,其中的"致人于死或重伤"就是客观处罚条件,行为人对此不必有故意。即行为人互殴或数人共同攻击时,原本就构成犯罪,但刑法规定只有在致人死亡或重伤时才

---

① 参见〔日〕大塚仁:《刑法概说(总论)》,有斐阁 2008 年第 4 版,第 515—516 页。
② 参见〔日〕曾根威彦:《处罚条件》,载阿部纯二、板仓宏等编:《刑法基本讲座》第 2 卷,法学书院 1994 年版,第 320 页。
③ 如《德国刑法》第 283 条中的"驳回"申请是由法院决定的,《日本刑法》第 197 条第 2 款中的"成为公务员或仲裁人"是由他人任命的。

处罚,而致人死亡或者重伤却与行为人的互殴故意无关。我国台湾地区"刑法"第283条前段规定:"聚众斗殴,致人于死或重伤者,在场助势而非出于正当防卫之人,处三年以下有期徒刑。"林东茂教授解释说:"在场助势,是抽象的危险行为,因为,当发生群殴之时,如有人在旁鼓舞,很有可能使实际参加斗殴者,愈演愈烈,不知所止。这一种助势的危险行为,原则上已具备了应刑罚性,但是,如果一律加以处罚,又可能株连甚广,于是立法者基于刑事政策的考量,安排了'客观可罚条件'(致人于死或重伤),只有客观可罚条件出现,助势的危险行为,才有刑罚的必要性。"①

在一些故意犯罪中,将某些客观要素作为客观处罚条件来对待,从而不要求行为人对这种客观处罚条件具有认识与放任(包括希望)态度,就解决了将其作为构成要件而要求行为人具有故意所带来的问题。② 但是,刑法理论对这种解决方法存在激烈争议。

最有争议的是客观处罚条件的性质与地位问题。第一种观点即传统观点认为,客观处罚条件与行为人的故意无关,不是构成要件要素,也不影响行为的违法性与有责性,只是立法者基于刑事政策的考虑而设立的发动刑罚权的条件;行为人不具备客观处罚条件时,其行为仍然成立犯罪,只是不能适用刑罚而已。于是,客观处罚条件就是刑罚论所研究的问题,而不是犯罪论的课题。③ 但是,这种观点的根基是人的违法观、行为无价值论,而且确实忽视了客观处罚条件对违法性的影响。④ 第二种观点便认为,影响违法性的客观处罚条件应属于违法性要素,因而应是构成要件要素;只有不影响违法性的要素,才是客观处罚条件。如平野龙一指出:"能否说这些条件(指客观处罚条件——引者注)与违法性完全没有关系,还有疑问。例如,在事前受贿的场合,可以说,已经收受贿赂的人成为公务员时,人们对公务的公正性的怀疑就进一步增强。因此,将所谓的

---

① 参见林东茂:《危险犯的法律性质》,载《台大法学论丛》第24卷第1期,第302页。
② 需要指出的是,客观处罚条件概念的提出,虽然事实上解决了这一问题,但起先提出这一概念并非为了解决这一问题,而是因为客观处罚条件与行为无关、与违法性无关。
③ 参见〔日〕大塚仁:《刑法概说(总论)》,有斐阁2008年第4版,第515页。
④ 参见〔日〕曾根威彦:《处罚条件》,载阿部纯二、板仓宏等编:《刑法基本讲座》第2卷,法学书院1994年版,第321页。

处罚条件,区分为作为单纯条件的真正处罚条件或外部的处罚条件和与违法性有关的不真正处罚条件或客观的处罚条件,要求对后者至少有过失,则是适当的。"① 德国刑法学者耶赛克与魏根特也将客观处罚条件分为纯正的客观处罚条件与不纯正的客观处罚条件。② 另一位德国学者罗克辛则认为,刑法之外,基于利益衡量,立法者所设的限制实体可罚性的要件,才是真正的客观处罚条件。③ 第三种观点认为,所有的客观处罚条件都是构成要件,事实上根本不承认客观处罚条件,如德国的鲍曼(Bemmann)、雅科布什(Jakobs)、考夫曼(Arthur Kaufmann)等刑法学者认为所谓的客观处罚条件,都是构成要件。④ 日本也有相当多的学者认为客观处罚条件应还原为构成要件。如内藤谦教授指出,不能认为客观处罚条件与犯罪的成立无关,因为刑罚是对犯罪的制裁,根据与成立犯罪无关的政策理由承认左右刑罚权的发生的事由显然存在疑问。因此,所谓的客观处罚条件实际上是使违法性的程度增高的要素,因而是构成要件的要素。⑤ 曾根威彦则教授认为,客观处罚条件并非与行为无关,相反是行为的一种结果,客观处罚条件是因果进程中的中间结果,犯罪结果则是因果进程中的最终结果,因为"危险"是一种结果,而客观处罚条件都是使行为的危险性增大的要素,因而其本身也是一种结果,应当还原为构成要件的要素。⑥ 第四种观点认为,客观处罚条件也是犯罪成立的外部条件,所以,犯罪成立条件便是构成要件符合性、违法性、有责性与客观处罚条件。⑦

大体上可以肯定的是,多数观点都认为,客观处罚条件不是故意的认

---

① 〔日〕平野龙一:《刑法总论Ⅰ》,有斐阁1972年版,第163页。
② Hans-Heinrich Jescheck/Thomas Weigend, Strafrecht Allgemeiner Teil,5. Aufl., Duncker & Humblot 1996, S. 554.
③ Claus Roxin, Strafrecht Allgemeiner Teil I,4. Aufl., C. H. Beck 2006, S. 1042ff.
④ 林东茂:《危险犯的法律性质》,载《台大法学论丛》第24卷第1期,第301页。
⑤ 〔日〕内藤谦:《刑法讲义总论》(上),有斐阁1983年版,第215页;佐伯千仞、中胜义等学者也持完全相同的观点。
⑥ 〔日〕曾根威彦:《处罚条件》,载阿部纯二、板仓宏等编:《刑法基本讲座》第2卷,法学书院1994年版,第321页。
⑦ 参见〔日〕庄子邦雄:《刑法总论》,青林书院新社1969年版,第752页。

识与意志内容,之所以形成了如此激烈的争论,主要是因为对客观处罚条件的实质作用存在分歧。有人认为客观处罚条件影响违法性;有人认为不影响违法性。

显而易见,在我国传统的四要件体系下,不能照搬大陆法系国家刑法理论的传统观点(即前述第一种观点),即不能在犯罪构成之外承认客观处罚条件。因为这样做会导致对四要件体系的致命性打击。首先,四要件体系的理论已经公认,犯罪构成是成立犯罪所必须具备的一切主客观要件的总和,行为符合犯罪构成就成立犯罪,故可以说,行为符合犯罪构成是认定犯罪的唯一依据。而我国《刑法》第 3 条规定:"法律明文规定为犯罪行为的,依照法律定罪处刑;法律没有明文规定为犯罪行为的,不得定罪处刑。"既然如此,就不能在犯罪构成之外承认所谓客观处罚条件,否则,就会出现矛盾的格局:一方面,犯罪构成是成立犯罪必须具备的一切主客观要件的总和,行为符合犯罪构成就构成犯罪,应当追究刑事责任;另一方面,在某些情况下,行为符合犯罪构成还不能追究刑事责任,这不利于法治建设。其次,四要件体系的理论已经承认,犯罪构成是说明行为的社会危害性的,因此,对说明社会危害性不起作用的因素不可能成为构成要件;反过来说,影响行为的社会危害性、决定行为是否成立犯罪的因素,理所当然是构成要件。所以,如果刑法将某种客观因素规定为成立犯罪或追究刑事责任所必须具备的条件,那么,就应当承认这种因素是犯罪构成的要件,而不能将其作为犯罪构成以外的客观处罚条件来对待。易言之,不应将说明行为的社会危害性而为成立犯罪所必须具备的要素,区分为犯罪构成要件要素与客观处罚条件。因此,将客观处罚条件作为犯罪成立要件以外的因素的体系或观点,不可能被传统的四要件体系所接受。

但是,不管怎么说,在与故意的认识、意志内容无关的意义上承认客观处罚条件这种事由,对于解决我们前面提出的问题给予了一个启示。即我们可否考虑承认,有些因素虽然是成立犯罪必须具备的客观构成要件要素,但它们超出了行为人的主观故意内容,而不需要行为人对之具有认识与放任(包括希望)态度。直截了当地说,我们可以借鉴前述第三种观点,认为客观处罚条件就是构成要件要素,但同时认为它们不是故意的认识内容。于是,犯罪客观要件中,有些要素属于故意的认识与意志内容,要求行为人对之具有认识与放任或希望的态度;有些要素则超出了故意的认识与意志内容,不要求行为人对之具有认识与放任或希望的态度。

联系前述主观的超过要素概念来考虑,笔者所得到的启示是,既然存在主观的超过要素,那么,可否存在客观的超过要素呢?前述客观的处罚条件是否属于客观的超过要素呢?

(三)"客观的超过要素"概念之提倡

客观构成要件的描述,必须使行为的违法性达到值得科处刑罚的程度;如果在一般情况下还没有达到这种程度,刑法条文就强调某个或者某些具体内容,使总体上达到这一程度。责任构成要件的描述,也必须使责任达到可罚的程度。前述客观处罚条件与主观的超过要素,都在这方面起着作用,因而,应当认为它们属于犯罪构成要件的内容。然而,即使是构成要件要素,也不意味着必须在主观上或客观上存在着完全与之相对应的内容。主观的超过要素概念,表明有些主观要素不需要存在与之相对应的客观事实;同样,有些客观构成要件要素也可能不需要存在与之相应的主观内容,这便是笔者要提倡的"客观的超过要素"概念。

例如,《刑法》第129条规定的丢失枪支不报罪,在客观上要求丢失公务用枪,不及时报告,并造成严重后果。就丢失枪支而言,通常表现为过失,但也包括没有过失而丢失枪支的情况(如被盗、被抢的某些情况)。因此,丢失枪支虽然是成立本罪的前提,但不能要求行为人对丢失枪支本身具有故意或过失。丢失枪支事实上就是与故意无关的客观要素,属于客观的超过要素。① 不过,行为人必须认识到公务用枪已经丢失,否则不产生应当及时报告的问题,换言之,不及时报告的前提是行为人认识到公务用枪已经丢失。就不及时报告而言,显然是故意的,即明知丢失枪支后应立即报告,但故意不及时报告。依法配备公务用枪的人员,在认识到枪

---

① 对此应无争议,但本书所要讨论的主要是部分危害结果是否客观的超过要素的问题。

支丢失的情况下故意不及时报告,就具有危害公共安全的危险,因为枪支的杀伤性大,丢失后会造成严重后果。但刑事立法认为,单纯的不及时报告行为的法益侵害性,还没有达到应受刑罚处罚的程度,为了限制处罚范围,便在客观上要求"造成严重后果"。从司法实践上看,这种严重后果,虽然不排除直接后果的可能性(如造成周围公民的极度恐惧感与不安感),但通常表现为枪支落入不法分子之手后,成为不法分子的作案工具,而造成严重后果(间接危害结果)。事实上,只要行为人丢失枪支后不及时报告,因而造成严重后果的,不管行为人是否希望或者放任严重后果的发生(可以肯定,行为人能够预见严重后果发生的可能性),都应当追究行为人的刑事责任。因此,本罪中的"造成严重后果"虽然是构成要件要素,但不需要行为人对严重后果具有认识与希望或放任态度。"造成严重后果"便成为超出故意内容的客观要素,属于"客观的超过要素"。

再如,《刑法》第397条规定的滥用职权罪。滥用职权,是指不法行使职务上的权限的行为,即就形式上属于国家机关工作人员一般职务权限的事项,以不当目的或者以不法方法,实施违反职务行为宗旨的活动。根据笔者的观点,本罪为故意犯罪,故意的内容为:行为人明知自己滥用职权的行为会发生破坏国家机关的正常活动,损害公众对国家机关工作人员职务活动的合法性、客观公正性的信赖的危害结果,并且希望或者放任这种结果发生。"致使公共财产、国家和人民利益遭受重大损失"的结果,虽然是本罪的构成要件要素,但宜作为客观的超过要素,不要求行为人希望或者放任这种结果发生。有人认为,滥用职权罪的主观心理状态只能是间接故意;有人认为,滥用职权罪的主观心理状态既可以是过失,也可以是间接故意;还有人认为,滥用职权罪的主观心理状态只能是过失,核心理由是,认为本罪的心理状态为故意,进而认为行为人对"致使公共财产、国家和人民利益遭受重大损失"的结果持希望或者放任的态度,要么不符合实际,要么对这种行为应当认定为危害公共安全等罪。[①] 本

---

① 参见张智辉:《论滥用职权罪的罪过形式》,载赵秉志主编:《刑法评论》第1卷,法律出版社2002年版,第142页以下。

书认为,如果说滥用职权只能出于间接故意,那就意味着对出于直接故意的滥用职权行为以其他犯罪论处,这有悖直接故意与间接故意的统一性;基于同样的理由,本书不赞成本罪的主观内容既可以是过失,也可以是间接故意的观点;如果说滥用职权只能出于过失,那么,就意味着没有故意的滥用职权罪,这并不符合事实,也不符合刑法将滥用职权罪作为与玩忽职守罪相对应的故意犯罪的精神。也应当承认,要求滥用职权的行为人主观上对"致使公共财产、国家和人民利益遭受重大损失"的结果持希望或者放任的态度,同样不合适。所以,一方面承认本罪是故意犯罪,另一方面将上述结果视为客观的超过要素,不要求行为人认识(但应有认识的可能性)、希望与放任,则可以避免理论与实践上的困惑。

本书认为,客观的超过要素仍然是犯罪构成要件的要素,不是构成要件之外的客观处罚条件。

就一般意义而言,客观的超过要素既可能存在于故意犯罪,也可能存在于过失犯罪。但是客观的超过要素的主要特点是,不需要行为人对之具有认识与放任或希望态度,因此,就故意犯罪提倡客观的超过要素的概念才具有意义。过失犯罪时,行为人对客观要素本身可能就没有认识,即使有认识也没有希望或者放任发生的意志因素,因此,在过失犯罪中提倡客观的处罚条件没有多大意义(就我国刑法与刑法理论而言,尤其如此)。

客观的超过要素虽然不是故意的认识与意志内容,但应否要求行为人对之具有认识的可能性,则是值得研究的。如前所述,在国外刑法理论中,有人主张行为人对客观处罚条件至少应有认识的可能性,本书赞成这种观点。即在故意犯罪中,虽然客观的超过要素不是故意的认识与意志内容,但当客观的超过要素的内容是法益侵害结果以及影响行为违法性的其他客观因素时,行为人至少对之具有预见可能性。如同结果加重犯一样,行为人对基本犯罪具有故意而造成了加重结果时,不要求行为人对加重结果具有故意,但必须对之具有预见可能性,否则也不能令行为人对加重结果承担刑事责任。

我国《刑法》第 14 条规定:"明知自己的行为会发生危害社会的结

果,并且希望或者放任这种结果发生,因而构成犯罪的,是故意犯罪。"据此,故意是认识因素与意志因素的统一,行为人对危害结果没有希望或放任发生的态度时,理应不成立故意犯罪。易言之,单纯的所谓对行为的"故意",并不符合《刑法》第14条关于故意犯罪的规定,只有对危害结果具有希望或者放任的心理态度时,才可能成立故意犯罪。考虑到刑法的这一规定,本书认为,内容表现为危害结果的客观的超过要素,只应存在于有双重危害结果的犯罪中。本书所考虑到的主要有以下几种情况:第一,犯罪行为既有物质性结果也有非物质性结果时,可能只要求行为人认识到其中的一种结果,而另一种结果是客观的超过要素。例如,就修改前的《刑法》第186条规定的犯罪而言,银行或者其他金融机构的工作人员违反法律、行政法规规定,向关系人发放信用贷款或者发放担保贷款的条件优于其他借款人同类贷款的条件,或者向关系人以外的其他人发放贷款,就是对金融秩序的破坏,属于非物质性结果,行为人对此至少具有放任态度。① 但刑法还分别要求行为"造成较大损失"与"造成重大损失"的物质性结果,这种物质性结果便是客观的超过要素,不需要行为人对之持放任或者希望态度,但对这种物质性结果的预见可能性则是完全可以肯定的。前述《刑法》第397条规定的滥用职权罪也是如此。第二,犯罪行为既存在无具体对象的危害结果,又存在针对具体对象的危害结果时,后者可能是客观的超过要素。例如,《刑法》第339条第2款规定的擅自进口固体废物罪,行为人未经国务院有关主管部门许可,擅自进口固体废物用作原料的行为本身,就破坏了环境资源保护,行为人对此具有故意,但刑法还要"致使公私财产遭受重大损失或者严重危害人体健康"。这种针对具体对象的危害结果,实际上是客观的超过要素,不需要行为人对此具有希望或者放任的态度,只要有预见可能性即可。第三,犯罪行为存在直接危害结果与间接危害结果时,间接危害结果可能是客观的超过要素。《刑法》第129条规定的丢失枪支不报罪,一般来说,行为人丢失枪支不报

---

① 实质上,认定行为人具有希望的态度也不过分,因为非法发放贷款的行为必然发生破坏金融秩序的结果。

行为的直接结果,是导致有权知道的有关国家机关不能及时知道枪支丢失,使枪支继续处于失控状态,间接后果便是他人利用行为人所丢失的枪支造成严重后果。行为人明知自己丢失枪支不及时报告的行为,必然导致有权知道的有关国家机关不能及时知道枪支丢失,使枪支继续处于失控状态,并且希望或者放任这种结果发生,因而符合《刑法》第14条关于故意的规定。显然,上述三种情况可能存在交叉现象。

由于本书提倡的客观的超过要素主要是指部分危害结果,导致的结论是对这些危害结果作为客观的超过要素不需要认识与希望或放任态度,因此,只能就法定刑较轻的故意犯罪承认内容为危害结果的客观的超过要素;对于法定刑较重的故意犯罪,不能将危害结果作为客观的超过要素。通常是在下列情况下承认内容为危害结果的客观的超过要素:行为人明显故意实施犯罪行为,刑法又要求发生某种危害结果才成立犯罪,而该结果往往相当严重,但刑法规定的法定刑较低,如果认为其对该严重结果必须出于故意,则既不能区分此罪与彼罪,也不能做到罪刑相适应①;而承认此时的危害结果是客观的超过要素,则不会产生这样的问题。

(四) 三阶层或者两阶层体系下的客观的超过要素

如前所述,客观的超过要素概念,是在传统的四要件体系的语境下提出来的。笔者现在思考的问题是,在采取以违法与责任为支柱的犯罪论体系的语境下,客观的超过要素概念,是否具有存在必要呢?换言之,能否将三阶层体系中的客观处罚条件,纳入构成要件,作为客观的超过要素呢?笔者对此持肯定回答。

首先,不管是德国、日本刑法中的客观处罚条件,还是我国刑法中笔者所称的客观的超过要素,虽然都是限制处罚范围的要素,但同时也是表明法益侵害性的要素,因而是违法要素。例如,我国《刑法》第129条所规

---

① 例如,《刑法》第330条规定的妨害传染病防治罪,行为人都是出于故意实施妨害传染病防治的行为,并且具有危害公共卫生的危险,但法定刑较低:引起甲类传染病传播或者有传播严重危险的,处3年以下有期徒刑或者拘役;造成特别严重后果的,处3年以上7年以下有期徒刑。一般认为,本罪由故意构成,但如果要求行为人对引起甲类传染病的传播持希望或者放任态度,那么,就难以协调本罪与危害公共安全罪的关系。

定的"造成严重后果",《刑法》第397条所规定的"致使公共财产、国家和人民利益遭受重大损失",都是表明法益侵害性的要素。客观构成要件是违法类型,表明违法性的要素,理当归入构成要件,成为构成要件要素。

其次,即便在三阶层体系中,也存在并非客观处罚条件,却是不需要认识的客观要素。例如,在故意伤害致死罪中,致死的结果就是此罪的客观要素,但它不是故意的认识内容,只要行为人具有认识的可能性即可。国外一些刑法教科书,在论述故意的认识内容时,也特别提出结果加重犯的加重结果与客观处罚条件是不需要认识的内容。① 换言之,在三阶层体系中,原本已经存在客观的超过要素。既然如此,将表明行为违法性的客观处罚条件纳入构成要件,使之成为客观的超过要素,就未尝不可。

三、若干说明

行文至此,有必要再作几点说明。以下说明是对可能出现和已经出现的疑问、批判的回答。

第一,承认客观的超过要素,是否违反了责任主义?黎宏教授指出:"就《刑法》第129条所规定的丢失枪支不报罪而言,'造成严重后果'是丢失枪支不报行为所引起的结果,是该罪的客观构成要件;……既然说上述情况是成立该罪所必不可少的客观构成要件,怎么能将其排除在行为人的认识范围之外呢?按照这种理解,岂不是只要客观上存在上述要素,行为人就必须对其承担责任,从而直接违反《刑法》第14条的规定和刑法学当中的责任原则,并最终落入和近代主观责任原则相冲突的、要求人们对偶然发生的结果也要承担刑事责任的偶然责任的窠臼吗?"② 诚然,责任主义必须得到贯彻,结果责任或偶然责任应当废止。但是,承认客观的超过要素,并不等于主张结果责任。首先,从前述笔者所列举的一些犯罪来看,如违法发放贷款的人、丢失枪失不及时报告的人、擅自进口固体

---

① 参见〔日〕西田典之:《刑法总论》,弘文堂2010年第2版,第216页;〔日〕山口厚:《刑法总论》,有斐阁2007年第2版,第188页。
② 黎宏:《刑法总论问题思考》,中国人民大学出版社2007年版,第194—195页。

废物的人,他们都认识到了自己行为的危害性质。其次,行为人主观上对客观的超过要素以外的某种危害结果显然具有希望或者放任发生的态度。例如,上述犯罪的行为人对金融秩序的破坏、有权知道的主管机关不能及时知道枪支丢失进而使枪支继续处于失控状态、环境资源保护的破坏等危害结果都具有希望或者放任发生的态度。最后,刑法规定过失犯罪并不违反责任主义,而笔者要求行为人对作为客观的超过要素的危害结果具有预见可能性。相对于这些犯罪的较低法定刑而言,没有理由认为承认客观的超过要素是结果责任的表现。再以"多次盗窃"为例。认定多次盗窃时,不需要行为人认识到多次,并不违反责任主义原则。因为多次是对各次盗窃行为的累加,只要求行为人三次以上实施盗窃行为即可,而且不以符合连续犯的条件为前提。与认定同种故意数罪时,只需要行为人对每次犯罪具有故意一样,认定多次盗窃时,也只需要行为人对每次盗窃具有故意,而不要求行为人后一次盗窃时都必须认识到自己前一次、前几次实施过盗窃行为。

第二,既然要求行为人对客观的超过要素具有预见可能性,为什么不直接肯定这些犯罪是过失犯罪?众所周知,过失包括疏忽大意的过失与过于自信的过失,特别是在过于自信过失的情况下,行为人可能认识到了自己行为的危害性质,也认识到了危害结果,但因过于自信而导致危害结果。在这个意义上说,本书前面列举的一些犯罪,似乎都可以直接认定为过失犯罪,而不必认定为故意犯罪。但是,将本书所列举的需要用客观的超过要素概念来处理的犯罪,都认定为过失犯罪并不合适。例如,将丢失枪支不及时报告、违法发放贷款、擅自进口固体废物的行为,认定为过失犯罪,总有难以被人接受的感觉。再如,《刑法》第128条第3款规定的犯罪,依法配置枪支的人员,非法出租、出借枪支的行为,显然是故意行为,但刑法要求造成严重后果,而这种严重后果通常表现为租用人、借用人的行为造成严重后果,如果要求出租、出借的行为人对这种结果持希望或者放任态度,则明显不妥当;但因此而认为本罪只能由过失构成,即因为对严重后果是过失,所以整个犯罪也是过失,也明显不合理。特别值得一提的是,虽然故意犯罪不必有与之相对应的过失犯罪,但任何过失犯罪都必须有与之相对应的故意犯罪。道理很简单：既然某种过失行为都是犯罪，那么，与之相对应的故意行为更应是犯罪。然而，如果将上述犯罪解释为过失犯罪，便没有与之相对应的故意犯罪，这是非常不合适的。例如，当人们将丢失枪支不报罪解释为过失犯罪时，所考虑到的是，行为人对造成严重后果不具有希望或者放任的态度；但是，假如行为人丢失枪支后不及时报告，而且有证据证明行为人确实希望或者放任他人利用其所丢失的枪支造成严重结果时，我们既不能认定该行为不成立犯罪，也不能认定该行为成立其他更为严重的犯罪，而只能认定为丢失枪支不报罪。① 所以，用一概认定为过失犯罪的方法来处理，不能令人满意。使用客观的超过要素概念，从而将上述犯罪均解释为故意犯罪，则不会存在上述问题。还需要说明的是，即便承认故意与过失不是对立关系，只是位阶关系，也不宜将丢失枪支不报告罪确定为过失犯罪。其中的一个重要原因是，我国刑法只承认故意的共同犯罪，而不承认过失的共同犯罪。但是，丢失枪支不报罪完全可能存在共同犯罪。例如，警察甲与警察乙一起出差，途中，甲丢失了枪支，打算立即报告。但乙劝甲说："如果报告你就当不了警察了，你不要报告；你需要用枪时，可以使用我的枪。"经乙反复劝说，甲没有及时报告，最终导致发生严重结果。如果将丢失枪支不报罪确定为过失犯罪，同时认为故意包含了过失，也可以对甲的行为认定为丢失枪支不报罪。然而，一旦将丢失枪支不报罪确定为过失犯罪，就意味着乙与甲不成立共同犯罪。可是，如果不将乙作为丢失枪支不报罪的教唆犯处罚，则明显不合适。所以，将丢失枪支不报罪确定为故意犯罪，才是合适的。

第三，反对客观的超过要素概念的黎宏教授还指出："在我国刑法对于刑法分则中所规定的具体犯罪到底是故意犯还是过失犯，基本上没有明确规定的情况下，其判断，主要还是看行为人对于可能发生的结果有没有预见。有预见而不制止的场合，就是故意；在没有预见的场合，当然也谈不上制止了，也就无所谓过失。而行为人对于可能发生的结果有没有

---

① 但是，如果我们要求行为人希望或者放任他人利用其所丢失的枪支造成严重结果，也不合适。

预见,主要是看法条对于行为人违反规范态度的描述以及对其违反规范态度的评价(主要标志是法定刑的轻重高低)。如就丢失枪支不报罪而言,法条对于行为人违反规范态度的描述是,在行为人明知枪支是一种危险物品,失控的话可能会造成严重危害社会的结果的情况下,仍然'不及时报告',这显然是体现了行为人明知故犯、故意而为的态度,因此,属于故意犯罪形态。"①笔者对此存在疑问。其一,黎宏教授起先从解释论上以《刑法》第14条为根据批判笔者的观点,后来却从立法论上批判笔者的观点,认为只要预见了结果就是故意,这恐怕存在方法论上的问题。笔者是根据刑法的规定,为了确定刑法分则所规定的相关犯罪的责任形式,同时遵从《刑法》第14条、第15条关于故意犯罪、过失犯罪的规定,从解释论上提出的"客观的超过要素"概念,而非从立法论上提出该概念。因此,从立法论上批判"客观的超过要素"概念的做法,难以为笔者所接受。学者们或许可以从立法论上主张将间接故意与过于自信的过失合二为一,形成一种新类型的责任形式,从而解决丢失枪支不报罪的罪过形式问题。但是,这一方法,也是立法论的主张,而不是解释论。而且,这种观点似乎不能解决前述"多次盗窃"的认识内容。其二,预见到枪支落入他人之手会造成严重危害社会的结果,并不意味着行为人的主观心理符合《刑法》第14条的规定。例如,发现枪支丢失后,为了不丧失警察身份,动员亲朋好友在丢失枪支的地方到处寻找。但因为没有找到,拾得枪支的人利用枪支实施了杀人行为。在这种情况下,虽然不能否认行为人对"有权知道的有关机关不能及时知道枪支丢失,枪支继续处于失控状态"的结果持希望或者放任态度,但难以认为,此时的行为人希望或者放任发生他人死亡的严重危害结果。

第四,承认客观的超过要素,是否会导致所谓对行为的故意、对结果的过失的现象?笔者并不赞成仅仅根据对行为的认识、意志态度与仅仅根据对结果的认识、意志态度来区分故意、过失的观点,一直主张对故意

---

① 黎宏:《刑法总论问题思考》,中国人民大学出版社2007年版,第200页。

与过失作完整的理解。① 从前述论述仍然可以看出,本书只是在双重危害结果的犯罪中,才承认以部分危害结果为内容的客观的超过要素,因此,行为人对危害行为的性质的认识,以及对双重危害结果中的一个层次的危害结果具有认识与放任或希望态度,就表明其故意仍然是认识因素与意志因素的统一,表明不是只根据行为人对行为有无认识来区分故意与过失。另一方面,将部分危害结果作为客观的超过要素,并主张行为人对之有预见可能性,也并不意味着这是一个完整的过失,这与结果加重犯要求行为人对加重结果有预见可能性是一个道理。

第五,承认客观的超过要素是否与结果加重犯要求对加重结果有预见可能性相矛盾?回答是否定的,相反,本书正是以结果加重犯概念为中介提倡上述观点的。在我国,结果加重犯不是独立罪名,例如,抢劫致人重伤、死亡时,也认定为抢劫罪。但根据责任主义原则,行为人必须对加重结果具有预见可能性,否则对加重结果不承担责任。而在本书所主张的需要使用客观的超过要素概念的犯罪中,也要求行为人对作为客观的超过要素的危害结果具有预见可能性,这正与结果加重犯要求对加重结果有预见可能性相一致。不仅如此,结果加重犯是因为加重结果而加重法定刑,而本书所主张的都是基于刑事政策的理由,将危害结果作为限制处罚范围的条件的情况。这更说明了本书的观点与结果加重犯的理论没有冲突之处。诚然,在结果加重犯的场合,行为人对基本犯罪具有故意;而在丢失枪支不报罪中,丢失枪支不报本身并不是一种基本犯罪,因而似乎没有犯罪故意。但是,倘若将丢失枪支不报罪中的严重危害结果作为客观的超过要素,那么,对丢失枪支不报的行为以及导致的有权知道的有关机关不能及时知道,枪支继续处于失控状态的结果的认识与希望或放任态度,就理所当然地成为本罪的故意内容。

第六,如何确定客观的超过要素?即哪些犯罪中的哪些客观要件是超过故意的认识与意志内容的要素?对此,上面实际上已有若干说明,下面再作进一步概括:(1)该客观要素虽然是成立犯罪不可缺少的要件,但

---

① 参见张明楷:《犯罪论原理》,武汉大学出版社1991年版,第270页。

刑法所规定的行为本身就是违法的,具有一定程度的法益侵害性,刑法只是为了控制处罚范围,才要求具有该客观要素,即该客观要素必须具有限制处罚范围的性质。(2)该客观要素在构成要件中不是唯一的客观要件要素,而是诸多客观要件要素之一。如果该客观要素在犯罪构成中是唯一的客观要件要素,就不可能属于客观的超过要素。在将危害结果确定为客观的超过要素时,该危害结果不是行为必然发生的结果,只是该行为可能发生的结果,而且还必须存在其他危害结果。(3)如果将某种犯罪的危害结果确定为客观的超过要素,该犯罪的法定刑必须较低,明显轻于对危害结果具有故意心理的犯罪。(4)将该客观要素确定为客观的超过要素时,不影响行为人主观故意的完整内容;也就是说,即使行为人对客观的超过要素没有认识与放任、希望的态度,也要对违法构成要件的其他内容(包括其他方面的危害结果)具有认识与放任、希望的态度。(5)该犯罪事实上只要求对客观的超过要素(危害结果)具有预见可能性,但又不能肯定该犯罪是过失犯罪,或肯定该犯罪为过失犯罪并不符合过失的观念。总之,应当以极为慎重的态度确定客观的超过要素的内容与范围,以防止客观归罪。

第七,客观的超过要素除了部分危害结果外,还可能有哪些内容?客观的超过要素概念是根据客观处罚条件概念与主观的超过要素概念提出来的,因此,客观的超过要素不可能只限于危害结果,事实上,应当尽量限制将危害结果作为客观的超过要素。现行刑法中,除了可以将部分危害结果视为客观的超过要素外,其他内容的客观的超过要素(如关于行为程度、次数的要素等)并不罕见。例如,就"多次盗窃"而言,只要行为人对每次盗窃有故意即可,不要求认识到"多次"。

第八,前述对大陆法系国家刑法理论中的"客观的处罚条件"、"主观的超过要素"概念的考察,只是反映了笔者提出"客观的超过要素"概念的心路历程,请读者不要误认为笔者是在将国外刑法理论中的"客观的处罚条件"概念未加梳理地照搬于我国刑法理论中。

第六章　整体的评价要素

将"情节严重"、"情节恶劣"作为某些犯罪的成立条件,是我国刑法分则的重要特色之一。本章所称整体的评价要素,就是指作为成立犯罪条件的"情节严重"、"情节恶劣"。

一、整体的评价要素的概念

倘若认为构成要件是违法类型,那么,构成要件所描述的事实的违法性,必须达到值得科处刑罚的程度;倘若认为犯罪构成是违法有责类型,那么,犯罪构成所描述的违法性与有责性必须达到了值得科处刑罚的程度。本章并不纠缠这一点,只是从构成要件描述的事实的违法性必须达到值得科处刑罚的程度的角度,对"情节严重"、"情节恶劣"的相关问题展开讨论。

分析我国刑法分则的条文就会发现,当条文对罪状的一般性描述,不足以使行为的违法性达到值得科处刑罚的程度时,就会增加(或者强调)某个要素,从而使客观构成要件所征表的违法性达到值得科处刑罚的程度。例如,一般干涉婚姻自由的行为,具有法益侵害性,但还没有达到值得科处刑罚的程度,于是刑法条文规定,以暴力干涉婚姻自由的,才以犯罪论处。这是通过增加行为手段的要素,使行为的违法性达到值得科处刑罚的程度。再如,在我国,并不是对任何盗窃、诈骗行为都以犯罪论处,于是刑法对盗窃罪增加了"数额较大"、"多次盗窃"的要素,对诈骗罪增加了"数额较大"的要素,从而使符合盗窃罪、诈骗罪客观构成要件的行为的违法性达到值得科处刑罚的程度。

但是,在现实生活中,有许多侵害法益的行为,虽然在一般情况下其违法性没有达到值得科处刑罚的程度,却又难以通过增加某个特定的要素使违法性达到值得科处刑罚的程度,或者难以预见具备哪些要素时,行为的违法性能够达到值得科处刑罚的程度[1],或者虽能预见但不能做简短表述。于是刑法条文作了一个整体性的规定,情节严重、情节恶劣,就以犯罪论处。亦即,当行为符合了客观构成要件中的基本要素后,并不意味着行为的违法性达到了值得科处刑罚的程度,在此基础上,还需要对行为进行整体评价。情节严重、情节恶劣就是这种整体的评价要素(以下仅以情节严重为例讨论)。[2]

例如,《刑法》第 238 条第 1 款规定:"以暴力或者其他方法公然侮辱他人或者捏造事实诽谤他人,情节严重的,处三年以下有期徒刑、拘役、管制或者剥夺政治权利。"显然,并不是任何侮辱、诽谤行为的违法性都达到了值得科处刑罚的程度。在认定行为是否构成侮辱、诽谤罪时,首先要考

---

[1] 我国的司法工作人员习惯于抱怨难以认定情节严重、情节恶劣,于是要求最高人民法院、最高人民检察院对情节严重、情节恶劣的情形做出司法解释。而司法解释也是因为难以预见情节严重、情节恶劣的全部情形,担心形成处罚空隙,于是在列举了情节严重、情节恶劣的基本情形后,最后还有一个兜底规定"其他情节严重的情形"、"其他情节恶劣的情形"。例如,最高人民法院、最高人民检察院 2004 年 12 月 8 日《关于办理侵犯知识产权刑事案件具体应用法律若干问题的解释》第 1 条规定:"未经注册商标所有人许可,在同一种商品上使用与其注册商标相同的商标,具有下列情形之一的,属于刑法第二百一十三条规定的'情节严重',应当以假冒注册商标罪判处 3 年以下有期徒刑或者拘役,并处或者单处罚金:(一)非法经营数额在 5 万元以上或者违法所得数额在 3 万元以上的;(二)假冒两种以上注册商标,非法经营数额在 3 万元以上或者违法所得数额在 2 万元以上的;(三)其他情节严重的情形。"但是,下级的一些司法工作人员仍然不理解,他们总是要追问:为什么司法解释不将情节严重、情节恶劣的情形完全列举出来? 其实,完全列举的要求不仅很过分,而且表明这些司法工作人员不懂得刑法条文的开放性。

[2] 如前所述,威尔采尔提出了开放的构成要件概念,但后来被否定。不过,关于开放的构成要件的讨论,使理论上发现了整体的行为评价要素(全行为的评价要素)(gesamttatwertende Merkmale)。有的构成要件中存在这样的要素:如果不作出否定性的规范的、整体的评价,就不明确其不法类型的轮廓。如前述《德国刑法》第 240 条中的"卑鄙",《日本刑法》第 130 条所规定的侵入住宅罪的"无正当理由"这样的构成要件要素,如果与违法性判断相分离,就不能充足其内容(即不能判断行为是否"卑鄙"、是否"无正当理由")。这样的要素称为整体的行为评价要素。其中,整体的评价的事实前提,属于构成要件;整体的评价本身,属于违法性。具有这样的整体的行为评价要素的构成要件,也显示了不法类型的轮廓,而不是开放的构成要件。但笔者使用的"整体的评价要素"与德国刑法理论中的"整体的行为评价要素"还难以等同。

察行为人是否实施了侮辱、诽谤行为;其次要通过侮辱、诽谤的整体行为进行判断,得出情节是否严重的结论;如果得出否定结论,则不必进一步判断其他方面;只有得出了肯定结论时,才需要进一步判断其他方面。所以,情节严重这种整体的评价要素,也是一种构成要件要素。

  一种观点认为,刑法规定"情节严重"才构成犯罪时,只是一种提示性的规定,而不是构成要件,理由是:"1. 犯罪构成要件一般都提四个方面,还没有人把情节提作犯罪构成的第五个方面的要件;2. 就刑法规定的众多情节来看,有的属于客观方面的,有的属于主观方面的,还有的属于客体或对象的,有的属于主体的。既然犯罪构成的四个方面都有情节,就不好把情节作为独立的要件;3. 刑法分则有的条款只把情节作为区分同一犯罪中的重罪、轻罪的标准,显然不是构成要件。"①笔者以为,这几点反对理由难以成立。首先,如后所述,"情节严重"作为构成要件要素,其特点是整体性,因而不意味着它是独立于客观方面或者独立于主观方面之外的某个要件。所以上述1、2点反对理由并不成立。其次,刑法分则将情节是否严重作为区分同一犯罪中的重罪与轻罪的标准时,该情节严重当然不是成立犯罪的基本条件意义上的构成要件,只是我国刑法理论通常所称的法定刑升格处罚的条件。如果说它们作为法定刑升格条件的"情节严重"属于构成要件要素,则它是加重犯的构成要件要素,而不是基本犯的构成要件要素。最后,持上述观点的教科书同时认为,"情节在定罪中大致可分为两类:一类是作为划分罪与非罪的标志……侮辱、诽谤罪……以'情节严重'作为划分罪与非罪界限的标志。……另一类情节是作为划分重罪与轻罪的标志"②。然而,犯罪构成要件要素本身就是划分罪与非罪界限的标志,既然肯定情节严重在侮辱、诽谤罪中是区别罪与非罪的标志,就应承认它是构成要件要素。一方面否认上述"情节严重"是构成要件要素,另一方面又称它是区分罪与非罪的标志,多少有自相矛盾之嫌。

---

① 高铭暄主编:《中国刑法学》,中国人民大学出版社1989年版,第83页。
② 同上。

问题是,"情节严重"中的情节,究竟是指什么情节?笔者曾经指出:"'情节严重'中的情节,不是指特定的某一方面的情节,而是指任何一个方面的情节,只要某一方面情节严重,其行为的社会危害性就达到了应受刑罚处罚的程度,应认定为犯罪。"①据此,主观方面的恶劣,也会被认定为情节严重。笔者还曾经直截了当地指出:"犯罪动机在以情节严重、情节恶劣为构成要件的犯罪中可能影响定罪。当刑法分则条文规定情节严重、情节恶劣是犯罪的构成要件时,其中的'情节'不限于特定内容,可能包含了犯罪动机。如果行为在其他方面没有严重或恶劣情节,但行为人实施该行为的动机十分卑鄙,就可能被认定为情节严重或情节恶劣,因而应以犯罪论处。"②显然,这一观点是以社会危害性由客观危害与主观恶性组成的观念为前提。陈兴良教授也指出:作为区分罪与非罪的基本情节,"是指刑法明文规定的,表明行为的法益侵害程度而为犯罪成立所必需的一系列主观与客观的情状";"它以综合的形式反映行为的法益侵害程度"③。可见,这一观点所称的法益侵害程度,并不是指行为客观上对法益的侵害程度,由于考虑了主观的情状,其所称的法益侵害程度,仍然是一个主客观相统一的概念。这不只是笔者的推论,因为陈兴良教授将情节严重归入罪量因素,同时明确指出:"罪量既不同于罪体具有客观性,也不同于罪责具有主观性,就其内容而言是既有主观要素又有客观要素,因此是主、客观的统一,具有复合性。当然,在罪量要件中客观要素所占比重较大,例如犯罪的数额就属于客观要素。但在罪量要件中仍然包含一些主观要素,例如情节严重或者情节恶劣中的情节,就包括反映行为人主观恶性的情节。"④现在看来,这种观点值得反思。换言之,一旦采取以违法与责任为支柱的三阶层或者两阶层体系,就会认为,作为整体的评价要素的"情节严重"中的情节,并不是指任何情节,只能是指客观方面的表明法益侵害程度的情节。

---

① 张明楷:《刑法学》,法律出版社2003年第2版,第140页。
② 同上书,第252—253页。
③ 陈兴良:《规范刑法学》(上册),中国人民大学出版社2008年第2版,第197页。
④ 同上书,第192页。

我国的传统刑法理论一直认为,社会危害性是犯罪的本质特征,而社会危害性是由客观危害与主观恶性组成,所以,一个行为的社会危害性是否严重,就不仅取决于客观危害的大小,而且也取决于主观恶性的大小。于是,客观危害与主观恶性都是为犯罪奠定基础的概念,二者可以相加。当一个行为的客观危害比较小,但主观恶性较大时,其社会危害性便达到了值得科处刑罚的程度;反之亦然。由于情节严重本身是一个综合性的概念,刑法分则条文将情节严重作为综合性的构成要件要素时,就是为了使行为的社会危害性达到值得科处刑罚的程度。所以,情节严重中的情节,就不限于客观方面的情节,同时也包含了主观方面的情节。

如前所述,违法与责任是犯罪的支柱。但是,违法与责任不是相加关系,而是阶层关系或者限制关系。所以,一方面,行为虽然符合客观构成要件,具有违法性,但只要行为人对违法行为没有非难可能性,其行为就不构成犯罪;另一方面,即便行为人具有非难可能性,也不意味着其对全部违法行为及其所有结果均承担责任,只是对其中有责任的违法行为及其结果承担责任。例如,在行为人故意伤害致人死亡的场合,倘若行为人只是对伤害结果有故意,而致死结果并无过失,便只能认定为普通的故意伤害罪,而不能认定为故意伤害致死。再如,行为人盗窃他人价值千元左右的自行车(假定达到数额较大的起点),根本不知道该车的龙头把手内藏有万余元(数额巨大)。由于行为人对数额巨大并无责任,故只能适用数额较大的法定刑,不能适用数额巨大的法定刑。所以,责任要素虽然也为非难可能性提供根据,但同时起着限制责任范围的重要作用。

由于行为人只应对能够归责于他的违法行为及其结果承担责任,所以,应当得出以下两个结论:其一,如果行为本身的违法性没有达到值得科处刑罚的程度,那么,即便其主观上再值得谴责,也不应当认定为犯罪。例如,甲身陷困境,素不相识的乙为了帮助甲而询问甲的具体状况。甲却当着众人对乙说:"你这种好管闲事的下三烂是最令人恶心的。"我们可能认为甲的主观心理值得谴责,但由于甲的客观行为(侮辱)本身的法益侵害性没有达到值得科处刑罚的程度,即便一般人都严厉谴责甲的心态,也不能认定其行为构成侮辱罪。其二,责任是对违法行为及其结果的责任,它必须与违法行为及其结果相关联,并无在内容上独立于违法性之外的责任。例如,单纯的动机卑鄙,无论如何都是不能作为定罪根据的。

对情节严重当然也只能如此理解。亦即,因为只有当行为人对客观的侵害法益的严重情节具有非难可能性时,才能将该严重情节归责于他。既然如此,就不存在一种单纯的主观方面的情状严重,因而情节严重的情形。质言之,作为构成要件要素的情节严重中的情节,是表明客观的法益侵害的情节。根据责任主义的要求,在故意犯罪中,要求行为人对表明情节严重的前提事实具有认识;在过失犯罪中,要求行为人对表明情节严重的前提事实具有认识可能性。换言之,作为构成要件要素的情节严重,首先必须是表明法益侵害的客观情节;其次在故意犯的场合,要求行为人对该客观情节具有故意,在过失犯的场合,要求行为人对该客观情节具有过失。

二、整体的评价要素的不可避免性

将"情节严重"作为构成要件要素的立法例,遭到了一些学者的异议。陈兴良教授指出:"我国刑法中随处可见的'情节严重'一词,其内涵与外延都极为含糊,它既可以是区分罪与非罪的界限,又可以是区分重罪与轻罪的界限,至于其含义是什么,完全在于司法工作人员的理解,而一般公民则无从了解。"并认为这种规定"是立法粗疏的一种表现"。[①] 在笔者看来,这种非难虽有一定合理之处,但对情节严重的规定一概持否定态度却值得商榷。

第一,情节严重的规定虽然具有模糊性,但模糊性既不等于含混性,也不等于具有不可知性。合理使用模糊的法律概念是任何法律都不可避免的。

模糊学认为,客观世界存在着两种事物:一种是清晰的事物,人们可以明确肯定它是否具有某种性质、特征、状态;另一类是模糊的事物,人们

---

① 陈兴良:《刑法哲学》,中国政法大学出版社1992年版,第499页,第563页。

不能明确肯定它是否具有某种性质、特征、状态,这并非人们的认识能力有限,而是事物本身在一定程度上具有模糊性。"模糊性总是伴复杂性而出现。复杂性意味着因素的多样性、联系的多样性。……单因素易于一刀切,作出精确描述,多因素纵横交错地一起作用,更难于一刀切,难于作出精确描述。因素越多,联系错综复杂,越难于精确化。""模糊性的根源也在于事物的发展变化性。变化性就是不确定性。"①刑法分则之所以将情节严重规定为构成要件要素,首先是因为它包括了许多复杂因素,难于作出精确描述;其次是为了保持分则条文的开放性,使固定的法条文字能够适用不断变化的社会生活事实。

但是,模糊性并不等于含混性。含混的概念不仅是模糊的,而且是二义的,即对于一个特定的目的只提供了不充分的信息。但模糊性并非如此。当某人说"甲的头发很少"时,听者只会想象甲的头发少到何种程度,而不可能认为甲的头发很多。情节严重的概念虽然具有模糊性,但不是二义的,它给司法工作人员认定犯罪提供了足够的信息,而不会让司法工作人员以为情节不严重也成立犯罪,因而不是含混的。模糊性也不等于不可知性。"模糊思维方式可以达到精确表达的效果。自然语言在语言、语义和语法等方面都带有强烈的模糊特征,但准确地表达和交流思想。文学家用模糊语言进行描述,足以准确揭示社会生活的本质和复杂的心理。科学家通过模糊思维重组瞬间直觉和记忆中的知识,能使思路触类旁通,顿开茅塞,使科学探索在'山穷水尽疑无路'之际,又得独创新天地。"②司法工作人员完全可能根据相关事实,准确判断是否情节严重。

第二,情节严重的规定具有抽象性,但相对抽象的立法规定不等于粗疏性。相反,在许多情况下,刑法条文规定得越具体,漏洞就越多,而且损害法律的简短价值与正义性。

情节严重的抽象性,是对大量的具体事实概括的结果,这种抽象又反过来使认识对象明确;而粗疏意指不小心、马虎、粗糙、疏漏。抽象与粗疏

---

① 苗东升:《模糊学引论》,中国人民大学出版社1987年版,第27页。
② 李晓明:《模糊性:人类认识之谜》,人民出版社1987年版,第31页。

完全不是一回事。立法者将情节严重规定为构成要件要素,并不是因为他们没考虑各种具体事实,不是因为他们马虎、疏漏,而是因为各种复杂事实使得他们不得不使用抽象的语言来概括这些事实。这正是总结司法经验的结果。

具体的法律规定或许有利于司法工作人员的适用。但是,并非越具体越好,刑法规定越具体,它所导致的漏洞就越多。因为立法者不是神,不可能预见应当作为犯罪处理的所有情况,甚至对已经发生的具体犯罪都难以进行全面规定。因此,无论如何,作出具体规定时,只能规定其中的一部分,而不能全部列举出各种具体情节严重的情况,因而会造成法律漏洞。立法者也认识到了这一点,于是他们通常不对各种具体严重情节作出规定,而是概括规定为情节严重。这样,在刑法公布后,任何情节严重的具体现象,都能包括在"情节严重"之中,而不会使刑法有漏洞。关于这一点,我们从司法解释在列举常见的"情节严重"情形之后仍然有"其他情节严重的情形"的兜底规定,就可以得知。

不仅如此,抽象性概念的使用,还有利于保持刑法的稳定性。各国刑法典对犯罪(尤其是对传统犯罪)的描述都使用比较抽象的概念,因而显示出极大的稳定性与合目的性。例如,与德国 1871 年的刑法典相比,德国现行刑法典关于杀人罪、伤害罪、暴行罪、抢劫罪、盗窃罪、诈骗罪、毁坏财物罪、侵入住宅罪、伪造货币罪、伪证罪等传统犯罪的规定,几乎没有变化,或者并无本质性的变化。第二次世界大战后,日本刑法对于传统犯罪的构成要件,也没有作任何修改。其主要原因在于,对传统犯罪构成要件的描述具有抽象性,可以适应不断变化的社会生活事实。

过于具体的规定也不等于明确性。"法律明确性之要求,非仅指法律文义具体详尽之体例而言,立法者于立法定制时,仍得衡酌法律所规范生活事实之复杂性及适用于个案之妥当性,从立法上适当运用不确定法律概念或概括条款而为相应之规定。"[①]换言之,抽象性、一般性的概念更容

---

① 靳宗立:《罪刑法定原则与法律变更之适用原则》,载台湾刑事法学会主编:《刑法总则修正重点之理论与实务》,台湾元照出版社 2005 年版,第 102 页。

易使司法做到等同对待,更容易实现刑法的活生生的正义性。

第三,任何法律都需要司法工作人员理解,刑法也不例外,不能认为,需要由司法工作人员理解的规定,就是不好的规定。

由于任何法律都具有简短价值,因而任何法律都需要解释,世界上还没有不需要解释的法律。刑法也不例外,司法工作人员在适用法律时,就包含了对法律进行解释的过程。当今世界各国刑法,都不可能规定得使司法工作人员没有裁量余地;换言之,司法工作人员不可能没有裁量权。实际上,立法者是有意识地将法律交由司法工作人员解释的。立法者作出情节严重的模糊规定又不以法定方式确定其具体范围,其用意便在于此。因此,不可认为,需要司法工作人员解释的法律规定是不好的规定。况且,在我国刑法分则中,哪些条文中的情节严重是区分罪与非罪的标志,哪些条文中的情节严重是区分重罪与轻罪的标志,一目了然。

当然,在刑法分则中使用情节严重的模糊概念的必要性与不可避免性,并不意味着刑法分则条文使用该概念都是合适的。从立法论的角度来看,必然可以分为四种情形:一是能够对构成要件要素作具体规定,不应使用情节严重概念的;二是刑法条文对罪状的描述已经使行为的违法性达到了值得科处刑罚的程度,勿需再使用情节严重概念的;三是有些条文对罪状的描述还没有使行为的违法性达到值得科处刑罚的程度,需要使用情节严重概念的;四是使用情节严重概念合适的。本书并不对此展开具体分析,只是就罪状的描述模式说明,在刑法立法中,必要时对情节严重可以采用例示法。

我国刑法分则对具体犯罪的罪状描述模式,大体可以分为以下几种:第一种模式是,非常简洁地表述犯罪特征。如关于故意杀人、诈骗、集资诈骗、伪造货币等罪的规定,并不限定其行为方式、方法、手段等,只是规定行为的性质。这种条款往往能够保持稳定,就传统犯罪而言,只要这种规定具有明确性,就是可以接受的。但对于严重的现代型犯罪而言,这种表述可能缺乏明确性,有被类推解释的危险,有损刑法的安定性。第二种模式是列举法,对行为的方式、方法、手段作了比较详细且封闭式的列举规定(没有设立避免遗漏的"兜底"规定),如《刑法》第 126 条、第 160 条、

第194条第1款、第196条、第198条、第201条等等。这种描述模式使条文内容具体、详细,有保证刑法安定性的优点,但从立法论来考察,可能与实际生活脱节,未必是一种理想的立法模式。第三种模式是例示法,对行为的方式、方法、手段作了比较详细的列举,同时以"其他方法"防止刑法描述的遗漏(即存在"兜底"规定)。如第182条、第191条、第193条、第195条、第224条等。这种模式因为存在"其他方法"的规定,所以,其规定或列举的行为具有举例性质。与列举法相比,例示法更能应对社会生活事实。可以设想,如果《刑法》第198条在列举了5种保险诈骗的欺骗方法后,设有"以其他方法进行保险诈骗活动"的规定,那么,恶意复保险、隐瞒保险危险、被保险人自伤自残骗取保险金的行为,就无可争议地成立保险诈骗罪。与列举法相比,例示法也不一定损害刑法的安定性。法官要将现实案件与法条例示的行为相比较,判断现实案件是否与法条例示的行为相类似。所以,法官的自由裁量权受到了有效的拘束,刑法的安定性能够得到保障。

正因为如此,德国学者考夫曼指出:"类型无法被'定义',只能被'描述'。因此,对立法者而言有两种极端情况:或者整个地放弃描述类型而只给予该类型一个名称。例如我们在德国刑法第一百八十五条所看到的,该条仅简单规定:'侮辱'将如此如此处罚。此方式将使法律的适用上获得较大的弹性,但相对地也换来法律的不安定性。——或者试着尽可能精细地('列举地')描述类型。——例如《德国刑法》第二百五十条加重强盗罪之规定。此种方式具有较大法律安定性之优点,但也造成谨慎拘泥以及与实际生活脱节的结果——耗费大而收获小(事倍功半)。前面曾提过的'例示法'——这在新的刑法典中经常被运用,例如在加重窃盗罪(德国刑法第二百四十三条)——则取二者之间而走中庸之道;立法者只例示性地描述类型,因而明白地指示法官可使用类推的法律发现。"①概言之,例示法是概括条款与个案列举法的一种有机结合,它既能

---

① 〔德〕亚图·考夫曼:《类推与"事物本质"》,吴从周译,台湾学林文化事业有限公司1999年版,第117页以下。

保障刑法的安定性,也赋予法官对此类或类似的案件作出同样处理的任务,既能对应社会生活事实,也能限制法官权力。因此,现代刑事立法越来越愿意采取例示法①,我国今后的刑事立法对于现代型犯罪宜尽量采用例示法。

三、整体的评价要素的认识

如前所述,情节严重虽然是对违法行为的整体评价要素,但是,作为情节严重的事实前提,只能是表明法益侵害性严重的客观事实;根据责任主义,要将客观的法益侵害事实归责于行为人,就要求行为人对该客观事实具有故意或者过失。

但是,刑法理论上存在相反观点。例如,陈兴良教授将情节严重等作为独立的罪量要素,并且认为,罪量要素不是故意的认识对象。理由如下:"罪量要素之所以不能归入客观要件,除了在罪量要素中不单纯是客观性要素而且还包括主观性要素以外,还有一个重要的理由:客观要件是行为人认识的对象,因而对于判断犯罪故意或者犯罪过失具有重要意义。如果将罪量要素当作是客观要件,如果行为人对此没有认识就不能成立犯罪故意而属于犯罪过失,由此而使罪过形式的判断上造成混乱。例如我国《刑法》第397条规定的滥用职权罪与玩忽职守罪在构成要件中都包含'致使公共财产、国家和人民利益遭受重大损失'这一构成要素。……这一构成要素对于滥用职权罪来说,并非是犯罪结果而是独立的罪量要素。没有出现这一构成要素,仍然属于滥用职权行为,但只是刑法不予以处罚而已。只有当具备了这一构成要素,刑法才加以处罚。因此,这一构成要素是表明滥用职权行为的法益侵害程度的数量因素。由于这一构成要素不属于罪体,因而不属于行为人主观认识的内容,对于确定行为的故意或者过失没有关系,而应当根据对于行为的故意或者过失来确定其罪

---

① 〔德〕亚图·考夫曼:《类推与"事物本质"》,吴从周译,台湾学林文化事业有限公司1999年版,第63页以下。

过形式。正因为如此,滥用职权罪的责任形式是故意而非过失。"①但是,本书不赞成这种观点。

首先,根据责任主义原理,要将客观的违法事实归责于行为人,就要求行为人对该客观违法事实具有非难可能性,尤其要求行为人对该违法事实具有故意或者过失。将数额较大、情节严重作为罪量要素,而不要求行为人有认识与认识的可能性,就难以符合责任主义原则。

例如,某甲流窜外地时,盗走准备外出打工的某乙的一床破棉絮。某甲因不知道也未发现棉絮中藏有3000元现金,便将棉絮以5元钱卖给当地农民某丙。某乙报案后,公安机关抓获某甲,并从某丙处追回棉絮,因某丙也没有发现棉絮中的现金,故将棉絮内的现金如数追回。根据陈兴良教授的观点,某甲的行为依然成立盗窃罪。然而,小偷小摸在我国不构成犯罪,所以,小偷小摸的故意是违反治安管理法的一般违法故意,不等于刑法上的盗窃罪的故意。如果不要求行为人主观上对数额较大有认识,就意味着主观上违反治安管理法的小偷小摸的一般违法"故意",与客观上窃取了数额较大财物的行为相统一。但这是不合适的。果真如此,则会使违反治安管理法的行为与刑法上的犯罪丧失明显界限。而且,如果不要求行为人明知所盗财物数额较大,就会导致由行为人不能预见的事由或某种机遇左右盗窃罪的成立与否,这明显有悖于责任主义原则。② 假定某甲所盗窃的棉絮内有10万元现金,而且未能追回,按照司法解释规定的量刑标准和陈兴良教授的观点,对某甲应当处10年以上有期徒刑或者无期徒刑,这就更加违反了责任主义。或许有人主张,在这种情况下,虽然认定某甲的行为构成盗窃罪,但只能适用数额较大的法定刑,而不能适用数额特别巨大的法定刑。可是,这种观点实际上是在定罪时不考虑行为人对数额的认识,但在量刑时考虑行为人对数额的认识。这显然是自相矛盾和不协调的。既然量刑时应当考虑行为人对数额的认识,在定罪时就更应考虑行为人对数额的认识。

---

① 陈兴良:《规范刑法学》(上册),中国人民大学出版社2008年第2版,第194—195页。
② 参见张明楷:《论盗窃故意的认识内容》,载《法学》2004年第11期,第62页以下。

再如,《刑法》第 228 条前段规定:"以牟利为目的,违反土地管理法规,非法转让、倒卖土地使用权,情节严重的,处三年以下有期徒刑或者拘役,并处或者单处非法转让、倒卖土地使用权价额百分之五以上百分之二十以下罚金。"最高人民法院 2000 年 6 月 19 日《关于审理破坏土地资源刑事案件具体应用法律若干问题的解释》第 1 规定:"以牟利为目的,违反土地管理法规,非法转让、倒卖土地使用权,具有下列情形之一的,属于非法转让、倒卖土地使用权'情节严重',依照刑法第二百二十八条的规定,以非法转让、倒卖土地使用权罪定罪处罚:(一) 非法转让、倒卖基本农田 5 亩以上的;(二) 非法转让、倒卖基本农田以外的耕地 10 亩以上的;(三) 非法转让、倒卖其他土地 20 亩以上的;(四) 非法获利 50 万元以上的;(五) 非法转让、倒卖土地接近上述数量标准并具有其他恶劣情节的,如曾因非法转让、倒卖土地使用权受过行政处罚或者造成严重后果等。"倘若行为人虽然客观上非法转让了 5 亩基本农田,但由于某种原因,他确实只认为自己仅转让了 1 亩基本农田。在这种情况下,要认定行为构成犯罪,也是不符合责任主义的。

其次,既然认为某些罪量要素表明行为的法益侵害程度,就不能认为它不属于罪体的内容,也不能认为它与故意、过失没有关系。因为只有当行为人对客观的违法事实具有非难可能性时,才能令行为人对该客观违法事实承担责任。

再次,陈兴良教授将开放的构成要件理论与实质解释论联系起来,并且反对开放的构成要件理论。① 如前所述,真正的开放的构成要件理论的最大问题在于,将部分刑法没有明文规定的客观违法要素,排除在构成要件之外,使之成为专门的违法要素,而不要求行为人具有认识与认识可能性,进而违反责任主义。然而,陈兴良教授在反对开放的构成要件理论的同时,却将刑法明文规定的数额较大、情节严重等作为罪量要素,置于罪体之外,使之成为专门的违法要素或者责任要素,将原本属于需要认识的构成要件要素排除在罪体要素之外,使之成为不需要认识的要素,其比

---

① 陈兴良:《走向学派之争的刑法学》,载《法学研究》2010 年第 1 期,第 145 页。

开放的构成要件理论有过之而无不及。① 因为开放的构成要件理论,只是将刑法没有明文规定的部分要素补充为专门的违法要素,导致该要素不是故意的认识对象;而陈兴良教授则将刑法明文规定的全部罪量要素独立于罪体要素之外,使之不再是故意的认识对象。这一观点,当然会被人们认为违反了责任主义②,进而也扩大了处罚范围。例如,陈兴良教授指出:"非法集会、游行、示威罪的罪量要素是拒不服从解散命令,严重破坏社会秩序。"③于是,成立本罪不需要行为人认识到有关部门已经发布解散命令,但笔者难以赞成这样的结论。

最后,虽然在德国、日本的三阶层与两阶层体系中,客观的处罚条件是不需要认识的内容。但是,根据责任主义,也要求行为人具有认识的可能性。按照笔者的观点,我们可以将所谓客观的处罚条件,作为客观的超过要素处理。尽管如此,对客观的超过要素,也要求行为人具有认识的可能性。概言之,对于任何客观违法事实,至少要求行为人具有过失。所以,即便采取罪量要素的概念,也不能认为其与故意、过失没有关系。

总之,作为整体的评价要素,适用情节严重的规定时,也要求行为人对之具有故意与过失。亦即,在故意犯中,要求行为人对情节严重具有故意(认识到情节严重的前提事实);在过失犯中,要求行为人对情节严重具有过失。④ 问题是,行为人是否必须认识到情节"严重"? 换言之,原本

---

① 陈兴良教授并没有将刑法没有明文规定,但事实上要求的数额较大、情节严重作为罪量要素;倘若在法无明文规定时添加数额较大、情节严重的要求,则是一种实质解释。

② 如前所述,笔者提倡的客观的超过要素概念,也存在类似问题,被学者认为违反了责任主义(参见黎宏:《刑法总论问题思考》,中国人民大学出版社 2007 年版,第 94 页)。但笔者认为,盗窃等罪的数额较大以及作为构成要件要素的情节严重的前提事实,都是故意的认识对象(参见张明楷:《论盗窃故意的认识内容》,载《法学》2004 年第 11 期,第 62 页以下;张明楷:《法定刑升格条件的认识》,载《政法论坛》2009 年第 5 期,第 84 页以下)。

③ 陈兴良:《规范刑法学》(下册),中国人民大学出版社 2008 年第 2 版,第 829 页。

④ 根据本书的观点,情节严重中的情节,首先必须是表明行为的法益侵害性的客观事实。所以,首要分子、行为的违法报酬数额等,原则上不应当成为情节严重中的情节。即使将首要分子、行为的违法报酬数额作为情节严重中的情节,它们也不是故意的认识内容。首先,首要分子只是刑法与法官对行为人所实施的犯罪行为进行综合评价所使用的一个规范概念。与这一规范概念相对应的是客观事实。所以,只要行为人对与首要分子相对应的客观事实具有认识时,就能认定行为人是首要分子。其次,与行为对象不同,行为的违法报酬本身,与行为本身对法益的侵害性没有直接关系(参见张明楷:《法定刑升格条件的认识》,载《政法论坛》2009 年第 5 期,第 84 页以下)。

属于情节严重,但行为人误以为情节一般或者情节较轻时,能否适用情节严重的规定?或者说,当行为人认识到了属于严重情节的客观事实,但同时认为该情节并不严重时,应当如何处理?这便要讨论这种"认识错误"是构成要件的认识错误还是违法性的认识错误,抑或是没有任何意义的错误。

刑法理论一般认为,认识错误包括事实的错误与违法性的错误,前者影响故意的成立;后者只有在不可避免时,才影响责任。从事实的错误到违法性的错误之间,大致存在五种情形:(1)自然的物理的事实的错误,如将人误认为狗而杀害的情形。这是最明显的事实的错误,不成立杀人故意。(2)社会意义的错误,如行为人本来在贩卖淫秽物品,但误以为其贩卖的不是淫秽物品。这种错误也属于事实的错误。由于对事项的社会意义的认识,只要有行为人所属的外行人领域的平行评价就足够了,所以,只有在对这样的平行评价存在错误时(以为其他人都认为该物品不属于淫秽物品时),才是社会意义的错误。(3)规范的事实的错误,是指对由民法、行政法等提供意义的事实的错误(大体上是社会意义的错误的一种)。例如,对盗窃罪的构成要件中的"公私"财物这一要素,如果不进行法的性质的理解就不可能得出正确结论。行为人的所有物在国家机关管理之下时,根据法律规定属于公共财物,行为人误以为是自己的财物而取回的,究竟是事实的错误还是违法性的错误,还存在争议。(4)规范的评价的错误,即行为人对其行为的违法评价存在错误的情形,是典型的违法性的错误。(5)法的概念的错误(涵摄的错误)。例如,行为人将他人的笼中小鸟放出,但误以为其行为不属于"毁坏财物"。这种情形不影响毁坏财物罪的故意。再如,误以为共同占有的物不是"他人的财物"而出卖的,也不影响盗窃罪的成立。①

首先,行为人的犯罪行为本身情节严重,但行为人误以为情节并不严重的情形,显然既不是自然的物理的事实的错误,也不是社会意义的错误,同样也不是规范的事实的错误。概言之,不能认为上述错误属于事实

---

① 参见〔日〕山中敬一:《刑法总论》,成文堂2008年第2版,第665页以下。

的认识错误。倘若将这种错误认定为构成要件的错误,那么,对于这种情形的处罚轻重,就完全取决于行为人主观上的(不合理)评价,这会严重损害刑法的正义性与安定性。其次,行为人误以为情节并不严重的错误,是在具有违法性认识(可能性)的前提下产生的认识错误。既然如此,这种错误就不再是违法性的认识错误,而是一种单纯的评价错误。但这种评价错误,并非上述第(4)种规范的评价错误,而是对事实的评价错误,充其量属于涵摄的错误,甚至是没有任何意义的认识错误,因而不影响情节严重的认定。

基于相同的理由,行为人在司法解释所规定的具体严重情节之间产生认识错误的,如将司法解释规定的某种情形的严重情节,误认为成司法解释规定的另一情形的严重情节的,按照法定符合说,也不影响情节严重的认定。例如,《刑法》第228条前段规定:"以牟利为目的,违反土地管理法规,非法转让、倒卖土地使用权,情节严重的,处三年以下有期徒刑或者拘役,并处或者单处非法转让、倒卖土地使用权价额百分之五以上百分之二十以下罚金。"最高人民法院2000年6月19日《关于审理破坏土地资源刑事案件具体应用法律若干问题的解释》第1条规定:"以牟利为目的,违反土地管理法规,非法转让、倒卖土地使用权,具有下列情形之一的,属于非法转让、倒卖土地使用权'情节严重',依照刑法第二百二十八条的规定,以非法转让、倒卖土地使用权罪定罪处罚:(一)非法转让、倒卖基本农田5亩以上的;(二)非法转让、倒卖基本农田以外的耕地10亩以上的;(三)非法转让、倒卖其他土地20亩以上的;(四)非法获利50万元以上的;(五)非法转让、倒卖土地接近上述数量标准并具有其他恶劣情节,如曾因非法转让、倒卖土地使用权受过行政处罚或者造成严重后果等。"倘若行为人客观上倒卖了基本农田10亩,但他误以为自己倒卖了基本农田以外的耕地10亩。由于行为的客观事实与行为人所认识的事实,都属于同一犯罪内的"情节严重"的事实,根据法定符合说,不影响本罪的成立。但是,如果行为人客观上原本倒卖了5亩基本农田,但由于某种原因,他误以为自己仅倒卖了5亩并非耕地的土地的,则因为缺乏对情节严重的前提事实的认识,而不能认定为本罪。

顺便指出,由于情节严重是一种规范的要素(社会的评价要素),所以,行为人也可能发生另一种"错误"。亦即,行为人认识到情节严重的前提事实,但不是使用"严重"这一规范用语评价其行为,而是使用与规范用语相当的外行人的语言认识其行为。在这种情况下,应适用"行为人所属的外行人领域的平行评价"理论。例如,就非法转让、倒卖土地使用权罪而言,只要行为人认识到自己非法转让、倒卖了土地使用权,即使没有使用情节"严重"的概念认识其行为,但只要行为人认识到自己倒卖了"较多"的土地,就能认定其认识到了情节"严重"。

第七章 表面的构成要件要素

表面的构成要件要素,在国内外还没有展开深入研究。然而,事实上,对一些问题的纠缠不清,常常缘于将表面的构成要件要素当作真实的构成要件来理解和认定。易言之,正确理解和确定表面的构成要件要素,可以解决许多问题。

一、表面的构成要件要素的概念

"犯罪论体系的支柱,是不法与责任两个范畴。"[①]如果采取违法类型说,表明违法性的要素,就成为构成要件要素;如果采取违法有责类型说,则表明违法性的要素与表明有责性的要素都是构成要件要素。按照本书的观点,犯罪构成是违法有责类型,其中的违法构成要件是违法类型,表明违法性的事实属于违法构成要件的内容;责任构成要件是责任类型,表明有责性的要素属于责任构成要件的内容。总之,构成要件要素,都是为刑罚处罚提供根据的要素。如果行为不具备这些要素,就表明缺乏处罚根据,因而不构成犯罪。

但是,倘若仔细研究刑法关于构成要件要素的规定,就会发现,刑法明文规定的某些要素并不是为了给违法性、有责性提供根据,只是为了区分相关犯罪(包括同一犯罪的不同处罚标准)的界限。这种构成要件要

---

① 〔日〕井田良:《刑法总论の理论构造》,成文堂2005年版,第1页。

素称为"表面的构成要件要素"或"虚假的构成要件要素",也可以称为分界要素。从实体法的角度而言,表面的构成要件要素不是成立犯罪必须具备的要素;从诉讼法的角度而言,表面的构成要件要素是不需要证明的要素。

例如,《刑法》第114条规定:"放火、决水、爆炸以及投放毒害性、放射性、传染病病原体等物质或者以其他危险方法危害公共安全,尚未造成严重后果的,处三年以上十年以下有期徒刑。""尚未造成严重后果"显然不是为违法性、有责性提供根据的要素,更非表明"倘若造成严重后果"便不构成犯罪之意,仅仅在于说明该条规定的违法程度轻于第115条规定的违法程度(故法定刑有区别),因而属于表面的构成要件要素。

又如,《刑法》第270条第1款规定了委托物侵占的构成要件与法定刑,第2款规定:"将他人的遗忘物或者埋藏物非法占为己有,数额较大,拒不交出的,依照前款的规定处罚。"倘若将该款所规定的构成要件改写为"将他人的物非法占为己有,数额较大,拒不交出",其违法性、有责性不仅没有减少,反而会增加。那么,《刑法》第270第2款为什么要将行为对象限定为遗忘物与埋藏物呢?这是因为盗窃罪的对象必须是他人占有的财物,委托物侵占的对象是受委托而占有的他人财物,剩下的便是侵占脱离占有物了。换言之,《刑法》第270第2款之所以将行为对象限定为遗忘物与埋藏物,一方面是为了与盗窃罪相区别,另一方面也是为了与委托物侵占相区分。"遗忘"物、"埋藏"物这一构成要件要素,便是表面的构成要件要素。

再如,根据《刑法》第153条的规定,只有"走私本法第一百五十一条、第一百五十二条、第三百四十七条规定以外"的货物、物品的,才成立走私普通货物、物品罪。虽然黄金、白银等贵重金属属于《刑法》第151条规定的货物、物品,但这并不意味着走私贵重金属的行为不可能构成《刑法》第153条规定的犯罪。例如,走私贵重金属入境的,以及误将贵重金属当作普通金属走私出境的,都构成《刑法》第153条规定的犯罪。显然,《刑法》第153条所规定的"本法第一百五十一条、第一百五十二条、第三百四十七条规定以外"的货物、物品这一要素,只是对区分不同的走私犯罪起作用,属于表面的构成要件要素。

刑法中为什么会存在表面的构成要件要素呢? 罪刑法定原则决定了刑法必须将各种犯罪进行分类,即使是侵害相同法益的行为,为了避免构成要件过于抽象与概括,也必须尽可能进行分类,否则罪刑法定原则就不可能在任何程度上得以实现。① 所以,通过设定某些要素对犯罪进行分类,既是为了明确处罚范围,也是为了标明此罪与彼罪的关系(界限)。从立法技术上说,"所谓不法,是对于行为的一个负面(因此该入罪)的评价。因此构成不法之要件,必然也是能够符合此一基本性质。逻辑上不可能的是,一个概念被列为某一犯罪类型的不法要件的同时,此一要件的负面概念也被列为同一犯罪类型的不法要件"。"用一个比喻的说法:如果'凶狠'被列为杀人罪的不法要件,那么'仁慈'就不可能也是杀人罪的不法要件。如果在杀人罪的犯罪条文体系中,在'凶狠'作为不法要件的同时,又出现'仁慈'的文字,那么后者并不是在表达一个构成犯罪的要件,而是在强调其与凶狠杀人的不法(因此影响法定刑)程度上的区别而已。"② 基于同样的理由,在我国刑法分则中,情节严重与情节较轻不可能同时成为一个犯罪的构成要件要素。所以,《刑法》第 232 条规定"情节较轻",只是为了区分违法、责任程度不同的故意杀人罪(进而分别规定不同的法定刑)。这种"情节较轻"便成为表面的构成要件要素。

表面的构成要件要素,不同于分则条文对正当化事由的提示性规定。例如,我国《刑法》第 238 条、第 245 条分别对非法拘禁罪、非法搜查罪、非法侵入住宅罪规定了"非法"要素。类似的规定在国外刑法中也不少见。日本刑法理论普遍认为,这种"非法"要素,只是对正当化事由的提示性规定,而不是构成要件要素。③ 德国刑法理论一般认为,分则条文所规定的"非法"、"违法"只是对整个行为的价值评判,是对违法性的一般犯罪要素的多余提示,旨在提醒法官,特别要注意触犯这种条款的案件是否存

---

① 如果不对犯罪进行分类,刑法分则就只需要一个条文:"犯罪的,处刑。"但这显然违反罪刑法定原则。
② 黄荣坚:《基础刑法学》(上),台湾元照出版有限公司 2006 年第 3 版,第 485 页。
③ 参见〔日〕山口厚:《刑法各论》,有斐阁 2005 年补订版,第 83—84 页;〔日〕曾根威彦:《刑法各论》,弘文堂 2001 年第 3 版,第 49 页。

在正当化事由。例如,《德国刑法》第 303 条规定:"违法地损坏或者毁坏他人的财物的,处二年以下自由刑或者罚金。"德国刑法理论没有争议的认为,其中的"违法"只是对正当化事由的提示规定(甚至是多余的规定)。① 在笔者看来,我国《刑法》分则第 238 条、第 245 条中的"非法"也只是对正当化事由的提示性规定。② 因为,即使在将行为符合犯罪构成与行为违法相等同的我国四要件体系中,行为是否非法,也是由行为是否符合犯罪构成以及是否具有排除犯罪的事由共同决定的,而不是由独立的"非法"要素决定的。另一方面,既然最终成立犯罪的行为都是非法的,就表明非法不是构成要件要素。例如,正当防卫的杀人行为,并不成立故意杀人罪,但《刑法》第 232 条并没有将故意杀人罪的构成要件表述为"故意非法杀人",因为杀人一般是非法的,不需要对正当化事由作特别提示规定;而剥夺他人自由、进入他人住宅的行为,往往具有正当化事由,故刑法需要做出提示性规定。所以,即使在我国,也应认为上述条文中的"非法"是关于正当化事由的提示性规定。这种提示性规定的内容,不属于表面的构成要件要素。因此,在具备正当化事由的案件中,不得以"非法"属于表面的构成要件要素为由,认定行为构成犯罪。

表面的构成要件要素,也不同于分则条文的多余表述。刑法是由人起草的,而不是神制定的,难免存在多余的表述。例如,《刑法》第 133 条第 1 款中的"发生重大事故"③、《刑法》第 154 条、第 174 条第 1 款、第 179 条第 1 款、第 190 条、第 230 条、第 329 条第 2 款、第 343 条第 1 款中的"擅自",《刑法》第 399 条第 1 款中"枉法",第 401 条、第 402 条、第 403 条、第

---

① Wessels/Beulke, Strafrecht Allgemeiner Teil,30. Aufl. ,C. F. Müller 2000,S.42; Claus Roxin,Strafrecht Allgemeiner Teil,Band I, 4. Aufl. ,München;C. H. Beck,2006, S.508.

② 刑法分则条文中的"非法"并非都是对正当化事由的提示性规定。分则条文中的"以非法占有为目的"中的"非法",以及空白刑法规范中的"非法",就具有实质意义。此外,我国刑法分则的某些条文所规定的"非法"的确具有语感上的意义,既不是构成要件要素,也不是关于正当化事由的提示规定。例如,《刑法》第 225 条第 3 项所规定的"未经国家有关主管部门批准,非法经营证券、期货或者保险业务"中的"非法",就仅具有语感意义。再如,《刑法》第 228 条所规定的"以牟利为目的,违反土地管理法规,非法转让、倒卖土地使用权"中的"非法"也是多余的表述。

③ 有的条文只规定造成事故,而不规定结果(如《刑法》第 137 条),有的条文只规定结果,而不规定造成事故(如《刑法》第 139 条),也说明了这一点。

414条中"舞弊"都是多余的、完全可以删除的表述。与表面的构成要件要素相同的是,这些多余的表述,并不为违法性与有责性提供任何根据;与表面的构成要件要素不同的是,这些多余的表述,并不具有区分此罪与彼罪、重罪与轻罪的机能,充其量可以视为同位语。所以,不能将多余的表述所描述的内容,视为表面的构成要件要素,更不能将其视为为违法性、有责性提供根据的要素。

明确刑法分则规定的哪些构成要件要素属于表面的构成要件要素,对于理解犯罪之间的关系、解释事实认识错误、解决共犯过剩现象以及处理事实不明案件,具有重要意义。此外,承认表面的构成要件要素,是否与罪刑法定原则相冲突,也是需要说明的问题。①

二、表面的构成要件要素与犯罪之间的关系

由于表面的构成要件要素包括主观的构成要件要素,所以,这里所称的犯罪之间的关系,既包括故意犯罪与过失犯罪之间的关系,也包括刑法分则所规定的具体犯罪之间的关系。

(一)故意犯罪与过失犯罪之间的关系

故意犯罪与过失犯罪之间的关系,也可谓故意与过失之间的关系。在我国,故意与过失究竟是对立关系,还是位阶关系或等级关系,取决于是否承认表面的构成要件要素。

认为故意与过失是对立关系的德国学者指出:"过失不是故意的减轻形式,而是与故意不同的概念(BGH 4,340[341])。与对应的故意犯罪相比,过失犯罪行为的不法内容与责任内容较轻。因为在过失情况下,行为人对法秩序的要求的违反不是有意识,而是因为不注意。因此,就同一事实而言,故意和过失是相互排斥的。……过失构成要件,不允许作为证据

---

① 本书中的"表面的构成要件要素",主要指成文的表面的构成要件要素。为了充分展开讨论,必要时还包括刑法理论所承认的不成文的表面的构成要件要素,此外还会涉及未遂犯的构成要件要素。

不充分时的'兜底构成要件'来适用,做出有罪判决时,必须明确认定过失的前提条件。"①根据这种观点,不能将故意行为认定为过失犯罪;在行为人的心理状态不明的情况下,也不能认定为过失犯罪。我国台湾地区的判例也认为故意与过失是对立关系。如1989年台上字第4682号判决指出:"刑法上之故意犯与过失犯,其意义不同,且互相排斥,换言之,一个犯罪行为,不可能成立以故意为必要之犯罪,又同时成立以过失为必要之犯罪。"②

但是,德国的主流观点认为,故意和过失处于一种位阶关系,即在不清楚一个行为是出于故意还是出于过失时,根据存疑时有利于被告人的原则,能够认定为过失犯罪。这并不是说,故意概念中包含了过失的要素,一个放任结果发生的人,不可能轻信可以避免结果的发生;一个明知结果发生的人,不可能没有预见结果的发生。但不能据此否认故意与过失之间的规范性位阶关系,亦即,与过失相比,对故意的要求更多。③ 德国的审判实践也持这种观点。"在不能认定行为人是实施了故意行为还是过失行为的场合,判例认为可以按照过失行为做出有罪判决(BGH 17,210)。"④

持位阶关系说的日本学者指出,如果说故意责任的本质是"认识到了构成要件事实",过失责任的本质是"没有认识到构成要件事实",那么,故意与过失的责任内容在逻辑上就是相互排斥的,不可能存在共通之处。但这种观点以过失的本质是"违反预见义务"为前提。如果说违反预见义务是过失犯的本质,那么,故意犯罪时因为履行了预见义务,责任就应更轻了,但事实上并非如此。所以,故意责任的本质是认识到了构成要件事实,过失责任的本质是具有认识构成要件事实的可能性。"因此,不应

---

① Hans-Heinrich Jescheck/Thomas Weigend, Lehrbuch des Strafrechts Allgemeiner Teil, 5 Aufl., Duncker & Humblot 1996, S. 563.
② 转引自黄荣坚:《基础刑法学》(上),台湾元照出版有限公司2006年第3版,第484—485页。
③ Claus Roxin, Strafrecht Allgemeiner Teil, Band I, 4. Aufl., München: C. H. Beck, 2006, S. 1091.
④ Hans-Heinrich Jescheck/Thomas Weigend, Lehrbuch des Strafrechts Allgemeiner Teil, 5 Aufl., Duncker & Humblot 1996, S. 563.

将预见义务违反作为过失犯的要素。故意与过失存在大小关系或者位阶关系,两者都是为责任提供根据的心理要素。过失中并非没有任何心理状态,而是存在可能预见犯罪事实特别是法益侵害的心理状态。"①据此,对于故意行为可能认定为过失犯罪。

我国刑法明文规定了故意与过失的定义。如果按照刑法的字面含义理解和适用刑法,倘若没有认识到刑法中的表面的构成要件要素,必然认为故意与过失是一种对立关系(笔者曾经持此观点)。② 但是,如若从规范意义上理解刑法的规定,认识到表面的构成要件要素的存在,则应认为故意与过失是位阶关系而非对立关系。

先看疏忽大意的过失。根据《刑法》第 15 条的规定,只有当行为人"应当预见自己的行为可能发生危害社会的结果,因为疏忽大意而没有预见"时,才可能成立过失犯罪。问题在于:在具有预见可能性的情况下,倘若不能证明行为人已经预见,也不能证明行为人没有预见时,怎么办?显然,只要行为人具有预见可能性,就意味着应当预见。即使不能查明行为人是否已经预见,也仅意味着不能认定行为人构成故意犯罪和过于自信的过失犯罪,但不影响将其行为认定为疏忽大意的过失犯罪。倘若因为没有查明行为人是否已经预见,既否认行为人具有故意,也否认行为人具有过失,就必然形成处罚的漏洞。所以,"因为疏忽大意而没有预见",是一种表面的构成要件要素。

再看过于自信的过失。根据《刑法》第 15 条的规定,只有当行为人已经预见自己的行为可能发生危害社会的结果,"而轻信能够避免"时,才可能成立过于自信的过失犯罪。问题是:在查明行为人已经预见的前提下,如果不能证明行为人希望或者放任危害结果发生,也不能证明行为人轻信能够避免时,怎么办?显然,只要行为人已经预见结果发生的可能性,即使不能查明行为人是否轻信能够避免,也只是意味着不能认定行为人构成故意犯罪,但不影响将其行为认定为过于自信的过失犯罪。如若

---

① 〔日〕高山佳奈子:《故意と違法性の意識》,有斐阁 1999 年版,第 137 页。
② 参见张明楷:《罪过形式的确定》,载《法学研究》2006 年第 3 期,第 109 页。

因为没有查明行为人是否轻信能够避免，既否认行为人具有故意，也否认行为人具有过失，就必然造成处罚的空隙。所以，"轻信能够避免"，只是表面的构成要件要素。

　　以上结论并非仅仅出于防止处罚漏洞的刑事政策的理由，而是具有法律上的根据。（1）从构成要件符合性的角度来说，在上述场合，实际上是将可能构成重罪的事实评价为性质相同的轻罪事实。换言之，只是在认定为故意尚存疑问时，才认定为过失。这对于被告人而言，并非不利而是有利。从诉讼法的角度而言，"没有……"、"尚未……"之类的要素一般是不需要证明的。（2）从实质角度来说，只有"应当预见"、"已经预见"才是为有责性提供根据、表明行为人具有非难可能性的要素；而"因为疏忽大意而没有预见"与"轻信能够避免"并不是表明行为人具有非难可能性的因素，只是与故意相区别的要素。所以，在应当预见的情况下，即使没有查明行为人是否没有预见，在已经预见的前提下，即使没有查明行为人是否轻信能够避免，也不表明行为人缺少过失犯的非难可能性。（3）从故意与过失的关系来说，不管是认为故意犯比过失犯的违法性重（行为无价值论的观点），还是认为故意犯比过失犯的责任重（结果无价值论的观点），都只是表明二者是一种阶段关系或位阶关系，而不能表明它们是对立关系。因为从违法角度来说，结果回避可能性是故意与过失的共同要件，从责任角度来说，他行为可能性是故意与过失的共同前提（或基础）。换言之，回避可能性是故意与过失的基础概念。"故意概念与过失概念在刑法上的意义是确立入罪的要件，从此一目的来看，一个较低回避可能性的主观状态（过失）可以跨过入罪的门槛，一个高回避可能性的主观状态（故意）当然也可以跨过入罪的门槛。"①所以，故意与过失之间的关系，是回避可能性的高低度关系，是责任的高低度关系，也是刑罚意义的高低度关系，因而是一种位阶关系。

　　由上可见，刑法规定"因为疏忽大意而没有预见"与"轻信能够避免"只是为了使过失犯罪与故意犯罪相区别，而不是为过失犯提供处罚根据。

---

　　① 黄荣坚：《基础刑法学》（上），台湾元照出版有限公司2006年第3版，第483—484页。

当案件事实表明行为人至少有过失,但又不能证明行为人具有故意时,当然只能以过失犯论处。这并不是意味着,一个犯罪的主观要件既可以是故意,也可以是过失,只是意味着故意与过失不是对立关系,而是位阶关系,可以将故意评价为过失。显然,承认故意与过失是位阶关系,是以承认"因为疏忽大意而没有预见"与"轻信能够避免"属于表面的构成要件要素为前提的。

(二)具体犯罪之间的关系

刑法遵循罪刑法定原则,通过构成要件要素对犯罪进行分类。在绝大多数情况下,为违法性、有责性提供根据的构成要件要素,同时起到了分类作用。但是,在少数情况下,为违法性、有责性提供根据的要素,还不足以使犯罪之间相区别,于是刑法不得不设置表面的构成要件要素。另一方面,表面的构成要件要素只是在通常情形下对犯罪分类起作用,因而并不意味着表面的构成要件要素是成立犯罪必须具备的要素。

例如,《刑法》第209条第1款规定了非法制造、出售非法制造的用于骗取出口退税、抵扣税款发票罪,第2款规定:"伪造、擅自制造或者出售伪造、擅自制造的前款规定以外的其他发票的,处二年以下有期徒刑、拘役或者管制,并处或者单处一万元以上五万元以下罚金。"从文字表述看,第2款规定的非法制造、出售非法制造的发票罪的构成要件,与第1款规定的犯罪的关键区别在于发票的性质不同。换言之,如若适用第2款,就要求行为人所非法制造、出售的是不能用于骗取出口退税、抵扣税款的发票(第2款是第1款的兜底规定)。尽管在通常情形下,这样的解释结论是成立的,但在特殊情形下会带来问题。例如,甲在擅自制造可以骗取出口退税的发票时,却误以为自己擅自制造的是不能骗取出口退税的发票的,应当如何处理?这虽然与后述事实认识错误相关,但从上述两罪之间的关系来看,《刑法》第209条第2款所规定的"前款规定以外的其他"发票的要素,显然只是为了对第2款与第1款的犯罪做出区分,而不是为违法性、有责性提供根据。所以,只要认为"前款规定以外的其他"发票的要素,是表面的构成要件要素,因而是不需要具备的要素,就可以直接认定上述甲的行为成立第 2 款规定的犯罪。

不难看出,虽然从法条的文理上说,《刑法》第 209 条第 2 款与第 1 款之间是一种排他关系,即只有不符合第 1 款规定的行为,才可能符合第 2 款的规定,但事实上并非如此。因为即使客观上符合第 1 款规定的行为,也可能仅适用第 2 款的规定,这说明第 2 款规定的发票实际上包括了第 1 款规定的发票(甚至可能包括《刑法》第 206 条规定的增值税发票)。于是,《刑法》第 209 条第 2 款与第 1 款的犯罪之间,以及《刑法》第 209 条与第 206 条的犯罪之间,形成了位阶关系、包容关系。换言之,承认表面的构成要件要素,有利于减少具体犯罪之间的对立关系、排他关系,增加具体犯罪之间的位阶关系、包容关系,进而使具体犯罪之间更为协调,从而实现刑法的正义性。

既然法律明文规定的表面的构成要件要素,都是可以不需要具备的要素,那么,刑法理论就不应当随意设定区分两罪界限的因素,更不应当将随意设定的因素视为(不成文的)构成要件要素。

例如,《刑法》第 363 条规定的传播淫秽物品牟利罪要求"以牟利为目的",刑法理论普遍认为,《刑法》第 364 条规定的传播淫秽物品罪必须"不以牟利为目的"①,以便两罪之间有明确的界限。但这样要求不合适。因为如果明确要求行为人不以牟利为目的,那么,在不能查明传播淫秽物品的行为人是否具有牟利目的时,根据存疑时有利于被告人的原则,一方面不能认定行为人具有牟利目的,故不能认定为传播淫秽物品牟利罪;另一方面不能证明行为人"不以牟利为目的",也不能认定为传播淫秽物品罪。这显然不合理。只有并不要求传播淫秽物品罪的行为人"不以牟利为目的"时,上述行为才成立本罪。所以,不应当将"不以牟利为目的"设定为传播淫秽物品罪的构成要件要素。《刑法》第 364 条在规定传播淫秽物品罪时,没有规定"不以牟利为目的",正是为了解决这一问题。② 退一

---

① 参见高铭暄、马克昌主编:《刑法学》,北京大学出版社、高等教育出版社 2007 年第 3 版,第 538 页;陈兴良:《规范刑法学》(下册),中国政法大学出版社 2008 年第 2 版,第 959 页;张明楷:《刑法学》,法律出版社 2003 年第 2 版,第 708 页。

② 参见张明楷:《犯罪之间的界限与竞合》,载《中国法学》2008 年第 4 期,第 87 页以下。

步说,即使假定《刑法》第 364 条明文规定"不以牟利为目的",也应当认为"不以牟利为目的"只是表面的构成要件要素,因为这一要素并不为违法性、有责性提供根据。

又如,盗窃罪的成立是否以采取和平非暴力手段为前提?日本学者大塚仁教授指出:"所谓'窃取',是指单纯的盗取,即不采取暴力、胁迫,违反占有者的意思,侵害其对财物的占有,将财物转移为自己或者第三者占有。"①台湾地区学者指出:"所谓窃取系指行为人违背他人的意思,或者至少未获他人同意,而以和平非暴力的手段,取走其持有物,破坏他人对其持有物的持有支配关系。"②笔者以前也采取了这种观点。③ 显然,要求盗窃行为必须采取和平非暴力手段,主要是为了区分盗窃罪与抢劫罪。正因为如此,持这种观点的学者指出:"行为人若以暴力强加夺取,或以强暴、胁迫、药剂、催眠术等,致使他人不能抗拒的情状下,始破坏他人对物的持有支配关系者,则为抢夺或强盗,而非窃盗。"④然而,在此产生的疑问是,倘若行为人以暴力方法取得财物,但又没有达到使他人不能抗拒的程度,却破坏了他人对财物的持有支配关系,取走其持有物的,该如何定罪呢?持上述观点的人恐怕不得不承认,对此也只能认定为盗窃。既然如此,就应当认为,成立盗窃罪并不以采取和平非暴力手段为前提。换言之,刑法理论不应当将"以和平非暴力的手段"设置为盗窃罪的构成要件要素。退一步言,即使假定刑法明文规定只有采取"和平非暴力手段"才能构成盗窃罪,也应当认为"和平非暴力手段"只是表面的构成要件要素。

综上所述,将传播淫秽物品牟利罪与传播淫秽物品罪、盗窃罪与抢劫罪设计或解释成对立关系或排他关系时,二者便不可能形成竞合关系。

---

① 〔日〕大塚仁:《刑法概说(各论)》,有斐阁 2005 年第 3 版增补版,第 191 页。
② 林山田:《刑法各罪论》(上册),作者发行 2005 年增订 5 版,第 311 页。
③ 张明楷:《刑法学》,法律出版社 2007 年第 3 版,第 727 页。
④ 林山田:《刑法各罪论》(上册),作者发行 2005 年增订 5 版,第 315 页。日本学者大塚仁也指出:抢劫罪的行为是"使用暴力或者胁迫强取他人的财物。由于本罪的暴行、胁迫是作为强取财物的手段而使用的,故意味着最狭义的暴行、胁迫,即必须达到足以压制对方反抗的程度"(参见〔日〕大塚仁:《刑法概说(各论)》,有斐阁 2005 年第 3 版增补版,第 212 页)。

"然而,当我们把任何的两罪设计或解释成排他互斥时,将无法避免地会造成许多刑事政策上所不能忍受的刑罚性漏洞。"[①]其实,应当从实质的不法内涵着眼,将上述犯罪解释成一种包含关系:传播淫秽物品罪是普通条款,传播淫秽物品牟利罪是特殊条款;盗窃罪是普通条款,抢劫罪是特别条款。在行为符合普通条款的构成要件的前提下,不能证明行为符合特别条款的,当然应适用普通条款。

三、表面的构成要件要素与事实认识错误

在此讨论的是,承认表面的构成要件要素,对于处理部分抽象的事实认识错误所具有的意义。

通说认为,对抽象的事实认识错误,应当采取法定符合说。亦即,在客观事实与行为人的主观认识相重合的范围内,认定犯罪的成立。[②] 应当认为,在的确存在"重合"的情况下,法定符合说是完全成立的。例如,在刑法不仅规定了普通杀人罪而且规定了杀害尊亲属罪的场合,行为人发生了误将尊亲属当作普通人杀害的认识错误时,完全可以在普通杀人罪与杀害尊亲属罪相重合的范围内认定为普通杀人罪。因为行为人既有杀人的客观行为与结果,也有杀人的故意,认定为普通杀人既遂没有丝毫疑问。

问题出在刑法明文将此罪与彼罪设计为排他关系或对立关系的情形。例如,甲误以为他人占有的财物是遗忘物而据为己有的,应当如何处理?根据法定符合说,既不能直接根据行为的客观事实认定为侵占罪,也不能直接根据行为人的故意内容认定为盗窃罪,而应在盗窃罪与侵占罪相重合的范围内认定为轻罪(侵占罪)的既遂犯。换言之,盗窃罪与侵占罪在"不法取得他人的财物"这一点上具有实质的重合关系,甲的客观行为与主观故意都具有"不法取得他人的财物"的内容,所以,应认定为侵

---

① 蔡圣伟:《刑法问题研究(一)》,台湾元照出版有限公司2008年版,第249—250页。
② 参见张明楷:《外国刑法纲要》,清华大学出版社2007年第2版,第228页以下。

占罪。① 可是,在上例中,甲客观上并没有侵占"遗忘"物,怎么能够通过错误论说明行为人侵占了"遗忘"物呢?这便涉及错误论与故意论的关系。

一种观点认为,错误论是对故意实施行为整体(包括发生结果)的评价,具有与故意论不同的独立的作用,因而具有与故意论不同的原理。②这种观点的实质是,在不能根据故意论认定行为人对某种结果具有故意时,可以根据错误论认定行为人对该结果具有故意。于是,错误论成为认定故意的另一途径。本书难以赞成这种观点。我国《刑法》第14条明文规定了故意的一般定义,此外,具体犯罪的客观构成要件规制了具体犯罪故意的认识内容与意志内容。显然,在行为人的主观内容不符合《刑法》第14条规定的要求,对属于客观构成要件的事实缺乏认识时,不可能成立故意。在此情形下,当然不能将错误论作为认定行为人具有故意的途径。

另一种观点认为,错误论是故意论的反面。本书持此观点。因为,"刑法学中所讨论的错误,并非主观面与客观面之间存在不一致的所有情形,而是限于故意(犯)的成立与否成为问题的场合。客观面发生了某种重大的事项(如发生了人死亡的结果),主观面对一定的事态具有认识时,主观面的这种认识,可否认为是与该客观事实相对应的故意(如杀人罪的故意),才是刑法中的错误论的问题。"③ 显然,认识错误与故意是表里关系,对认识错误的处理在于解决行为人对于发生的结果是否具有故意责任。所以,"必须维持'错误论是故意论的反面(Kehrseite)'这一命题。因此,在故意成为问题的时候,不存在'不适用错误论'的情形;在根

---

① 参见〔日〕平野龙一:《刑法总论 I》,有斐阁1972年版,第178—179页;〔日〕大谷实:《刑法讲义总论》,成文堂2009年新版第3版,第190页;〔日〕西田典之:《刑法总论》,弘文堂2010年第2版,第235页;〔日〕前田雅英:《刑法总论讲义》,东京大学出版会2006年第4版,第256页以下;〔日〕大塚仁:《刑法概说(各论)》,有斐阁2005年第3版增补版,第211页以下;等等。笔者在此之前也是这样解释的(参见张明楷:《刑法学》,法律出版社2007年第3版,第229页以下)。
② 〔日〕佐久间修:《錯誤における結果归属の理論》,载福田平=大塚仁博士古稀祝贺论文集:《刑事法学の综合的检讨》(上卷),有斐阁1993年版,第146页。
③ 〔日〕井田良、丸山雅夫:《ケ-ススタディ刑法》,日本评论社2004年第2版,第112页。

据故意论不认为有故意的场合,也不能根据错误论认定有故意。"① 概言之,即使适用错误论认定为犯罪,也要求行为完全符合所定犯罪的构成要件。

但是,在甲误将他人占有的财物当作遗忘物侵占的场合,由于轻罪(侵占罪)的构成要件是以排除在重罪(盗窃罪)之外的形式规定的,导致法定符合说的说理并不透彻。② 这是因为,倘若认为"遗忘"物是成立侵占罪必须具备的要件,那么,当甲客观上没有侵占遗忘物时,就不能简单地适用错误论,认定甲侵占了遗忘物。于是,主张通过设定两罪的"共通构成要件"认定构成要件符合性的学者指出:"遗忘物侵占罪以'不处于他人占有下的他人的财物'为对象,作为盗窃罪对象的'处于他人占有下的他人的财物'被排除在遗忘物侵占罪之外(以此意义上说,两罪形式上没有重合)。在主观上是遗忘物侵占罪,客观上是盗窃罪的场合,实际上与上述普通杀人、杀害尊亲属的事例相同,而且,一般来说解释为成立遗忘物侵占罪在实质上是妥当的。但是,为了得出这样的结论,有必要通过对两者的法律条文的解释,导出、想定也包摄'他人占有下的他人的财物'、跨越遗忘物侵占罪与盗窃罪的'共通构成要件'(这是以基于取得意思侵害所有权为内容的构成要件,与盗窃罪的构成要件处于加重减轻关系),上述行为在客观上与主观上都充足了这一要件。"③

这种观点没有将"遗忘"物这一要素视为表面的构成要件要素,也较为合理地说明了甲的行为客观上符合"遗忘物侵占罪"的客观构成要件。可是,依然存在疑问。其一,这种观点承认,根据刑法的文字规定,盗窃与遗忘物侵占是一种对立关系:盗窃罪只能以他人占有的财物为对象;遗忘物侵占以他人没有占有的财物为对象。既然如此,二者怎么可能有"共通构成要件"呢?换言之,既然认为遗忘物侵占犯罪的构成要件已经将盗窃罪的构成要件排除在外,就难以认为二者有"共通构成要件"。其二,构

---

① 〔日〕平野龙一:《刑事法研究最终卷》,有斐阁2005年版,第3页。
② 这并不意味着法定符合说是错误的学说,只是意味着在抽象的事实认识错误涉及表面的构成要件要素时,只有承认表面的构成要件要素,才能贯彻法定符合说。
③ 〔日〕山口厚:《刑法总论》,有斐阁2007年第2版,第222页。

成要件具有法定性,通过想定"共通构成要件"来解决上述抽象的事实认识错误,不免有些勉强。

其实,刑法就侵占罪所要求的"遗忘"物并不是真正的构成要件要素,只是表面的构成要件要素,即它并不是为违法性、有责性提供根据的要素,而是为了与盗窃罪相区别规定的要素。因此,就盗窃罪与侵占罪的关系而言,二者表面上处于对立关系,但实际上并非如此。例如,在发生事实认识错误等特殊情形下,只要行为人客观上侵占了他人的财物,主观上不具有盗窃罪的故意时,就应认为符合侵占罪的构成要件(既遂)。正如日本学者所言:"遗忘物侵占罪,是'领得罪'的最单纯的类型,以所谓'拾东西'等行为为对象。其客体是'他人的物'。本罪的成立,既不要求像盗窃罪那样的夺取(侵害占有),也不要求像诈骗罪那样的被害人交付财物(处分行为),也不要求像委托物侵占罪那样的委托关系。本罪作为对所有权其他本权的犯罪,在由于某种理由不成立其他侵害财物所有权的犯罪时,发挥对这些犯罪的兜底作用('兜底构成要件'或者'截堵构成要件')。例如,误将他人有意识在放在公园椅子上的财物,当作遗忘物而拿走时,因为没有侵害占有的故意而不成立盗窃罪,但代之以本罪的成立。"①

德国刑法关于侵占罪构成要件规定的修改,能够说明侵占罪中的"遗忘"、"脱离他人占有"、"自己占有"等要素,不是真正的构成要件要素,只是表面的构成要件要素。《德国刑法》第246条原本规定:"意图自己不法所有而侵占自己持有或保管的他人动产的,处三年以下自由刑或者罚金。侵占他人委托的动产的,处五年以下自由刑或者罚金。"本条实际上规定了两种侵占:一是侵占脱离他人占有的财物(行为人拾得他人遗忘物本身当然并不构成犯罪,但将拾得的即自己占有的他人财物据为己有或使自己所有时,则属于侵占自己占有的他人财物);二是侵占委托物。但是,由于这样的规定难以解决发生在侵占罪与盗窃罪之间的抽象的事实认识错误问题,德国刑法删除了"自己持有或保管"的构成要件要素。修

---

① 〔日〕松宫孝明:《刑法各论讲义》,成文堂2006年补订版,第269页。

改后的《德国刑法》第246条第1款规定:"行为人为自己或者第三者违法地侵占他人的动产,如果该行为没有在其他规定中以更重的刑罚加以威吓的,处三年以下自由刑或者罚金。"第2款规定:"如果在第1款的情形中,动产是被委托给行为人的,处五年以下自由刑或者罚金。"据此,侵占罪的对象既可以是自己占有的财物,也可以是他人占有的财物,盗窃罪与侵占罪便不再是对立关系,而是包容关系。换言之,在行为成立盗窃、诈骗罪的同时,往往也同时成立侵占罪。侵占罪的构成要件成为取得型财产罪的兜底构成要件,凡是不法取得他人财产的行为,只要不成立其他财产罪的,一定成立侵占罪。于是,行为人误将他人占有的财物当作遗忘物侵占时,完全符合了侵占罪的构成要件。这表明,侵占罪中的"遗忘"、"脱离他人占有"、"自己占有"之类的要素,完全是可以删除的要素,因而是表面的构成要件要素。

将我国侵占罪中的"遗忘"物理解为表面的构成要件要素,就意味着即使某种行为不具备这种要素,也不妨害侵占罪的成立。换言之,在通常情况下,肯定行为对象属于遗忘物,是为了排除行为成立更重的盗窃罪。因此,当行为人误将他人占有的财物当作遗忘物予以侵占时,没有疑问地成立侵占罪。这样解释,既能贯彻法定符合说,也不存在设想"共通构成要件"所存在的问题。

再如,《刑法》第126条规定:"依法被指定、确定的枪支制造企业、销售企业,违反枪支管理规定,有下列行为之一的,对单位判处罚金,并对其直接负责的主管人员和其他直接责任人员,处五年以下有期徒刑;情节严重的,处五年以上十年以下有期徒刑;情节特别严重的,处十年以上有期徒刑或者无期徒刑:(一)以非法销售为目的,超过限额或者不按照规定的品种制造、配售枪支的;(二)以非法销售为目的,制造无号、重号、假号的枪支的;(三)非法销售枪支或者在境内销售为出口制造的枪支的。"《刑法》第125条对非法制造、买卖枪支罪规定了更重的法定刑,单位也可以成为此罪的主体。显然,就非法制造、销售枪支的行为而言,《刑法》第125条规定的单位主体与第126条规定的单位主体是对立的:前者不包括依法被指定、确定的枪支制造企业;后者仅限于依法被指定、确定的枪支制造企业。问题发生在直接负责的主管人员发生认识错误的场合。例如,受雇负责 X 企业的生产、销售工作的甲,因受蒙骗误以为 X 企业属于依法被指定的枪支制造、销售企业,以非法销售为目的,指示生产人员制造无号枪支。对此,应如何处理? 甲的行为客观上符合《刑法》第 125 条规定的构成要件,但其主观上产生了认识错误,导致其不具备《刑法》第 125 条所要求的故意。这种情形虽然属于抽象的事实认识错误,但即使适用错误论,也不可能认定 X 企业属于依法指定的枪支制造、销售企业。换言之,适用错误论,也不能使本案的行为主体符合《刑法》第 126 条的规定。另一方面,以某种理由宣告甲的行为无罪,也明显不当。唯一的出路在于承认表面的构成要件要素。亦即,《刑法》第 126 条所规定的"依法被指定、确定的"枪支制造企业、销售企业并不是真正的构成要件要素,只是表面的构成要件要素,即它并不是为违法性、有责性提供根据的要素,而是为了与《刑法》第 125 条的犯罪相区别所设立的要素。因此,就《刑法》第 126 条与第 125 条的关系而言,虽然表面上处于对立关系,但在发生事实认识错误等特殊情形下,只要某企业(不管是否属于"依法被指定、确定的"枪支制造企业、销售企业)客观上非法制造、销售了枪支,直接负责的主管人员与直接责任人员缺乏《刑法》第 125 条所规定的犯罪的故意(如误以为所属企业是"依法被指定、确定的"枪支制造企业、销售企业),也应认为符合《刑法》第 126 条的构成要件,认定为违规制造、销售枪支罪的既遂。

四、表面的构成要件要素与共犯过剩现象

共犯过剩,是指(广义的)共犯人的行为超出了共同犯罪范围的情形。最典型的情形是,正犯的行为超出了被教唆的范围,或者部分正犯的行为超出了共同正犯的犯罪范围。在通常情况下,根据共同犯罪原理处理共犯过剩现象,不存在特别困难。但是,当共同犯罪涉及表面的构成要件要素时,只有承认表面的构成要件要素,才能使共犯过剩现象得到妥当处理。

例如,甲教唆乙走私普通光盘进境,乙却出于牟利目的走私淫秽光盘

进境。即使按照普通光盘对待,乙偷逃关税的数额也超过了 10 万元。对甲应当如何处理?

《刑法》第 153 条第 1 款规定:"走私本法第一百五十一条、第一百五十二条、第三百四十七条规定以外的货物、物品的,根据情节轻重",分别处罚,而《刑法》第 152 条规定了走私淫秽物品罪。从文理上说,走私淫秽物品的行为,不符合《刑法》第 153 条的规定。倘若据此认为走私普通货物、物品罪的对象不可能是淫秽物品(走私淫秽物品罪与走私普通货物、物品罪是排除关系、对立关系),无论如何也不能得出正确结论。例如,根据共犯独立性说以及我国的二重性说,甲虽然成立走私普通货物、物品罪的教唆犯,但由于乙没有犯被教唆的罪,对甲必须适用《刑法》第 29 条第 2 款,从轻或者减轻处罚。但这种结论明显不当。因为即使乙走私的是普通光盘,甲也成立犯罪既遂,不适用《刑法》第 29 条第 2 款从轻、减轻处罚;而在乙走私了淫秽光盘的情况下,反而对甲适用《刑法》第 29 条第 2 款从轻、减轻处罚。这明显损害了刑法的正义性。根据共犯从属性说,甲不成立任何犯罪。因为乙并没有着手实行走私普通货物、物品的行为。但是,基于同样的理由,这一结论更不妥当。

其实,《刑法》第 153 条是关于走私犯罪的兜底规定,其中的"本法第一百五十一条、第一百五十二条、第三百四十七条规定以外"的要素,是表面的构成要件要素。因为这一规定并没有为违法性、有责性提供根据,亦即,将该条删改为"走私货物、物品的,根据情节轻重",分别处罚,并不会减少该罪的违法性与有责性。所以,《刑法》第 153 条中的"本法第一百五十一条、第一百五十二条、第三百四十七条规定以外"的要素,不是必须具备的要素。既然如此,就完全可以认定乙的行为既符合《刑法》第 152 条的构成要件,也符合了《刑法》第 153 条的构成要件。于是,不管是采取共犯独立性说,还是采取共犯从属性说,抑或采取二重性说,甲的行为都成立走私普通货物、物品罪(既遂)。

将上例中的甲与乙设定为共同正犯时,也是如此。例如,甲与乙共谋从境外走私普通光盘到境内出售,由二人分别在境外某地购买普通光盘后,用一条船运入境内。但乙实际上购买的是淫秽光盘,回到境内之后,甲才知道真相。甲购买的普通光盘偷逃关税8万元;将乙购买的淫秽光盘按普通光盘计算,其偷逃关税数额也为8万元。对甲应如何处理?倘若认为走私普通货物、物品罪与走私淫秽物品罪是排他、对立的犯罪,那么,甲仅对走私普通光盘所偷逃关税(8万元)负责,适用"三年以下有期徒刑或者拘役"的法定刑。但这样处理不合理。因为即使乙购买的是普通光盘,甲也应对共同走私普通货物、物品偷逃关税16万元负责,适用"三年以上十年以下有期徒刑"的法定刑。在乙购买了淫秽光盘的情况下,对甲反而处罚更轻,明显损害了刑法的正义性。显然,只有认为《刑法》第153条中的"本法第一百五十一条、第一百五十二条、第三百四十七条规定以外"的要素是不需要具备的、表面的构成要件要素,才可以认定乙的行为也符合走私普通货物、物品罪的构成要件。因此,甲应对共同走私普通货物、物品偷逃关税16万元承担责任。

倘若将上例中的偷逃关税的数额分别设定为3万元,更能说明必须将《刑法》第153条中的"本法第一百五十一条、第一百五十二条、第三百四十七条规定以外"的要素解释为表面的构成要件要素。亦即,倘若认为走私普通货物、物品罪与走私淫秽物品罪是排他、对立的犯罪,那么,甲仅对走私普通光盘偷逃3万元关税负责,因而不构成犯罪。但这样处理不合理。因为即使乙购买的是普通光盘,甲也应对共同走私普通货物、物品偷逃6万元关税负责,适用"三年以下有期徒刑或者拘役"的法定刑。在乙购买了淫秽光盘的情况下,甲却反而不构成犯罪,明显损害了刑法的协调性。所以,只有认为《刑法》第153条中的"本法第一百五十一条、第一百五十二条、第三百四十七条规定以外"的要素是不需要具备的、表面的构成要件要素,才可以认定乙的行为也触犯走私普通货物、物品罪。因此,甲应对共同走私普通货物、物品偷逃6万元关税承担刑事责任。

五、表面的构成要件要素与事实不明案件

在司法实践中,总是存在一些事实不明的案件。事实不明的案件形形色色,既包括有罪与无罪之间事实不明的情形,也包括此罪与彼罪、重

罪与轻罪之间事实不明的情形。

重罪与轻罪之间的事实不明又存在两种情形:第一是可以直接根据存疑时有利于被告人的原则,认定为轻罪的情形。例如,甲抢夺乙的财物后逃离,在一个垃圾场隐藏了20多分钟后出来时被警察抓获,警察从其身上搜出了凶器。警察指控甲携带凶器抢夺,应认定为抢劫罪,但甲供述凶器是刚从垃圾场捡到的,在抢夺乙的财物时并没有携带凶器。虽然能认定甲抢夺了乙的财物,但由于甲在抢夺财物时是否携带凶器的事实不明,可以直接根据存疑时有利于被告人的原则认定为抢夺罪。

第二是需要适用表面的构成要件要素理论才能够以轻罪论处的情形。例如,查明行为人甲实施了投放毒害性物质的行为,且足以危害公共安全,虽然客观上发生了他人死亡的结果,但不能查明该死亡结果是否由甲投放毒害性物质的行为所引起,根据存疑时有利于被告人的原则,不能适用《刑法》第115条。那么,能否直接适用《刑法》第114条呢?

在此案中,不能简单地适用存疑时有利于被告人的原则适用《刑法》第114条。因为即使按照存疑时有利于被告人的原则认定为轻罪时,也要求行为完全符合轻罪的构成要件。但是,倘若认为,适用《刑法》第114条的前提是"尚未造成严重后果",在不能证明行为"尚未造成严重后果"时就不能适用该条,那么,对甲的行为就不适用该条。可是,这样的结论不可能得到认可。其实,《刑法》第114条中的"尚未造成严重后果"并不是为违法性、有责性提供根据的要素,只是为了根据罪行轻重规定不同法定刑所设定的分界要素,因而属于表面的构成要件要素。换言之,只要行为属于投放危险物质,且足以危害公共安全,就能够适用《刑法》第114条。据此,对本案中的甲可以直接适用《刑法》第114条定罪量刑。基于同样的理由,对刑法分则第二章中的其他条款所规定的"尚未造成严重后果",都应解释为表面的构成要件要素。

再如,《刑法》第277条第4款规定:"故意阻碍国家安全机关、公安机关依法执行国家安全工作任务,未使用暴力、威胁方法,造成严重后果的,依照第一款的规定处罚。"在国家安全机关工作人员丙依法抓获间谍犯乙时,行为人甲故意阻碍丙执行抓获任务,导致乙逃走。丙被击一拳,但不能查明是甲击了丙一拳,还是乙击了丙一拳(甲与乙并不成立共同犯罪)。倘若认为,"未使用暴力、威胁方法"是刑法第277条第4款规定的必须具备的构成要件要素,只有查明行为人确实没有实施暴力、威胁行为才能适用《刑法》第277条第4款的规定,那么,就不能认定甲的行为构成犯罪,但这种结论不具有合理性。应当认为,该款中的"未使用暴力、威胁方法"是一个表面的构成要件要素,因而不需要具备。据此,对甲的行为完全应当适用《刑法》第277条第4款的规定。

又如,根据《刑法》第351条第1款的规定,"种植罂粟五百株以上不满三千株"的,"处五年以下有期徒刑、拘役或者管制,并处罚金";该条第2款规定:"非法种植罂粟三千株以上……的,处五年以上有期徒刑,并处罚金或者没收财产。"倘若司法机关所查明的事实是,行为人甲种植的罂粟肯定超过了500株,但不能证明其种植的罂粟是不满3000株还是3000株以上时,应当如何处理?首先,根据存疑时有利于被告人的原则,不可能对甲适用《刑法》第351条第2款的规定。其次,倘若认为只有查明甲种植的罂粟确实不满3000株时,才能适用《刑法》第351条第1款,那么,对甲的行为也不能适用该款。但这种结论的不合理性十分明显。不难看出,虽然"五百株以上"是为违法性提供根据的要素,但"不满三千株"则并非如此;另一方面,"不满三千株"只是刑法为了区分不同法定刑的适用条件所作的规定。换言之,只有认为,《刑法》第351条第1款中的"不满三千株"属于表面的构成要件要素,因而不需要具备,才能对甲的行为适用该条第1款定罪量刑。

值得讨论的是未遂犯与既遂犯的区分。我国《刑法》第23条规定:"已经着手实行犯罪,由于犯罪分子意志以外的原因而未得逞的,是犯罪未遂。"显然,"已经着手实行犯罪"是为违法性提供根据的要素,"由于犯罪分子意志以外的原因"是为有责性提供根据的要素(表明其有责性重于中止犯)。但"未得逞"既不为违法性提供根据,也不为有责性提供根据,只是与既遂犯相区别的要素。所以,在不能查明行为是否造成了法益侵害结果时,必须将"未得逞"作为未遂犯的表面的构成要件要素,从而合理地认定未遂犯。

例如,甲、乙二人在互不知情的情况下向丙开枪,其中一枪击中丙的头部,另一枪击中丙的心脏。事后虽能证明两枪均足以立即致人死亡,但无法进一步证明究竟谁击中何处以及哪一枪先击中被害人。① 显然,如果能够证明甲先击中被害人,那么,乙仅成立故意杀人未遂;反之亦然。② 易言之,甲、乙二人既都有成立杀人既遂的可能性,也都有成立杀人未遂的可能性。但是,倘若认为,只有确实证明甲、乙的行为"未得逞"时才能认定为杀人未遂,那么,对甲与乙的行为既不能认定为杀人既遂,也不能认定为杀人未遂。这显然违背常理,导致某种行为之所以不构成轻罪(未遂犯),是因为该行为可能构成重罪(既遂犯)。事实上,只要将"未得逞"解释为未遂犯的表面的构成要件要素,即已经着手实行犯罪,由于犯罪分子意志以外的原因没有既遂的,就可以认定为犯罪未遂。所以,即使不能确实证明上例中的甲、乙"未得逞",也应认定甲、乙均成立故意杀人未遂。由此看来,我国刑法理论对"未得逞"含义的激烈争议,未必具有实际意义。

六、表面的构成要件要素与罪刑法定原则

一方面将某些要素称为构成要件要素,另一方面又认为其属于表面的构成要件要素,因而成立相关犯罪时并不需要具备、不需要证明,给人以违反罪刑法定原则之印象。其实,承认表面的构成要件要素,并不违反罪刑法定原则。

从文理上说,表面的构成要件要素,只是在通常情形下发挥区分界限的作用,其表述方式使得不符合更重犯罪构成要件的行为,都会具备表面的构成要件要素。例如,凡是已经着手实行但不能认定为既遂的,都可以认定为"未得逞";又如,凡是故意阻碍国家安全机关、公安机关依法执行国家安全工作任务,造成严重后果的,即使其客观上可能使用了暴力、威

---

① 这是德国学者考夫曼(Arthur Kaufmann)设想的案例。参见蔡圣伟:《刑法问题研究(一)》,台湾元照出版有限公司2008年版,第4页。
② 即使采取彻底的结果无价值论,也不可能认为甲、乙的行为属于不可罚的不能犯。

胁方法,也可以评价为未使用暴力、威胁方法,因而符合刑法第277条第4款规定的构成要件;再如,凡是非法种植罂粟500株以上的,都完全符合《刑法》第351条第1款第1项规定的构成要件。

从实质上说,承认表面的构成要件要素,并不导致犯罪缺乏实质的处罚根据。如前所述,"构成要件是刑罚法规规定的行为类型,其具体内容是通过刑罚法规的解释决定的。因此,构成要件并不一定等同于刑罚法规的文言。"换言之,刑法条文所描述的要素,并非都是构成要件要素,"只有某犯罪中所固有的、类型的可罚的要素,才是构成要件要素。"[1]根据违法类型说的观点,只有表明违法行为类型的特征才属于构成要件要素;根据违法有责类型说,表明有责性的要素也是构成要件要素。然而,表面的构成要件要素既不为违法性提供根据,也不为有责性提供根据。所以,即使行为不具备表面的构成要件要素,也不会使违法性、有责性减少,更不会导致违法性、有责性丧失。

不仅如此,承认表面的构成要件要素,更利于维护罪刑法定原则。例如,根据修改前的《刑法》第201条第1款的规定,行为人实施偷税行为,"偷税数额占应纳税额的百分之十以上不满百分之三十并且偷税数额在一万元以上不满十万元的",构成偷税罪。但现实发生的两个案件是,行为人甲的偷税数额占应纳税额的35%,但偷税数额仅有9万元;行为人乙的偷税数额占应纳税额的15%,但偷税数额为20万元。首先,倘若认为甲与乙的行为均不构成犯罪,明显不妥当。既然偷税数额占应纳税额的10%,并且偷税数额仅有1万元的行为都是犯罪,那么,甲与乙的行为更应该是犯罪。其次,如若认为修改前的《刑法》第201条中的"不满百分之三十"与"不满十万元"是为违法性、有责性提供根据的要素,也明显不符合事实。再次,如果认为修改前的《刑法》第201条中的"不满百分之三十"与"不满十万元"是成立偷税罪必须具备的要素,同时又将甲、乙的行为认定为偷税罪,则明显给人以违反罪刑法定原则的印象。最后,只有承认修改前的刑法第201条中的"不满百分之三十"与"不满十万元"

---

[1] 〔日〕町野朔:《犯罪论の展开Ⅰ》,有斐阁1989年版,第52页、第59页。

是表面的构成要件要素,是刑法为了区分处罚标准所规定的要素,因而是不需要具备的要素,那么,将甲与乙的行为认定为偷税罪,反而坚持了罪刑法定原则。

当然,根据罪刑法定主义原则,千万不能将为违法性、有责性提供根据的构成要件要素,当作表面的构成要件要素。